Hatto Christian
Das Klassenklima fördern
Ein Methoden-Handbuch

Hatto Christian

# Das Klassenklima fördern

Ein Methoden-Handbuch

Die in diesem Werk angegebenen Internetadressen haben wir überprüft
(Redaktionsschluss 31.10.2002). Dennoch können wir nicht ausschließen, dass unter
einer solchen Adresse inzwischen ein ganz anderer Inhalt angeboten wird.

**Über die Autoren**

Die Beiträge von Sabine Suchan (Pädagogin und Beratungslehrerin) und Martin Hanker
(Pädagoge und Beratungslehrer) wurden jeweils namentlich gekennzeichnet.
Die anderen Beiträge stammen von Hatto Christian.

 http://www.cornelsen.de

Gedruckt auf chlorfrei gebleichtem Papier
ohne Dioxinbelastung der Gewässer.

**Bibliografische Information**
Die Deutsche Bibliothek verzeichnet diese Publikation in der
Deutschen Nationalbibliografie; detaillierte bibliografische Daten
sind im Internet über http://dnb.ddb.de abrufbar.

| 5. | 4. | 3. | 2. | 1. | Die letzten Ziffern bezeichnen |
|----|----|----|----|----|-------------------------------|
| 07 | 06 | 05 | 04 | 03 | Zahl und Jahr der Auflage. |

© 2003 Cornelsen Verlag Scriptor GmbH & Co. KG, Berlin
Das Werk und seine Teile sind urheberrechtlich geschützt. Jede Verwertung
in anderen als den gesetzlich zugelassenen Fällen bedarf deshalb der vorherigen
schriftlichen Einwilligung des Verlags.
Redaktion: lüra – Klemt & Mues GbR, Wuppertal
Umschlaggestaltung: Bauer + Möhring, Berlin,
unter Verwendung einer Zeichnung von Klaus Puth, Mühlheim
Satz: stallmeister publishing, Wuppertal
Druck und Bindearbeiten: CPI – Clausen & Bosse, Leck
Printed in Germany
ISBN 3-589-21658-1
Bestellnummer 216581

# Inhalt

**Kompass zur Verwendung der Methoden** ........................ 11

**Einführung** ............................................... 17

Wie Schülerinnen und Schüler mitgestalten ................... 19

Zur Anlage dieses Buches .................................... 22

Über die Methoden und deren Anwendung ..................... 25

## Teil I: Kommunikationsfertigkeit und Klassengemeinschaft

**Grundlagen** ............................................... 30

1   Das Fördermodell für Kommunikation und Gemeinschaft
in der lösungsorientierten Schulklasse ....................... 30

   1.1  Hintergrundwissen ..................................... 30

**Phase 1: Orientierung** ..................................... 39

2   Spiele zum Kennenlernen *(von Sabine Suchan)* ................ 39

   2.1   Handblatt mit Moderationsschritten ..................... 39

   2.2   Tanzen ............................................... 41

   2.3   Spiel mit dem Ball ..................................... 41

   2.4   Memory .............................................. 42

   2.5   Mein linker, linker Platz ist frei ........................ 42

   2.6   Hier-bin-ich-Poster ................................... 43

   2.7   Ich nehme dich wahr .................................. 43

   2.8   Partnerinterview ...................................... 43

   2.9   Das Papiertüten-Ich ................................... 44

   2.10  Steckbriefe .......................................... 44

   2.11  Fragebogen-Aktion: Wer ist eine „verwandte Seele"? ....... 45

   2.12  Soziografie .......................................... 45

**Phase 2: Sammlung** ....................................... 46

3   Die Fahrt nach Pongu ...................................... 46

   3.1   Handblatt zur Übung und zu den Fragebögen ............. 46

   3.2   Spielkarte mit Bearbeitungshinweis (Sekundarstufe I) ...... 48

   3.3   Spielkarte mit Bearbeitungshinweis (Sekundarstufe II) ..... 49

   3.4   Beschriftungen für ergänzende Spielkarten .............. 50

| 4 | Überlegungen zur Gruppenarbeit | 51 |
|---|---|---|
| | 4.1 Fragebogen | 51 |
| 5 | Das Nutzen-Dilemma-Spiel | 52 |
| | 5.1 Hintergrundwissen | 52 |
| | 5.2 Handblatt zur Übung | 55 |
| | 5.3 Übung | 57 |
| 6 | Die Schulklasse als Nicht-Nullsummen-Spiel | 58 |
| | 6.1 Hintergrundwissen für Schüler/innen, Eltern, Lehrer/innen | 58 |
| 7 | Ein guter Freund | 59 |
| | 7.1 Handblatt zur Übung und zum Fragebogen | 59 |
| | 7.2 Fragebogen | 60 |
| 8 | Unsere gute Gruppe | 61 |
| | 8.1 Handblatt zur Übung | 61 |
| | 8.2 Übung zur Gruppenarbeit | 61 |
| 9 | Selbsterfüllende Prophezeiungen | 62 |
| | 9.1 Handblatt für eine Lerneinheit | 62 |
| | 9.2 Hintergrundwissen: Gedankenexperimente | 63 |

**Phase 3: Stabilisierung** . . . . . . . . . . . . . . . . . . . . . . . . . . . . . . . . **67**

| 10 | Die Lust- und Frust-Liste | 67 |
|---|---|---|
| | 10.1 Handblatt zur Übung | 67 |
| | 10.2 Übung zum Meinungen-Sammeln und Miteinander-Sprechen | 68 |
| 11 | Unsere Klassengemeinschaft | 70 |
| | 11.1 Handblatt zur Befragung und zum Klassengespräch | 70 |
| | 11.2 Fragebogen | 71 |
| | 11.3 Fragenkatalog | 74 |

**Phase 4: Integration** . . . . . . . . . . . . . . . . . . . . . . . . . . . . . . . . . . **76**

| 12 | Konfliktbearbeitung im Innen- und Außenkreis *(v. Martin Hanker)* | 76 |
|---|---|---|
| | 12.1 Moderationsmethode | 76 |
| 13 | Das Schlichtungsgericht *(v. Martin Hanker)* | 78 |
| | 13.1 Moderationsmethode | 78 |
| 14 | Brainstorming mit Punktabfrage und Lösungsverhandlung | 80 |
| | 14.1 Moderationsmethode | 80 |
| 15 | Perspektivbefragung | 81 |
| | 15.1 Handblatt zum Fragebogen | 81 |

**Inhalt** _____ **7**

15.2 Fragebogen ........................................... 82
16 Zukunftswerkstatt: Fantasiephase ........................... 82
16.1 Moderationsmethode .................................. 82
17 Den Elternabend gestalten ................................. 84
17.1 Handblatt zum Vorgehen ............................... 84

**Phase 5: Trennung** ........................................... **85**
18 Evaluation und Abschied in der Schulklasse .................. 85
18.1 Handblatt zum Vorgehen ............................... 85

## Teil II: Lernmotivation und Lernklima

**Grundlagen und stationenübergreifende Methoden** ............... 88
19 Motivation und Lernerfolg in der Schulklasse –
Erfolgszyklus und Unterstützungsinteraktion ................... 88
19.1 Hintergrundwissen, Fördermodell und Methodenübersicht . 88
Sechs annahmen zur Lernmotivation ..................... 88
Der Erfolgszyklus als Stationenmodell
der Lernmotivationsförderung ........................... 90
Die eigendynamische Verfestigung des Erfolgszyklus ....... 95
Die Rolle der Gefühle bei der eigendynamischen
Verfestigung der Motivation ............................. 97
Der Umschwung vom Misserfolgszyklus zum Erfolgszyklus ...98
Förderung im Erfolgszyklus:
stationenübergreifende Methoden ........................ 99
Die Einbettung des Erfolgszyklus in die Unterstützungs-
interaktion und in die Ermutigungsinteraktion ............. 104
20 Das Klima beim Lernen ................................... 108
20.1 Handblatt zum Fragebogen:
Bestandsaufnahme, Rückmeldung, Klassengespräch ..... 108
20.2 Fragebogen ......................................... 110
21 Wege für das Lernen im Erfolgszyklus ...................... 111
21.1 Handblatt zum Fragebogen:
Bestandsaufnahme, Rückmeldung, Klassengespräch ..... 111
21.2 Hintergrundwissen:
Messbereich und Motivationsziel der Fragen ............. 112
21.3 Fragebogen zum Erfolgszyklus ........................ 113

**Station 1: Erlebter Lernerfolg** .................................. 115

22  Individuelle Bezugsnorm setzen ........................... 115

    22.1 Hintergrundwissen .................................. 115

23  Mein nächstes Lernziel .................................. 120

    23.1 Handblatt zu den pädagogischen Strategien und zur Übung  120

    23.2 Übungsmaterial .................................... 123

**Station 2: Folgen des Lernerfolgs** ........................... 124

24  Selbstbestimmung beim Lernen ........................... 124

    24.1 Hintergrundwissen .................................. 124

25  Selbstbestimmung unterstützen ........................... 128

    25.1 Handblatt zum pädagogischen Vorgehen .............. 128

**Station 3: Vorteilhafte Ursachenerklärung** .................... 130

26  Reattributionstraining .................................. 130

    26.1 Handblatt zum Methodeneinsatz .................... 130

27  Ursachen gut erklären .................................. 135

    27.1 Handblatt zum Fragebogen:
          Bestandsaufnahme, Rückmeldung, Klassengespräch ...... 135

    27.2 Hintergrundwissen zum Fragebogen ...................137

    27.3 Fragebogen zum Erfolgserleben .......................137

28  Beim nächsten Mal klappt es! ............................ 140

    28.1 Handblatt zum Sketch ............................ 140

    28.2 Sketch: Anleitung ................................. 141

29  Kommentierungsmethoden erschließen .................... 143

    29.1 Handblatt zu den Übungen und zur Planungsliste ........ 143

30  Kommentierungen beurteilen ............................ 144

    30.1 Übungsmaterial: Ausgangssituationen
          und mögliche Lösungsansätze ........................ 144

31  Kommentierungen entwerfen ............................ 147

    31.1 Übungsmaterial: Ausgangssituationen
          und mögliche Lösungsansätze ........................ 147

32  Kommentierungsanwendungen planen .................... 154

    32.1 Handblatt mit Planungsliste ........................ 154

**Station 4: Positives Selbstbild und Erfolgszuversicht** ............. 155

33  Die mentale Auffangposition .............................. 155

| | | |
|---|---|---|
| | 33.1 Hintergrundwissen | 155 |
| 34 | Mentale Auffangposition einrichten | 157 |
| | 34.1 Handblatt zur mentalen Planung und Beratung | 157 |
| 35 | Selbstbestärkung | 158 |
| | 35.1 Hintergrundwissen | 159 |
| | 35.2 Handblatt mit mentaler Übung | 159 |

**Station 5: Erreichbare Zielsetzung** ........................... 161

**Station 6: Stetes und effektives Arbeitsverhalten** ................ 161

| | | |
|---|---|---|
| 36 | Flow beim Lernen | 161 |
| | 36.1 Hintergrundwissen | 161 |
| 37 | Alles im Fluss | 169 |
| | 37.1 Handblatt zur Übung und zu den Fragebögen | 169 |
| | 37.2 Übung mit einigen merkwürdigen Aufgaben zum Nachdenken (Klasse 5–7) | 171 |
| | 37.3 Übung mit einigen merkwürdigen Aufgaben zum Nachdenken (ab Klasse 8/Werkstatt) | 173 |
| 38 | Alles im Fluss – Tätigkeiten | 175 |
| | 38.1 Fragebogen | 175 |
| 39 | Alles im Fluss – Einstufungen | 176 |
| | 39.1 Fragebogen | 176 |
| 40 | Alles im Fluss – Bedingungen | 177 |
| | 40.1 Fragebogen | 177 |
| 41 | Klassenarbeiten vorbereiten | 178 |
| | 41.1 Handblatt für Schüler/innen, Lehrer/innen sowie Eltern | 178 |

# Teil III: Gesprächsmethoden

**Grundlagen** ................................................. 186

| | | |
|---|---|---|
| 42 | Gespräche professionell führen | 186 |
| | 42.1 Übersicht | 186 |
| 43 | Gesprächsmethoden üben und nutzen | 188 |
| | 43.1 Handblatt zum pädagogischen Vorgehen / zu den Übungen | 188 |

**Das Menschenbild in der Gesprächsführung** .................... 189

| | | |
|---|---|---|
| 44 | Wo soll es hingehen? | 189 |

44.1 Handblatt zum Übungsszenario ........................ 189

44.2 Übungsszenario für Lehrer/innen zur Reflektion des je eigenen Bildes von Schüler/innen/Eltern; des je eigenen Begriffes von Instruktion/Pädagogischer Zielgebung/Beratung ...... 191

45 Die Y-Theorie und die X-Theorie ........................... 194

45.1 Hintergrundwissen zu den Übungen ................... 194

45.2 Handblatt zu den Übungen und Fragebögen .............. 195

46 So arbeiten wir gern ...................................... 196

46.1 Fragebogen für Schülerinnen und Schüler .............. 196

47 So gestalten wir gern mit ................................. 197

47.1 Fragebogen für Schülerinnen und Schüler .............. 197

48 So arbeiten Schüler gern ................................. 199

48.1 Fragebogen zum Menschenbild für Lehrer/innen und Eltern 199

48.2 Auswertung zu den Fragebögen ........................ 201

**Anwendung** ................................................. **202**

49 Gesprächsmethoden ...................................... 202

49.1 Feedback-Kontrakt .................................. 202

49.2 Aktives Zuhören ................................... 203

49.3 Ich-Botschaft .................................... 204

49.4 Kontrollierter Dialog .............................. 206

49.5 Reihum-Fragen .................................... 207

49.6 Zirkuläres Fragen ................................. 209

49.7 Allparteiliches Makeln ............................. 211

50 Ausgangssituationen und Anwendungsmöglichkeiten ........ 213

50.1 Übungsmaterial ................................... 213

## Teil VI: Moderation und Visualisierung

**Übersicht** ................................................. **217**

51 Visualisierende Moderation ............................... 217

51.1 Handblatt zum technischen Vorgehen .................. 217

51.2 Punktabfrage, Zurufabfrage, Kartenabfrage ............ 219

51.3 Punktbewertung .................................. 220

51.4 Stimmungsbarometer ............................... 221

51.5 Feedback ........................................ 222

51.6 Blitzlicht ....................................... 223

# Kompass zur Verwendung der Methoden

| **Methode**<br>Methodenart | **L** = Lehrer/innen;<br>**S** = Schüler/innen;<br>**E** = Eltern | Seite | Material verwendet von |
|---|---|---|---|
| **Kompass zu Teil I:**<br>**Kommunikationsfertigkeit und Klassengemeinschaft** | | | |
| **1 Das Fördermodell für Kommunikation und Gemeinschaft in der lösungsorientierten Schulklasse** | | 30 | |
| 1.1 Hintergrundwissen | | 30 | L |
| **2 Spiele zum Kennenlernen** | | 39 | |
| 2.1 Handblatt mit Moderationsschritten | | 39 | L |
| 2.2 Tanzen | | 41 | L |
| 2.3 Spiel mit dem Ball | | 41 | L |
| 2.4 Memory | | 42 | L |
| 2.5 Mein linker, linker Platz ist frei | | 42 | L |
| 2.6 Hier-bin-ich-Poster | | 43 | L |
| 2.7 Ich nehme dich wahr | | 43 | L |
| 2.8 Partnerinterview | | 43 | L |
| 2.9 Das Papiertüten-Ich | | 44 | L |
| 2.10 Steckbriefe | | 44 | L |
| 2.11 Fragebogen-Aktion:<br>Wer ist eine „verwandte Seele"? | | 45 | L |
| 2.12 Soziografie | | 45 | L |
| **3 Die Fahrt nach Pongu** | | 46 | |
| 3.1 Handblatt zur Übung und zu den Fragebögen | | 46 | L |
| 3.2 Spielkarte mit Bearbeitungshinweis (Sekundarstufe I) | | 48 | S, L |
| 3.3 Spielkarte mit Bearbeitungshinweis (Sekundarstufe II) | | 49 | S, L |
| 3.4 Beschriftungen für ergänzende Spielkarten | | 50 | L |
| **4 Überlegungen zur Gruppenarbeit** | | 51 | |
| 4.1 Fragebogen | | 52 | S |

| | | |
|---|---|---|
| **5** | **Das Nutzen-Dilemma-Spiel** | 52 |
| 5.1 | Hintergrundwissen | 52 L |
| 5.2 | Handblatt zur Übung | 55 L |
| 5.3 | Übung | 57 S, L |
| **6** | **Die Schulklasse als Nicht-Nullsummen-Spiel** | 58 |
| 6.1 | Hintergrundwissen für Schüler/innen, Eltern, Lehrer/innen | 58 S, L |
| **7** | **Ein guter Freund** | 59 |
| 7.1 | Handblatt zur Übung und zum Fragebogen | 59 L |
| 7.2 | Fragebogen | 60 S |
| **8** | **Unsere gute Gruppe** | 61 |
| 8.1 | Handblatt zur Übung | 61 L |
| 8.2 | Übung zur Gruppenarbeit | 61 S |
| **9** | **Selbsterfüllende Prophezeiungen** | 62 |
| 9.1 | Handblatt für eine Lerneinheit | 62 L |
| 9.2 | Hintergrundwissen: Gedankenexperimente | 63 S, L, E |
| **10** | **Die Lust- und Frust-Liste** | 67 |
| 10.1 | Handblatt zur Übung | 67 L |
| 10.2 | Übung zum Meinungen-Sammeln und Miteinander-Sprechen | 68 S |
| **11** | **Unsere Klassengemeinschaft** | 70 |
| 11.1 | Handblatt zur Befragung und zum Klassengespräch | 70 S |
| 11.2 | Fragebogen | 71 S, L |
| 11.3 | Fragenkatalog | 74 S |
| **12** | **Konfliktbearbeitung im Innen- und Außenkreis** | 76 L |
| 12.1 | Moderationsmethode | 76 |
| **13** | **Das Schlichtungsgericht** | 78 |
| 13.1 | Moderationsmethode | 78 L |
| **14** | **Brainstorming mit Punktabfrage und Lösungsverhandlung** | 80 |
| 14.1 | Moderationsmethode | 80 L |

# Kompass zur Verwendung der Methoden 13

| | | |
|---|---|---|
| **15 Perspektivbefragung** | 81 | |
| 15.1 Handblatt zum Fragebogen | 81 | L |
| 15.2 Fragebogen | 82 | S |
| **16 Zukunftswerkstatt: Fantasiephase** | 82 | |
| 16.1 Moderationsmethode | 82 | L |
| **17 Den Elternabend gestalten** | 84 | |
| 17.1 Handblatt zum Vorgehen | 84 | L |
| **18 Evaluation und Abschied in der Schulklasse** | 85 | |
| 18.1 Handblatt zum Vorgehen | 85 | L |

| | | |
|---|---|---|
| **Kompass zu Teil II: Lernmotivation und Lernklima** | 88 | |
| **19 Motivation und Lernerfolg in der Schulklasse – Erfolgszyklus und Unterstützungsinteraktion** | 88 | |
| 19.1 Hintergrundwissen, Fördermodell und Methodenübersicht | 88 | L |
| **20 Das Klima beim Lernen** | 108 | |
| 20.1 Handblatt zum Fragebogen: Bestandsaufnahme, Rückmeldung, Klassengespräch | 108 | S |
| 20.2 Fragebogen | 110 | S, L, E |
| **21 Wege für das Lernen im Erfolgszyklus** | 111 | |
| 21.1 Handblatt zum Fragebogen: Bestandsaufnahme, Rückmeldung, Klassengespräch | 111 | S |
| 21.2 Hintergrundwissen: Messbereich und Motivationsziel der Fragen | 112 | S, L |
| 21.3 Fragebogen zum Erfolgszyklus | 113 | S, L, E |
| **22 Individuelle Bezugsnorm setzen** | 115 | |
| 22.1 Hintergrundwissen | 115 | L, E |
| **23 Mein nächstes Lernziel** | 120 | |
| 23.1 Handblatt zu den pädagogischen Strategien und zur Übung | 120 | L |
| 23.2 Übungsmaterial | 123 | S, L |
| **24 Selbstbestimmung beim Lernen** | 124 | |
| 24.1 Hintergrundwissen | 124 | L, E, S |

| | | | |
|---|---|---:|---|
| **25** | **Selbstbestimmung unterstützen** | 128 | |
| | 25.1 Handblatt zum pädagogischen Vorgehen | 128 | L, E |
| **26** | **Reattributionstraining** | 130 | |
| | 26.1 Handblatt zum Methodeneinsatz | 130 | L |
| **27** | **Ursachen gut erklären** | 135 | |
| | 27.1 Handblatt zum Fragebogen: Bestandsaufnahme, Rückmeldung, Klassengespräch | 135 | L |
| | 27.2 Hintergrundwissen zum Fragebogen | 137 | L |
| | 27.3 Fragebogen zum Erfolgserleben | 137 | S, L |
| **28** | **Beim nächsten Mal klappt es!** | 140 | |
| | 28.1 Handblatt zum Sketch | 140 | L |
| | 28.2 Sketch: Anleitung | 141 | S, L |
| **29** | **Kommentierungsmethoden erschließen** | 143 | |
| | 29.1 Handblatt zu den Übungen und zur Planungsliste | 143 | L, E |
| **30** | **Kommentierungen beurteilen** | 144 | |
| | 30.1 Übungsmaterial: Ausgangssituationen und mögliche Lösungsansätze | 144 | L, E |
| **31** | **Kommentierungen entwerfen** | 147 | |
| | 31.1 Übungsmaterial: Ausgangssituationen und mögliche Lösungsansätze | 147 | L, E |
| **32** | **Kommentierungsanwendungen planen** | 154 | |
| | 32.1 Handblatt mit Planungsliste | 154 | L, E |
| **33** | **Die mentale Auffangposition** | 155 | |
| | 33.1 Hintergrundwissen | 155 | L, E |
| **34** | **Mentale Auffangposition einrichten** | 157 | |
| | 34.1 Handblatt zur mentalen Planung und Beratung | 157 | L, E |
| **35** | **Selbstbestärkung** | 158 | |
| | 35.1 Hintergrundwissen | 159 | L, E |
| | 35.2 Handblatt mit mentaler Übung | 159 | L, E |
| **36** | **Flow beim Lernen** | 161 | |
| | 36.1 Hintergrundwissen | 161 | L, E |
| **37** | **Alles im Fluss** | 169 | |
| | 37.1 Handblatt zur Übung und zu den Fragebögen | 169 | L |

# Kompass zur Verwendung der Methoden

| | | | |
|---|---|---|---|
| 37.2 | Übung mit einigen merkwürdigen Aufgaben zum Nachdenken (Klasse 5–7) | 171 | S |
| 37.3 | Übung mit einigen merkwürdigen Aufgaben zum Nachdenken (ab Klasse 8/Werkstatt) | 173 | S, L, E |
| **38** | **Alles im Fluss – Tätigkeiten** | 175 | |
| 38.1 | Fragebogen | 175 | S, L, E |
| **39** | **Alles im Fluss – Einstufungen** | 176 | |
| 39.1 | Fragebogen | 176 | S, L, E |
| **40** | **Alles im Fluss – Bedingungen** | 177 | |
| 40.1 | Fragebogen | 177 | S, L, E |
| **41** | **Klassenarbeiten vorbereiten** | 178 | |
| 41.1 | Handblatt für Schüler, Lehrer, Eltern | 178 | S, L, E |

## Kompass zu Teil III: Gesprächsmethoden

| | | | |
|---|---|---|---|
| **42** | **Gespräche professionell führen** | 186 | |
| 42.1 | Übersicht | 186 | L |
| **43** | **Gesprächsmethoden üben und nutzen** | 188 | |
| 43.1 | Handblatt zum pädagogischen Vorgehen und zu den Übungen | 188 | L |
| **44** | **Wo soll es hingehen?** | 189 | |
| 44.1 | Handblatt zum Übungsszenario | 189 | L |
| 44.2 | Übungsszenario für Lehrer/innen zur Reflektion des je eigenen Bildes von Schüler/innen/Eltern und des je eigenen Begriffes von Instruktion/ Pädagogischer Zielgebung/Beratung | 191 | L |
| **45** | **Die Y-Theorie und die X-Theorie** | 194 | |
| 45.1 | Hintergrundwissen zu den Übungen „So arbeiten wir gern „, „So gestalten wir gern mit" und „So arbeiten Schüler gern" | 194 | S, L, E |
| 45.2 | Handblatt zu den Übungen und Fragebögen | 195 | S, L, E |
| **46** | **So arbeiten wir gern** | 196 | |
| 46.1 | Fragebogen für Schülerinnen und Schüler | 196 | S |
| **47** | **So gestalten wir gern mit** | 197 | |
| 47.1 | Fragebogen für Schülerinnen und Schüler | 197 | S |

| | | |
|---|---|---|
| **48 So arbeiten Schüler gern** | 199 | |
| 48.1 Fragebogen zum Menschenbild für Lehrer/innen und Eltern | 199 | L, E |
| 48.2 Auswertung zu den Fragebögen | 201 | S, L, E |
| **49 Gesprächsmethoden** | 202 | |
| 49.1 Feedback-Kontrakt | 202 | L, S |
| 49.2 Aktives Zuhören | 203 | L, S |
| 49.3 Ich-Botschaft | 204 | L, S |
| 49.4 Kontrollierter Dialog | 206 | L |
| 49.5 Reihum-Fragen | 207 | L |
| 49.6 Zirkuläres Fragen | 209 | L |
| 49.7 Allparteiliches Makeln | 211 | L |
| **50 Ausgangssituationen und Anwendungsmöglichkeiten** | 213 | |
| 50.1 Übungsmaterial | 213 | L |

**Kompass zu Teil VI: Moderation und Visualisierung**

| | | |
|---|---|---|
| **51 Visualisierende Moderation** | 217 | |
| 51.1 Handblatt zum technischen Vorgehen | 217 | L, S |
| 51.2 Punktabfrage, Zurufabfrage, Kartenabfrage | 219 | L, S |
| 51.3 Punktbewertung | 220 | L, S |
| 51.4 Stimmungsbarometer | 221 | L, S |
| 51.5 Feedback | 222 | L, S |
| 51.6 Blitzlicht | 225 | L, S |

# Einführung

Stellen Sie sich vor, Sie sind gerade in Ihrem Beruf mit recht interessanten Aufgaben betraut, die Sie mit engagierter Munterkeit verfolgen. Da wird ganz unverhofft eine neue Herausforderung an Sie herangetragen: Die Regierung hat eine neue Kommission von Fachleuten gebildet, die ein wichtiges Konzept zu erarbeiten hat. Sie sollen nun die Zusammenarbeit dieser Experten so organisieren und moderieren, dass Teamgeist und gegenseitige Unterstützung zu einem wirklich guten Arbeitsergebnis führen. Keine leichte Aufgabe, wenn Sie bedenken, dass die Fachleute noch keine Formen des Zusammenwirkens miteinander entwickelt haben und vielleicht auch sehr unterschiedliche Charaktere aufweisen!

Nun mag es sein, dass diese Anfrage zunächst etwas überraschend auf Sie zukommt. Aber wenn Sie sich nun weiterhin vorstellen, Sie hätten – warum auch immer – diese Offerte angenommen, mit welcher strategischen Einstellung würden Sie dann auf die neue Aufgabe zugehen? – Würden Sie jetzt überlegen, den Experten recht umfassende Regelungen für alle Bereiche des Zusammenlebens vorzugeben und deren Einhaltung zu überwachen, kurzum: die Arbeit der Kommission in allen wichtigen Bereichen möglichst rundum straff und mit einem hohen Maß an Lenkung zu organisieren?

Wie würden dann die Experten auf diese Fürsorglichkeit reagieren: Wären sie dankbar für einen derart stark festgelegten Rahmen, der ja immerhin nach den Gesichtspunkten von Funktionalität und Vernunft von Ihnen errichtet worden ist? Oder würden die Fachleute vielleicht kritisieren, dass etliche Regelungen nicht zu ihren Arbeitsgewohnheiten und fachlichen Traditionen passen und dass ihre Interessen und Wünsche zu wenig berücksichtigt worden sind?

Und wenn Letzteres zuträfe – würden Sie dann darüber nachdenken, ob Sie die Experten sehr intensiv an der Leitung und Verwaltung der Kommission mitwirken lassen möchten? Würden Sie es ihnen also zutrauen können, zunächst die augenblickliche Situation in der Kommission im Sinne einer Bestandsaufnahme zu beschreiben, dann eigene vernünftige Ziele und Wege für die Weiterentwicklung zu benennen und schließlich sich an der Umsetzung dieser Planungen verantwortungsvoll zu beteiligen – begleitet jeweils durch Ihre Moderation, Unterstützung und Orientierung? Und wenn dies gelänge, würde es dann zu Ergebnissen führen, mit denen nicht nur die Kommissionsmitglieder zufrieden wären, sondern auch Ihr Auftraggeber, die Regierung?

Wenn Sie diese Überlegungen plausibel fänden, dann würden Ihnen vielleicht Methoden nahe liegen, deren Grundgedanken letztlich schon bei John Collier zu finden sind. Er leitete in den zwanziger und dreißiger Jahren des vergangenen Jahrhunderts das US-amerikanische Bureau of Indian Affairs. Im Rahmen von Präsident Roosevelts New-Deal-Programm war er aufgerufen, möglichst angemessene neue Methoden für die Steuerung und Verwaltung der Indianer-Reservate zu finden. Er entschied sich dafür, die Indianer intensiv an der Verwaltung zu beteiligen. Für die selbstregulative Mitgestaltung entwickelte er einen Moderationsablauf mit den Phasen: Bestandsaufnahme, Planung, Umsetzung, Auswertung.[1] Er war überzeugt davon, dass dies der Weg für die bestmögliche Entwicklung in den Reservaten sei – und zwar sowohl nach den Bewertungsmaßstäben der Indianer wie auch nach jenen der Regierung. Seine Ideen fanden Eingang in den 1934 verabschiedeten Indian Reorganization Act.

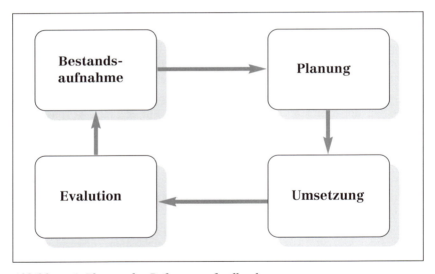

*Abbildung 1: Phasen des Befragungsfeedbacks*

---

[1] Vgl. Collier, J.: United States Indian administration as a laboratory of ethic relations. Social Research, 12/1945, S. 265. Diese Vorgehensweise mit den genannten Phasen begründete (gemeinsam mit Beiträgen von Lewin) das Survey-Feedback-Prinzip („Befragungs-Feedback"), das noch heute zentrale Bedeutung in der Organisationsentwicklung (und auch: in der Schulentwicklung) hat; vgl. dazu auch Lewin, K., zitiert nach Bowers, D.G.: OD techniques and their result in 23 organisations. Journal of Applied Behavioral Science, Volume 9/1973, S. 1

# Wie Schüler mitgestalten

Was aber haben diese Geschichte und diese Methoden mit dem hier vorliegenden Handbuch zu tun? – Nun, es darf vermutet werden: Vor prinzipiell recht ähnlichen Fragestellungen stehen Lehrerinnen und Lehrer, wenn sie sich der Aufgabe widmen, in ihren Schulklassen die Entwicklung ihrer Schüler und Schülerinnen zu unterstützen – einerseits im Bereich des Sozialverhaltens und der Gemeinschaftsgestaltung und andererseits im Bereich der Lernmotivation. Solche Fragestellungen lauten etwa: Wie können die Heranwachsenden für eine aktive Mitgestaltung dieser Ziele gewonnen und aktiviert werden, welche Vorgehensweisen sind dabei hilfreich? Vermutlich trauen wir erwachsenen Experten für die Zusammenarbeit in einer Gruppe zunächst einmal mehr Fähigkeiten zur Selbststeuerung zu. Aber andererseits: Können nicht Heranwachsende – durchaus realistisch gesehen – auch altersgemäß-selbstregulative Mitverantwortung übernehmen? Und: Kann eine solche Rollengestaltung durch die Schüler und Schülerinnen selbst dann nicht sogar auch gut mit den Zielvorstellungen und Aufträgen vereinbar sein, die die Schulaufsicht und die Gesellschaft den Lehrern abverlangen? Zu solchen Fragestellungen entwickeln Lehrer und Lehrerinnen ihre je eigenen pädagogischen Ansätze und in dieser Perspektive können sie dann auch erweiternd die Moderationsmethoden und Übungen dieses Handbuches anwenden.

Diese Methoden wurden in den vergangenen zehn Jahren entwickelt und gesammelt für Lehrerfortbildungen – beispielsweise für pädagogische Konferenzen und auch für die Fortbildung für Beratungslehrerinnen und -lehrer zu den beiden Themenkreisen, zur Unterstützung von Sozialverhalten, Kommunikationsfertigkeit und Klassengemeinschaft sowie zur Förderung der Lernmotivation. Sie wurden gemeinsam werkstattartig mit den Lehrern erprobt und von diesen und von den Autoren erfolgreich bereits in Schulklassen angewendet.

## Wie Schülerinnen und Schüler mitgestalten

Ob wir die Schülerinnen und Schüler als fähige und verantwortungsbereite Mitgestalter des Klassenlebens sehen? – Diese Frage zu bejahen, wird Lehrerinnen und Lehrern wohl recht nahe liegen. Wie allerdings eine solche Gruppenentwicklung in der Schulklasse entsteht und wie sie beeinflusst und gefördert werden kann – dafür gibt es verschiedene fachliche Sichtweisen und Zugangswege. Wir wollen uns hier folgende konstruktivistisch-systemische und lösungsorientierte Perspektiven zunutze machen:

a) Erstens wird – aus der konstruktivistischen Perspektive heraus – angenommen, dass eine Schulklasse zu günstigen Gruppenentwicklungen und
fortschreitenden Lernerfolgen gerade dann fähig sein wird, wenn alle Beteiligten dies für eine erreichbare Zielsetzung halten, für die sich demnach also der Einsatz lohnt. Das Vertrauen in die eigenen Entwicklungsmöglichkeiten kann die Motivation stärken und Energie freisetzen und
somit im Sinne einer selbsterfüllenden Prophezeiung wirken.[2]
Ausgegangen wird dabei von einem entsprechenden Menschenbild: Die
Schüler selbst streben nach sozialer Entwicklung in ihrer Klasse und sie
sind bereit, daran mitzuwirken – nicht ausschließlich und nicht immer,
aber jedenfalls: auch und immer wieder. Zudem ist es ihnen angenehmer,
wenn ihre Lernentwicklung erfolgreich fortschreitet, als wenn sie Misserfolge erleben. Und sie sind bereit, sich dafür einzusetzen.

b) Eine Schulklasse wird zweitens – und dies ist eine systemische Sichtweise [3] – durch alle Mitglieder getragen und hat deshalb ein hohes Maß an
selbstregulativen Anteilen. Sie kann also auch nicht in ihrem Verhalten
und Entwicklungsprozess allein durch die Lehrer und Lehrerinnen gesteuert und kontrolliert werden. Darin freilich brauchen wir keine prin-
zipielle Einbuße der Entwicklungschancen von Schülern zu sehen, solange wir überzeugt sind, dass Schulklassen auch in ihrer Selbstregulation
durchaus vernünftige Ziele ansteuern können. Gerade dabei werden sich
die Schüler doch wieder den Vorgaben, den konstruktiven Wertsetzungen
und Orientierungshilfen der Lehrer öffnen können.

c) Ein lösungsorientiertes pädagogisches Vorgehen – womit die dritte Kom-
ponente des Konzepts benannt wird – kann zunächst darin bestehen, sich
und den Schülerinnen und Schülern die Entwicklungsanteile zu vergegenwärtigen, die im Sozialverhalten und beim Lernen in der Klasse
bereits erreicht worden sind. Damit kann der Blick zuversichtlich auf die
günstigen künftigen Entwicklungsmöglichkeiten gerichtet werden. Diese
gemeinsame Zuversicht bildet einen guten mentalen Hintergrund: Für die

---

[2] Zur konstruktivistischen Erkenntnistheorie: Watzlawick, P. (Hrsg.): Die erfundene
Wirklichkeit. Beiträge zum Konstruktivismus. München, Piper, 1985

[3] Zum systemischen Ansatz im Kontext Schule: Molnar, A. & Lindquist, B.: Changing Pro-
blem Behavior in Schools. San Francisco: Jossey-Bass, 1989; deutsch: Verhaltenspro-
bleme in der Schule: Dortmund, Borgmann, 1990

Lehrer, ihre pädagogischen Hilfestellungen einzubringen, und für die Schüler, diese zu nutzen.[4] Innerhalb dieser Sichtweise sollen Schwierigkeiten, die in der Entwicklung von Schulklassen immer wieder entstehen, nun keineswegs verleugnet werden. Allerdings wird angenommen, dass diese Schwierigkeiten mit den genannten sozialen Kompetenzen auch immer wieder überwunden werden können.

Die genannten Annahmen können in bestimmten Anteilen den gegebenen pädagogischen Ansätzen und Orientierungen von Lehrern entsprechen, sodass die Methoden der vorliegenden Sammlung an ähnlichen Zielsetzungen orientiert sein mögen wie verschiedene bereits vertraute unterrichtliche Gestaltungsformen.

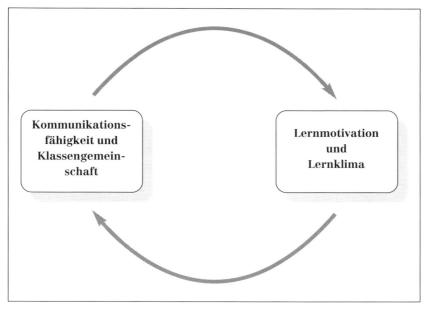

*Abbildung 2: Dynamik des Klassenklimas*

---

[4] Zum lösungsorientierten Vorgehen: de Shazer, S.: Wege erfolgreicher Kurztherapie; Stuttgart, Klett-Cotta, 1989

Jedenfalls soll dementsprechend den Schülerinnen und Schülern Gelegenheit gegeben werden, ihre altersgemäß-selbstregulative Kompetenz sowie Verantwortung bei der Gestaltung von Kommunikation und Gemeinschaft sowie bei der Entwicklung von Lernmotivation und Lernklima in der Schulklasse zunehmend wahrzunehmen.

Vorteilhafte Entwicklungen in diesen beiden Bereichen können sich gegenseitig stabilisieren: In einer guten Gemeinschaft lässt es sich gut lernen und erlebte Lernerfolge wiederum unterstützen das gute Zusammenwirken in der Klasse.

Der Begriff des Klassenklimas hat auch zu tun mit einem günstigen Verhältnis von Steuerung und fördernden Rahmenbedingungen. Es mag bei der häuslichen oder schulischen Förderung oft näher liegen, *direkt* auf das erwünschte Verhalten zu steuernd einzuwirken. Dazu ein Beispiel: Es kann gut beobachtet werden, ob ein Schüler an einer Lernaufgabe arbeitet. Sofern er dies nicht tut, lässt sich natürlich leicht eine entsprechende Aufforderung geben und diese wird auch häufig das gewünschte Ergebnis haben.

Nun könnte es aber sein, dass dieser Schüler momentan kein besonders hohes Selbstwertgefühl hat und sich die Lernaufgabe nicht zutraut. Dies spielt sich freilich im Kopf ab und wird nicht ohne weiteres im äußeren Verhalten sichtbar sein. Deshalb ist die Lernmotivation auch nicht so direkt zugänglich wie das Lernverhalten. Wie Lehrer wissen, ist es aber dennoch aussichtsreicher, nun zunächst die Motivation zu unterstützen, bevor dann die Lernaufgabe gestellt wird.

In diesem Sinne scheint es hilfreicher, günstige Bedingungen für das Wachstum und die Entwicklung in der Schulklasse zu schaffen. So wird der Boden bereitet, auf dem steuernde, orientierende und unterstützende pädagogische Leitimpulse umso eher wirksam werden können. Den Schülern altersgemäße Freiräume für die Selbstregulation zu gewähren, mag im Gegenzug die Einflussmöglichkeiten der Lehrer sogar vergrößern und letztlich allen Beteiligten eine günstige Konstellation für Rollenentfaltung und Wachstum verschaffen. Eben diese Vorgehensperspektive meint: „das Klassenklima fördern".

## Zur Anlage dieses Buches

Der genannten zweifachen Zielsetzung entspricht die Einteilung dieses Handbuchs: Zum einen sollen die Methoden die Kommunikationsfertigkeiten der Schüler und die Weiterentwicklung der Klassengemeinschaft unterstützen (Teil I) und zum anderen die Lernmotivation und das Lernklima (Teil II). Angeschlossen werden als Teil III noch bewährte Gesprächsmethoden mit dazugehörigen Übungen sowie der Teil IV zu Methoden für die Moderation und Visualisierung.

**Teil I: Kommunikationsfertigkeit und Klassengemeinschaft**

Was die Entwicklung der Klassengemeinschaft betrifft, so wird angenommen, dass diese in Phasen verläuft: In einer Phase der „Orientierung" lernen sich die Schülerinnen und Schüler kennen, dann bilden sich erste kooperative, aber auch natürlich durchaus konflikthafte Beziehungen in der Phase der „Sammlung" aus, danach erfolgt eine Phase der „Stabilisierung", die dann zur „Integration" führt, bevor schließlich die „Trennung" die Klassengemeinschaft beendet.

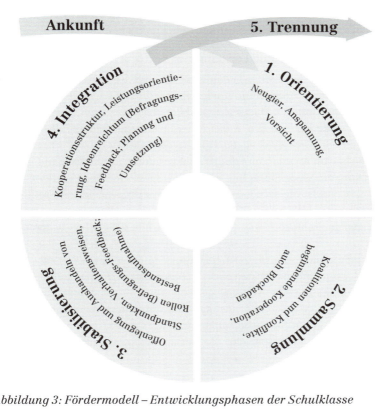

*Abbildung 3: Fördermodell – Entwicklungsphasen der Schulklasse*

Dieses Phasenmodell mit seinen dazugehörigen Annahmen soll uns in zweierlei Hinsicht von Nutzen sein. Der erste Punkt wurde vorhin schon benannt: Wenn wir überzeugt sind, dass aus konflikthaften Phasen in einer Schulklasse dann eben doch kooperative Entwicklungen entstehen können – und dies auch durchaus regelmäßig –, dann werden uns solche Konflikte nicht entmutigen. Stattdessen können wir die Methoden anwenden, die in einer solchen Situation unterstützend wirken können, und zudem auch auf eine konstruktive Entwicklung vertrauen. Indirekt ist damit auch schon der zweite Nutzen des Phasenmodells angesprochen: Es kann uns helfen, die Situation zu bestimmen, in der sich die Schulklassen-Entwicklung befindet. Und dementsprechend können wir die passenden Methoden auswählen, die für die weitere selbstregulative Entwicklung unterstützend wirken können – all dies selbstverständlich nach Maßgabe unserer eigenen pädagogischen Einschätzungen.

Innerhalb dieses Teils sind die Methoden nach den einzelnen Gruppenphasen in der Schulklasse angeordnet; jede Phase entspricht einem Kapitel.

## Teil II: Lernmotivation und Lernklima

Methoden zur Förderung der Lernmotivation und des Lernklimas begleiten die im ersten Teil vorgestellten. Auch diese Methoden folgen in ihrer Anordnung einem bestimmten Modell. Dieses Modell beschreibt die mentalen Stationen, über die Lernende von einem Lernerfolg zum nächstfolgenden gelangen können. Dies sind zugleich auch die Stationen oder Etappen, an denen die Lernmotivation und das Arbeitsverhalten methodisch unterstützt werden können. Vorteilhafte Einstellungen an den einzelnen Stationen können sich wechselseitig stabilisieren in der Weise, dass Leistungserfolge die Motivation und damit dann das Arbeitsverhalten stärken. Dadurch werden nun wiederum weitere Erfolge begünstigt: Erfolg erleichtert weiteren Erfolg.

Natürlich können die Vorzeichen dieser Stationen auch einmal negativ ausgeprägt sein, und dann wird es darauf ankommen, trotz erlebter Misserfolge wieder das Vertrauen in die eigenen Fähigkeiten zu finden und die Zuversicht für den künftigen Lernerfolg. Die motivationalen Befindlichkeiten von Schülern können zudem innerhalb einer Klasse unterschiedlich sein und auch im Laufe der Zeit wechseln. Die Methoden können unabhängig davon, ob die Lernmotivation nun in der aktuellen Situation bei den meisten Schülerinnen und Schülern schon mehr oder noch weniger günstig entwickelt ist, in einer Klasse verwendet werden (vgl. Abb. 8: Fördermodell ‚Erfolgszyk-

**Einführung** _____ **25**

lus'). Die Lehrer werden mit den Methoden jeweils die Entwicklungsmöglichkeiten ansprechen, die zum Stand der Klasse passen.

### Teil III: Gesprächsmethoden

Teil III bietet Gelegenheit, eigene Haltungen sowie der Schüler/innen auszuloten, um den Rahmen für gelingende Gespräche zu klären. Die hier vorgestellten Gesprächsmethoden sind in erster Linie für die Verwendung der Lehrer und Lehrerinnen bestimmt – obwohl einige Methoden auch den Schülern und Schülerinnen nahe gebracht und mit ihnen geübt werden können, um die Gesprächskultur in der Klasse zu fördern. Die Anwendungsbereiche dieser Methoden werden in einer Übersicht am Ende von Teil III beschrieben.

### Teil IV: Moderation und Visualisierung

Teil IV fasst einige grundlegende Methoden zusammen, die hilfreich sind, um in Gruppen die vorhandenen Positionen zunächst durch Visualisierung sichtbar zu machen und dann auch darzustellen. Im Gegensatz zu den anderen Methoden sind diese Methoden nicht von vornherein auf bestimmte Themen bezogen, sodass sie übergreifend für alle Phasen und Fragestellungen verwendet werden können.

## Über die Methoden und deren Anwendung

Die Methoden des Sammlung sind nach verschiedenen Arten bezeichnet, die in der Übersicht auf Seite 26 skizziert werden. Zudem sind sie der besseren Übersichtlichkeit wegen von 1 bis 51 durchnummeriert (vgl. S. 11 ff.).

Die Methoden dieser Sammlung sollen zwei Zielsetzungen entsprechen: Sie werden durch bewährte Konzepte aus Pädagogik und Psychologie begründet und sind damit an einem jeweils benannten und fachlich ausgewiesenen Wirkprinzip orientiert. Zugleich sollen sie unkompliziert und praxisnah anzuwenden sowie anregend und interessant zu erleben sein.

Inwieweit das zweite Ziel erreicht worden ist, kann jeweils zunächst beim Lesen per Augenschein und dann auch beim Ausprobieren eingeschätzt werden. Wer die konzeptuellen Hintergründe für einzelne Methoden näher betrachten will, findet entsprechende Übersichten und Erläuterungen jeweils in den einzelnen Kapiteln in solchen Abschnitten, die als „Hintergrundwissen" bezeichnet sind. Dort sind gelegentlich auch Literaturangaben zu den Quellen der Konzepte zu finden. Diese Angaben sind freilich in

## Übersicht: Methodenarten

| Art | Beschreibung | Verwendung ... |
|---|---|---|
| **Moderationsmethode** | Eine Methode (oder Schrittfolge), die in verschiedenen Gruppensituationen und Arbeitsabläufen verwendet werden kann wie etwa das Brainstorming zum Hervorbringen möglichst vieler Ideen | für die eigene Moderationsplanung von Lehrern |
| **Handblatt** | Beschreibung der Moderationsschrittfolge, bei der den Schülern zusätzlich ein Übungsmaterial oder ein Fragebogen vorgelegt wird, die jeweils in einem der folgenden Abschnitte enthalten sind (oder gelegentlich auch bereits in der Beschreibung selbst) | |
| **Anleitung, Hinweis zur Beantwortung** | Instruktion zur Bearbeitung eines Übungsmaterials oder eines Fragebogens | für die Hand der Schüler zum Üben (eventuell auch von Lehrern zum werkstattartigen Ausprobieren und Reflektieren der Methode, einzeln oder in Gruppen) |
| **Übungsmaterial** | Übungsmaterial wie etwa eine Arbeitsanweisung oder Karten oder Ähnliches | |
| **Fragebogen** | Fragebogen zum Ausfüllen (teilweise mit Bearbeitungshinweis) | |
| **Hintergrundwissen** | Informationen über die Herkunft, die konzeptuellen Grundideen und das Wirkprinzip einer Methode | für Lehrer und ggf. Eltern und Schüler – falls Lehrer das in der konkreten Situation als passend und altersgemäß einschätzen |

**Über die Methoden**

Fußnoten eingelagert, damit sie den Lesefluss nicht unterbrechen. Diese Fußnoten mag lesen, wer sich bei der gegebenen Thematik für den jeweiligen Quellenbezug interessiert.

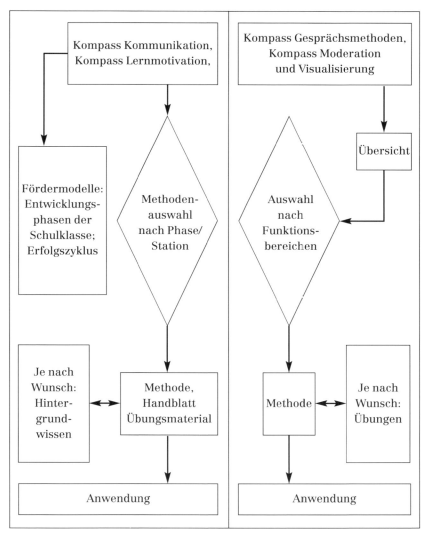

*Abbildung 4: Methoden auswählen und anwenden (Kompass S. 11 ff.)*

Wenn nun für einen bestimmten Zweck eine Methode gesucht wird, ist eine schnelle Orientierung möglich: Im differenzierten Inhaltsverzeichnis sowie der Kompass-Übersicht auf Seite 11 ff. kann für jeden Teil der Sammlung die gewünschte Phase der Gruppenentwicklung beziehungsweise die Station der Lernmotivierung oder schließlich die Gesprächs- oder Moderationsmethode mit einem bestimmten Funktionsbereich aufgesucht werden, die aktuell für die Gestaltung in einer Schulklasse mit ihrem je gegebenen Entwicklungsstand von Interesse sind.

So ist die Moderationsmethode oder das zugehörige Handblatt schnell ausgewählt, in welchem die Durchführung beschrieben ist. Wenn dafür noch ein Bearbeitungshinweis, ein Übungsmaterial oder ein Fragebogen für Schüler (oder gelegentlich auch: für Eltern) benötigt wird, so kann jeweils das entsprechende Material verwendet werden. Nachdem die Beteiligten die Gestaltung einzelner Methoden erlebt haben, mag der Wunsch nach einer Fortsetzung entstehen und dafür können auch Programmsequenzen zusammengestellt werden.

Die Methoden können mit jeweiliger Kenntnisnahme aus der vorliegenden Sammlung verwendet werden. Freilich mag es Lehrern gelegentlich interessant erscheinen, sich über die Anwendung von Methoden auszutauschen oder sogar im Sinne pädagogischer Besprechungen solche Anwendungen gemeinsam zu planen. Dabei können die Übungen für Schülerinnen und Schüler natürlich auch werkstattartig von den Lehrkräften erprobt werden. Für einige wenige Übungen wurden für solche Erprobungen sogar eigene Werkstatt-Versionen gestaltet; die anderen Übungen können auch in der jeweils vorliegenden Form für solche Erprobungen durch die Lehrer verwendet werden.

Die Methoden-Sammlung wurde in der Hoffnung zusammengestellt, dass über die bisher erfolgten Nutzungen hinaus weitere Kolleginnen und Kollegen Freude an der Verwendung haben werden und dabei ihren eigenen fachlichen Lösungsansätzen nachgehen können.

### Wo sind die Methoden einsetzbar?

Der Anwendungsbereich der Methoden umfasst prinzipiell die Sekundarstufen I und II aller Schulformen. Für einige Methoden sind unterschiedliche Fassungen für verschiedene Klassenstufen enthalten. Dann, und nur dann, wird dies näher angegeben. Eine Übersicht über die Verwendung gibt der Kompass auf S. 11 ff.

# Teil I

# Kommunikationsfertigkeit und Klassengemeinschaft

# Grundlagen

## 1 Das Fördermodell für Kommunikation und Gemeinschaft in der lösungsorientierten Schulklasse

### 1.1 Hintergrundwissen

*Zu Beginn des Schuljahres übernahm die Klassenlehrerin eine neu gebildete 5. Klasse. In den ersten Wochen sah die Lehrerin im Verhalten der Schüler und Schülerinnen einerseits Anteile von Kooperation untereinander und von Orientierung an den Regeln des Unterrichts. Andererseits traten Unruhe und Störungen im Unterricht sowie Konflikte zwischen den Schülern im Unterricht und in den Pausen zutage: abfällige Bemerkungen, Schimpfwörter und Gesten, Wegnehmen von Sachen, Prügeln, Nichtausreden-Können im Unterricht.*

Eine solche Ausgangssituation ließe sich natürlich für jede Schulform und für unterschiedliche Altersstufen beschreiben. Gemeinsam ist derartigen Gruppensituationen dies: Neben unterstützenden Strukturen, die der individuellen Rollenentfaltung dienlich sind, gibt es destruktive Entwicklungen. Oder – weniger wertend als prozessbezogen formuliert: Die Klasse hat bestimmte Zwischenstationen auf dem Weg zu einer Gruppenintegration erreicht und andere eben noch nicht. Der Einsatz von Moderationsmethoden zur Förderung der Kommunikationsfertigkeit und der Klassengemeinschaft setzt dementsprechend keinen irgendwie als „pathologisch" definierten Störzustand einer Klasse voraus, sondern kann im Grunde bei nahezu jeder denkbaren Entwicklung erfolgen – was eine Klassensituation, die von den Beteiligten als störend erlebt wird, freilich nicht ausschließt.

**Konstruktivistisch-lösungsorientiert-systemische Sichtweise**

Das hier beschriebene mehrphasige Projekt wurde von der Klassenlehrerin gestaltet und im Vorfeld mit dem Schulpsychologen geplant. [5,6]

---

[5] Quack, G.: Unterstützende Maßnahmen zur Stärkung der Klassengemeinschaft einer 5. Klasse. Beratungslehrerkurs des Landesinstituts BL-666, 1992

[6] Christian, H.: Kooperationsstruktur an der Schule – Ansatz zur Gewaltprävention. Informationen für Schulpsychologen, Heft 37. Soest, Landesinstitut für Schule und Weiterbildung, 1993, S. 22–25

# Grundlagen                                                                31

Der Ansatz ist orientiert an einer konstruktivistisch-lösungsorientiert-systemischen Sichtweise: Dementsprechend soll die *Schulklasse als soziales System*, „als ein Sinnzusammenhang von sozialen Handlungen verstanden werden, die aufeinander verweisen und sich von einer Umwelt nicht dazugehöriger Handlungen unterscheiden lassen."[7]

Dieses System ist *offen*, wird also durch die umgebenden Systeme beeinflusst und hat eine dadurch geprägte *Struktur*: Der Lehrer etwa hat von der Gesellschaft im Rahmen der Institution Schule den Auftrag, Lernprozesse zu steuern und Leistung zu fördern (auch: zu bewerten) und auf einem bestimmten Niveau zu halten und zugleich für die Einhaltung von formellen und informellen Regeln der Institution zu sorgen. Ihm kommt also eine exponierte und steuernde Rolle zu. Die Schülerinnen und Schüler sind zugleich Mitglied in ihren Familiensystemen, in deren Traditionen und Aufträgen sie stehen, und haben zudem neben ihrer Lernentwicklung noch andere Aufgaben zu bewältigen.

Zugleich ist die Schule – wie unsere Gesellschaft – am Leistungsprinzip orientiert. Dies bedeutet, dass sie neben anderem auch eine Selektionsaufgabe zu erfüllen hat. Dadurch kann Konkurrenz unter den Schülern begünstigt werden. Ebenso aber soll von der Schule das Sozialverhalten der Schüler gefördert werden. Auf diese Weise – darauf wurde hingewiesen[8] – entsteht ein Werte- und Legitimierungsdilemma, von dem sicherlich schon unsere Gesellschaft geprägt ist, das dann aber auch im konkreten Fall bis in die Schulklasse hinein wirkt. Dafür sind nun in der Klasse Lösungen zu finden – in Gestalt der Versöhnung des Leistungsprinzips mit dem Solidaritätsprinzip –, die etwa in Formen gegenseitiger Unterstützung zur Leistungsentfaltung bestehen können.

---

*In unserem Beispiel ist zusätzlich noch zu berücksichtigen, dass die Schüler der neu gebildeten Klasse aus sechs verschiedenen Grundschulklassen stammten, wodurch strukturell zu Beginn entsprechende Untergruppen gegeben waren.*

---

[7] Luhmann, N.: Soziologische Aufklärung Bd 1. Opladen, Westdeutscher Verlag, 1970/75, S. 115

[8] Wegner, R.: Zur Legitimierung psychologischer Beratung in der Schule. Typoskript des Vortrags, gehalten am 25.09.1992 auf der 10. Bundeskonferenz für Schulpsychologie in Heidelberg, 1992

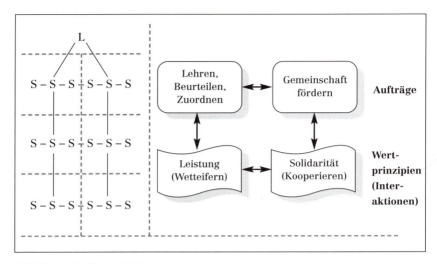

*Abbildung 5: Werte-Dilemma*

Die Kommunikation unter den Schülern und mit dem Lehrer wird gemäß dem Konzept der *Zirkularität*[9] gesehen: Zwischen den Beteiligten entstehen *eigendynamische Interaktionszyklen*, innerhalb derer die Handlung des einen zu einer Handlung des anderen führt, die wiederum zur Intensivierung der Handlung des ersten führt und so fort. Im Sinne einer ‚symmetrischen Spirale' können etwa Zyklen von gegenseitiger aggressiver Abgrenzung in der Klasse in unserem Beispiel neben solchen bestehen, die durch gegenseitige Unterstützung gekennzeichnet sind.

Aus diesen Interaktionen, die fortlaufend ablaufen und zugleich in der Entwicklung sind, entstehen und entwickeln sich – teilweise unwillkürlich und keineswegs nur bewusst von den Beteiligten gesteuert – *Interaktionsregeln* in der Klasse.

*In der Klasse aus unserem Beispiel galten – neben anderen – folgende ungeschriebene Regeln: „Folge den Anweisungen des Lehrers, aber erlaube dir ruhig ironische Bemerkungen gegenüber Schülern aus einer anderen Grundschulklasse", aber andererseits häufig auch: „Lass den anderen auch einmal ausreden und passe deine Beiträge in den Dialog ein."*

---

[9] Bateson, G.: Naven. Stanford, Calif., Stanford University press, 1958

# Grundlagen 33

In der Entwicklung können solche und ähnliche Regeln in ihrer Gegensätzlichkeit auch parallel wirksam sein und dabei miteinander oszillierend in Konkurrenz stehen.

Schließlich wird angenommen, dass die Gruppenentwicklung in der Schulklasse in bestimmten *Phasen* verläuft, die in der nebenstehenden Abbildung skizziert werden.

*Nach diesen Informationen können wir bei unserer Schulklasse annehmen, dass sie sich in Phase 2 befindet, was auch zu erwarten wäre, da sie noch relativ am Anfang ihrer Entwicklung steht.*

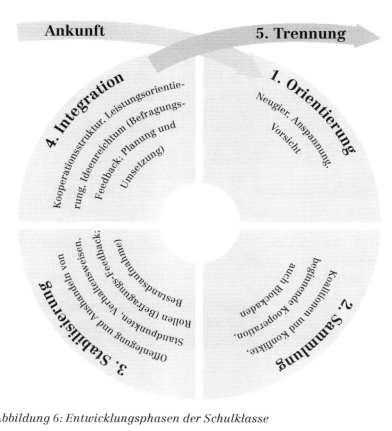

*Abbildung 6: Entwicklungsphasen der Schulklasse*

Allerdings ist diesem letztgenannten Argument in unserem Beispiel Folgendes hinzuzufügen: Gelegentlich können sich in Schulklassen bestimmte Phasenabfolgen auch wiederholen, also gewissermaßen „Extraschleifen" entstehen. Also könnten in einer Klasse auch später einmal erneut friktionale Entwicklungen entstehen, auch wenn dies schon überwunden schien. Selbst dann ist aber ein erneutes Fortschreiten zur Integration die Perspektive der Wahl.

Freilich ist immer fraglich, inwieweit eine solche Phasen-Einteilung willkürlich ist. Ihr Nutzen soll jedenfalls in zwei Implikationen bestehen: Zum einen wird optimistisch angenommen, dass es in der Schulklasse eine Tendenz zur Integration gibt, und zum anderen, dass diese aus Lehrersicht sicherlich sehr wünschenswerte Situation nicht von vornherein zu erwarten ist, sondern häufig erst unbequemere konflikthafte Entwicklungen zu überstehen sind.

Aus alledem folgt, dass die Schulklasse über ein hohes Maß an *Selbstorganisation* verfügt: Sie erzeugt unter dem Einfluss der gegebenen Strukturen Interaktionen mit eigendynamischem Verlauf und mit entsprechenden Regeln, die Entwicklung folgt bestimmten Phasen. Dabei sind die Vorgaben und Bestrebungen des Lehrers aufgrund der übergeordneten Position von zentralem, aber keineswegs ausschließlichem Einfluss.

Diese Selbstorganisation bewirkt *Realitätskonstruktionen* aller Beteiligten und wird zugleich durch diese kognitiven Konstruktionen gesteuert. Zur Erläuterung dieser konstruktivistischen Sichtweise sei zunächst auf den ‚metaphysischen Realismus' hingewiesen, dem v. Glasersfeld [10] nahezu alle philosophischen Richtungen von den Vorsokratikern bis zu Kant (und auch die meisten danach) zuordnet: Danach gibt es auf der einen Seite die Welt sozusagen als ontologische Wirklichkeit, auf der anderen Seite die Menschen als erkennende Subjekte, die die Welt mehr oder weniger verzerrt, mehr oder weniger „richtig" erkennen.

Demgegenüber machen die Konstruktivisten keine zwingende Aussage über eine solche ontologische Wirklichkeit als Grundlage unserer Wahrnehmungen (v. Glasersfeld): Die Welt, wie wir sie erleben und erkennen, wird von uns konstruiert in unserem Wahrnehmen und Handeln. (Giambattista Vico: Verum ipsum factum – das Wahre ist dasselbe wie das Gemachte). Weil

---

[10]  v. Glasersfeld, E.: Einführung in den radikalen Konstruktivismus. In: Watzlawick, P. (Hrsg.): Die erfundene Wirklichkeit. Beiträge zum Konstruktivismus. München, Piper, 1985

# Grundlagen 35

dieser Schaffensprozess fast unwillkürlich geschieht, erscheint uns unsere Konstruktion dennoch als Gegebenheit einer unabhängigen, selbstständig existierenden Welt. Unsere kognitiven Konstruktionen sind zweckbestimmt und wir bewerten unsere Erfahrungen: Einige wollen wir wiederholen, andere vermeiden. Wir behalten die Konstruktionen bei, die für uns in diesem Sinne zweckdienlich sind, die mithin nicht durch unser Erleben widerlegt sind und also „passen".

Von besonderem Interesse sind hierbei die insbesondere von Paul Watzlawick beschriebenen *selbsterfüllenden Prophezeiungen* [11], also jene kognitiven Konstruktionen, die als Beschreibung eines Ereignisses von den Beteiligten geglaubt werden und so gut passen, dass sie dann das Ereignis selbst steuern: Die Beschreibung wirkt also rückbezüglich auf das Ereignis: die Beschreibung als Ursache des Ereignisses (und nicht umgekehrt, wie etwa zu erwarten). Beispiel: In einem Staat gehen die Steuerbehörden davon aus, dass alle Steuerzahler betrügen, und berechnen von vornherein bei der Steuerschätzung für diesen Betrug einen bestimmten Betrag. Folge: Die Steuerzahler müssen, um eine realistische Schätzung zu bekommen, von vornherein bei der Angabe ihrer Einkommen um einen bestimmten Betrag betrügen.

Ein weiteres Beispiel: der *Pygmalion-Effekt* [12], der darin besteht, dass die Einschätzung, die Lehrer über die Intelligenz ihrer Schüler haben, deren Lernzuwächse mit verursachen kann [13]. Lassen Sie sich zu einem Gedankenexperiment einladen: Welche Auswirkungen vermuten Sie für die Entwicklung in unserer beschriebenen Klasse, wenn Lehrer und/oder Eltern annehmen würden, es handle sich um verhaltensgestörte Schülerinnen und Schüler und um eine besonders schwierige Klasse und demnach müsse nun durch verstärkte Disziplinierung, vielleicht auch durch erhöhte Leistungsforderungen für Abhilfe gesorgt werden? Welche Auswirkungen hätten demgegenüber die Annahmen aus dem nun folgenden Abschnitt?

Wie können einerseits strukturierende und disziplinierende und andererseits motivierende pädagogische Maßnahmen am aussichtsreichsten miteinander verbunden werden?

---

[11] Watzlawick, P.: Selbsterfüllende Prophezeiungen. In: Watzlawick, P. (Hrsg.): Die erfundene Wirklichkeit. Beiträge zum Konstruktivismus. München, Piper, 1985
[12] Rosenthal, R. & Jacobson, L.: Pygmalion im Klassenzimmer. Weinheim, Beltz, 1974
[13] Ausführlicher wird diese Thematik beschrieben auf S. 62 ff.

## Folgerungen für die Förderung

Wir haben nunmehr eine Fülle von Merkmalen auf die Schulklasse bezogen. Das anschließende Gedankenexperiment kann die konstruktivistische Perspektive verdeutlichen, derzufolge die Bilder aller Beteiligten über die Schulklasse nicht nur durch die Befindlichkeit dieser Klasse entstehen, sondern umgekehrt auch ihrerseits wiederum stark auf diese zurückwirken werden.

Die vorgenannten Aspekte mögen nun zunächst etwas theoretisch klingen. Wenn wir sie freilich in ihrer Gesamtheit berücksichtigen, so lässt sich unser Bild, wie eine Schulklasse beschaffen ist und wie sie in ihrem Sozialleben gefördert werden kann, doch recht konkret zusammenfassen: Eine Schulklasse steht von Anfang an in einer dilemmaartigen Zielkonstellation und es sind – wie ja in Gruppen überhaupt – schwierige und auch konflikthafte Entwicklungsphasen zu erwarten. Dabei weist die Klasse ein so hohes Maß an Selbstregulation auf, dass es eine unrealistische Zielsetzung für Lehrer und Eltern wäre, die Entwicklung der Klasse vollständig unter Kontrolle zu halten. Dies ist freilich auch ohnehin nicht notwendig, weil diese Selbstregulation ja letztlich zu einer sozialverträglichen Gruppenentwicklung tendiert: In Kooperation mit Lehrerinnen und Eltern wollen und können die Schülerinnen und Schüler eine gute Gemeinschaft gestalten.

Hilfreich sind dabei Rollenzuschreibungen, die den Schülern diese soziale Kompetenz und diese Verantwortungsbereitschaft auch zutrauen. Diese Zuschreibungen könnten im Sinne geeigneter Konstruktionen, die dem Erleben der Wirklichkeit dann auch standhalten, die Wirkung selbsterfüllender Prophezeiungen entfalten – wenn sie denn von den Beteiligten geglaubt werden. Gerade das, was diese erhoffen und künftig vorzufinden erwarten, mag dann in der Folge auch als Realität der Gemeinschaft entstehen. *Zugleich werden diese Tendenzen unterstützt durch die pädagogischen Wertorientierungen und Vorgaben, die Lehrer in ihrer exponierten Position einbringen.* Dabei können Lehrerinnen und Lehrer lösungsorientiert vorgehen, indem sie sich und der Klasse immer jene Entwicklungsanteile in das Bewusstsein rufen, die schon konstruktiv und zielerreichend wirksam sind, um auch dadurch die Perspektive und die Motivation für den weiteren Weg wach zu halten. Teil III des Buches bietet einige Methoden an, die es Lehrerinnen und Lehrern ermöglichen, ihre Haltungen zu klären und die Rahmenbedingungen gemeinsamen Arbeitens zu reflektieren, sei es für sich selbst oder gemeinsam mit den Schülern („Wie wir gern arbeiten", „Wie wir gern mitgestalten").

# Grundlagen

## Anwendung der Methoden

Wenn die Methoden für solche und andere pädagogische Perspektiven genutzt werden sollen, dann stehen zwei Anwendungsebenen zur Verfügung: Auf der ersten Ebene können in den verschiedenen Phasen die jeweils passenden entwicklungsfördernden Methoden verwendet werden: Kennenlern-Spiele (beispielsweise: Steckbriefe, Frag mich was!), Kooperationsspiele (Die Fahrt nach Pongu, Nutzen-Dilemma-Spiel, Überlegungen zur Gruppenarbeit), Gedankenexperimente zur Einführung in spannende und zugleich nützliche Konzepte (Selbsterfüllende Prophezeiungen, Darf es etwas mehr sein), Austausch über Wertorientierungen (Unsere gute Gruppe) und über gewünschte Formen gemeinsamer Gestaltung (Ein guter Freund), begleitende Moderationsmethoden (Visualisierungstechniken und andere mehr). Jede Methode wird sozusagen einzeln für sich angewendet als Begleitung von Schulleben und Unterricht. Dabei soll das Inhaltsverzeichnis mit der Einordnung der Methoden (S. 5 ff.) in bestimmte Gruppenphasen Anregungen geben, welche Methoden gerade für die aktuelle Entwicklungssituation passen. Diese Orientierungshilfe soll nun freilich das kreative Gestalten nur unterstützen. Natürlich sind etliche Methoden letztlich in verschiedenen Phasen anwendbar. Und die Anwendungsperspektive obliegt ohnehin ja selbstverständlich immer dem pädagogischen Konzept der Lehrerinnen und Lehrer.

Auf der zweiten Anwendungsebene geht es direkt und ausdrücklich um die Reflexion und Gestaltung der Klassengemeinschaft: Die Schüler formulieren anhand einer Befragung (etwa mit dem Fragebogen „Unsere Klassengemeinschaft") eine Bestandsaufnahme der aktuellen Situation und planen dann die künftige Entwicklung (etwa mit einem „Brainstorming mit Lösungsverhandlung") – letztlich natürlich gemeinsam mit den Lehrern oder Lehrerinnen. Das Prinzip des Vorgehens auf dieser zweiten Ebene entspricht also dem „Befragungs-Feedback" (s. Abb. 1 S. 18).

Auch hier bietet das Inhaltsverzeichnis insoweit Orientierung, als die Methoden für die Bestandsaufnahme in Phase 3 (Stabilisierung) zu finden sind, die Methoden für die Planung dann in Phase 4 (Integration). Diese zweite Ebene mag auf den ersten Blick etwas aufwändiger erscheinen, kann aber auf zwei oder drei Termine aufgeteilt werden. Auch sie hat dann eine überschaubare Zeitplanung und ist nach bestimmten Integrationsprozessen dann ja auch erst einmal abgeschlossen. Die erste Ebene wird vermutlich häufiger genutzt, aber jedenfalls können beide Ebenen unabhängig voneinander oder auch in Verbindung miteinander begangen werden.

Eingangs wurde in unserem Beispiel die Situation einer Schulklasse beschrieben. Diese Beschreibung war teilweise auch durch die Mitteilungen der Schülerinnen selbst zustande gekommen. Denn in dieser Klasse wurde ein Befragungs-Feedback gemeinsam durchgeführt. Mit der Fortführung dieses Beispiels kann nun das Vorgehen auf der zweiten Ebene abschließend veranschaulicht werden: Durch die Rückmeldung der Bestandsaufnahme wird für Schüler und Lehrer ein Ist-Soll-Vergleich möglich, der die Bestrebungen unterstützen mag, vom Ist in Richtung Soll fortzuschreiten.

*In der eingangs beschriebenen Klassensituation wurden die Bestands-*
*aufnahme und darauf auch die Veränderungswünsche durch die Klas-*
*senlehrerin in Form eines Fragebogens erhoben. Als Veränderungswün-*
*sche wurden genannt (hier verkürzt): „... dass alle Schüler zusam-*
*menhalten und besser zuhören", „... dass unsere Klasse es schaffen könn-*
*te, wenn jeder den anderen ausreden, mitspielen lässt und vieles mehr",*
*„... dass beide Seiten etwas tun sollen, vor allem soll das Stänkern auf-*
*hören", „... dass, wenn wir erst mal ins Landschulheim fahren und uns*
*noch besser kennen lernen, eine wirklich bessere Gemeinschaft unter uns*
*sein wird."*

Zudem wurden Ziele wie die folgenden bei vorgegebenen Antworten häufig angekreuzt: „Man darf auch Schwächen zeigen, ohne dafür ausgelacht werden; gemeinsame Unternehmungen außerhalb der Schule; niemand soll ausgestoßen werden."
Diese und andere Befragungsergebnisse wurden im Klassengespräch vertiefend diskutiert. Zudem setzte die Lehrerin im Verlauf des Schuljahres weitere Methoden ein: beispielsweise kooperationsfördernde Spiele und Kartenabfragen zu weiteren Wünschen für die Klassengemeinschaft.

*Am Ende des Schuljahres erlebte die Lehrerin Tendenzen zur Integration*
*und Annäherung in der Klasse; die Aggressivität sei geringer geworden;*
*es gebe keine Prügeleien mehr innerhalb der Klasse, wenngleich noch ge-*
*legentlich Konfrontationen mit Schülern aus anderen Klassen. Die erneu-*
*te Erhebung mit dem Fragebogen zeigte auch in der Einschätzung der*
*Schüler erhöhte Werte für die Bewertung der Klassengemeinschaft, für*
*positive Veränderungen und reduzierte Werte bei Angaben, was als*
*störend erlebt wird.*

# Phase 1: Orientierung

## 2 Spiele zum Kennenlernen

*Von Sabine Suchan*

### 2.1 Handblatt mit Moderationsschritten

▢ **Ziele:** Die in diesem Abschnitt vorgestellten Spiele dienen dem Kennenlernen der Schülerinnen und Schüler in neu zusammengesetzten Gruppen. Mit ihrer Hilfe kann Vertrautheit aufgebaut und somit eine Zusammenarbeit in guter Arbeitsatmosphäre erleichtert werden. Die Spiele erleichtern einen Einstieg in die ersten Arbeitsphasen und bieten so der Schülergruppe eine Orientierung für die kommenden gemeinsamen Aufgaben. Die Zeit, die hier investiert wird, macht sich im weiteren Verlauf des Gruppenprozesses bezahlt. Denn es ist zu bedenken, dass Lehrer es stets mit zwei parallel ablaufenden Prozessen zu tun haben, die zu beachten und zu steuern sind. Diese Ebenen sind der Sachprozess und der Gruppenprozess. Spiele bieten die Möglichkeit, diese Prozesse kreativ zu begleiten und in Reflexionsphasen zu überführen.

▢ **Hinführung:** Die Moderation der vorgeschlagenen Spiele sollte möglichst in gelöster Stimmung erfolgen, weil sich eine negative Voreinstellung direkt auf die Gruppe überträgt. Spielen will gelernt sein und soll fachlich gut angeleitet werden. Hierbei sind einige Punkte zu beachten:

1. *Vorüberlegungen*: (Wann mit wem welches Spiel?)
   Niemand darf während des Spiels sein Gesicht verlieren, die Voreinstellungen und die Ängste der Schülerinnen müssen bedacht werden. Nicht alle Spiele sind zu allen Zeiten geeignet!

2. Die sensible *Anfangsphase* des gemeinsamen Spiels erfordert eine Festlegung von Gesprächsregeln, die zusammen mit der Gruppe erarbeitet und für alle transparent und augenfällig gemacht werden sollten. Die Einhaltung der Regeln zu überwachen übernimmt die moderierende Lehrerin, damit die Unbefangenheit der spielenden Schüler nicht gestört wird. Dies ist notwendig, um bestimmte Rollenzuweisungen innerhalb der Klasse/des Kurses nicht zu früh zu verfestigen. Die Regeln dienen zudem dem Schutz des einzelnen Schülers vor Grenzverletzungen.

3. Die Regeln können als Wandzeitung präsentiert und in der Gruppe noch erweitert oder modifiziert werden.

Beispiele für *Gesprächsregeln*:
- Wir vereinbaren ein Zeichen, um ruhig zu werden!
- Wir lassen uns ausreden!
- Bei uns wird niemand ausgelacht!
- Wir hören einander zu!

4. Es bietet sich an, das erarbeitete und kommentierte Produkt dieser ersten Gruppenphase von allen Schülerinnen und Schülern *ratifizieren* zu lassen, indem sie es unterschreiben. Ergänzt werden können diese Vereinbarungen noch durch die „Goldene Regel", in der ein respektvoller Umgang mit dem anderen eingefordert wird: Wir achten darauf, dass wir uns mit unseren Äußerungen nicht verletzen.

■ **Die Rolle des Lehrers als Spielleiter:** Spiele sollen authentisch und gut angeleitet werden, die Lehrerin sollte nur solche auswählen, die sie selbst ansprechen und die Spaß machen. Jeder Schüler muss in das Spiel integriert sein. Niemand darf sich ausgeschlossen fühlen, weil die Kennenlernspiele ja gerade eine gute Kontaktaufnahme fördern sollen. Es würde sonst zu vorschnellen Rollenzuweisungen und zu negativen Gefühlen in der neuen Gruppe kommen. Die Rolle der Lehrerin ist dadurch auch klar definiert. Ihr kommt die Aufgabe zu, darauf zu achten, dass niemand verletzt wird – weder physisch noch psychisch.

■ **Zuordnung der Spiele nach Phasen des Kennenlernens**: Nach einem ersten Sich-bekannt-Machen erfolgt meist eine Phase, in der sich die neue Klasse konstituiert, die Schüler möchten sich näher kennen lernen, etwas mehr über den anderen erfahren und sie sind jetzt eher bereit, etwas über sich preiszugeben.

| Phase | Spiele und Übungen |
|---|---|
| Alle Namen kennen lernen | Tanzen (S. 41); Spiel mit dem Ball (S. 41); Memory (S. 42); Mein linker, linker Platz ist frei (S. 42); Hier-bin-ich-Poster (S. 43) |
| Etwas über sich mitteilen, den anderen kennen lernen | Ich nehme dich wahr (S. 43); Partnerinterview (S. 43); Das Papiertüten-Ich (S. 44); Steckbriefe (S. 44); Fragebogen-Aktion (S. 45); Soziografie (S. 45) |

**Phase 1: Orientierung** 41

## 2.2 Tanzen

- **Ziele:** Lockeres Bekanntmachen in spielerischer, unverkrampfter Atmosphäre; Bewegung macht das Spiel zusätzlich attraktiv.
- **Dauer:** 15 Minuten
- **Material:** Kassettenrecorder, Tanzmusik
- **Durchführung:**
1. Die Schüler und Schülerinnen stellen sich in zwei konzentrischen Kreisen auf und bewegen sich im Takt der Musik.
2. Die Musik stoppt. Nun drehen sich alle zueinander um und begrüßen sich höflich, dabei nennen sie ihren Namen.
3. Die Musik wird wieder angestellt, man verabschiedet sich freundlich und weiter geht es.

*Ende*: Wenn sich alle mit Namen anreden können.


## 2.3 Spiel mit dem Ball

- **Ziele:** Klassisches Spiel, das sich ohne große Vorbereitung einführen lässt; man lernt spielerisch die Namen der anderen Schülerinnen und Schüler kennen.
- **Dauer:** 10 Minuten
- **Material:** weicher Ball, den man gut in der Hand halten kann
- **Durchführung:**
1. Die Gruppe stellt sich im Kreis auf.
2. Der Ball macht die Runde; jede/r, die/der ihn in der Hand hält, nennt ihren/seinen Namen.
3. Ist die Runde beendet, nimmt die Lehrerin den Ball und wirft ihn einem Schüler zu, dabei nennt sie seinen Namen.
4. Dieser fängt den Ball und wirft ihn einem Mitschüler zu, dessen Namen er schon behalten hat; natürlich darf auch nachgefragt werden.
5. Ist jede Schülerin mehrmals an der Reihe gewesen, werden die Plätze getauscht, und das Spiel geht weiter.

*Ende*: Wenn alle der Meinung sind, dass sie die Namen einigermaßen zuordnen können.

## 2.4 Memory

- **Ziele:** Es baut Spannungen ab, die neue Klasse mit einem fertigen Spiel zu empfangen, und es macht neugierig auf die kommenden Sequenzen.
- **Dauer:** 30 Minuten
- **Vorbereitung:** Die Fotos herzustellen ist relativ zeitaufwändig.
- **Material:** Polaroid-Kamera oder Fotos der Schüler und Schülerinnen
- **Durchführung:**

1. Die Schülerinnen und Schüler sitzen im Kreis.
2. Sie werden mit einer Polaroid-Kamera fotografiert. Von jeder/m werden zwei Fotos gemacht.
3. Die Fotos werden verdeckt in die Mitte des Kreises gelegt.
4. Ein/e Schüler/in deckt ein Foto auf und spricht den abgebildeten Mitschüler an.
5. Der Reihe nach werden jetzt alle Fotos aufgedeckt und zugeordnet.

*Tipp*: Die hergestellten Fotos lassen sich anschließend für Steckbriefe oder einen Geburtstagskalender benutzen.

*Ende*: Man sollte mindestens zwei Runden spielen, damit sich die Namen einprägen können.

- *Variation:*

1. Der Lehrer verteilt Karten, auf die die Schüler/innen ihre Namen schreiben sollen.
2. Jede/r Schüler/in legt diese Karte verdeckt auf den Boden, möglichst weit von sich entfernt.
3. Die Schüler/innen erhalten eine Karte in einer anderen Farbe. Auf diese schreiben sie eine Frage, die sie interessiert. Auch diese Karten werden verdeckt.
4. Ein Schüler beginnt und deckt eine Namens- und eine Fragekarte auf.
5. Der/die angesprochene Schüler/in antwortet, deckt seiner-/ihrerseits zwei Karten auf usw.


## 2.5 Mein linker, linker Platz ist frei

- **Ziele:** Gut geeignet, um in lockerer Stimmung die Namen zu lernen; auch für ältere Schüler, die einen gewissen Abstand zu Kinderspielen gewonnen haben, sich aber nichtsdestotrotz spielend gut amüsieren, während sie sich kennen lernen. Dieses Spiel ist spannend, weil sich hier schon sehr früh Sympathien zwischen bestimmten Schüler/innen zeigen.

**Phase 1: Orientierung**                                                        **43**

- **Dauer:** 10 Minuten
- **Durchführung:**
1. Die Schüler/innen sitzen im Stuhlkreis. Der Platz neben der Lehrerin ist frei. Sie eröffnet die Spielrunde, indem sie auf den freien Stuhl neben sich klopft und sagt: „Mein linker, linker Platz ist leer, ich wünsche mir … her!"
2. Der/die Angesprochene wechselt den Platz.
3. Jetzt ist der Platz neben einem anderen Schüler frei, der sich seinerseits jemanden herbeiwünschen kann.

*Ende:* Das Spiel ist beendet, wenn jede/r die Namen der Mitschüler kennt.

## 2.6   Hier-bin-ich-Poster

Die erste Phase, in der es darum geht, die Namen zu lernen, kann mit einem gemeinsam erstellten Poster beendet werden, an dessen Erstellung sich alle beteiligen. Beispiele: Drucken der bemalten Handinnenflächen auf einen großen Bogen Packpapier. An die Handrücken werden die Namen geschrieben, in die Mitte kann ein Motto geschrieben werden, auf das sich alle einigen können.

## 2.7   Ich nehme dich wahr

- **Ziele:** Die Mitspieler/innen suchen sich einen bestimmten Mitschüler aus, der sie interessiert. Das genaue Hinschauen wird geübt.
- **Dauer:** 10 Minuten
- **Durchführung:**
1. Die Schüler/innen setzen sich paarweise auf dem Boden gegenüber.
2. Die Lehrerin gibt das Zeichen, sich zwei Minuten lang genau anzusehen.
3. Ein Schüler dreht sich um und beantwortet dem anderen Fragen zu dessen Aussehen (Beispiele: Haarfarbe, Schmuck, Kleidung).
4. Wechsel der Rollen, eventuell Wechsel der Partner

## 2.8   Partnerinterview

- **Ziele:** Durch gezielte Fragen versucht sich der Interviewer ein Bild von seinem Gegenüber zu machen. Das Verfahren ist für jeden interessant, weil man sich gute Fragen überlegen muss und intensiv mit einem Mitschüler/einer Mitschülerin ins Gespräch kommen kann.

**44** **Teil I: Kommunikationsfertigkeit und Klassengemeinschaft**

▨ **Dauer:** 45 Minuten
▨ **Durchführung:**
1. Die Schüler finden sich zu Paaren zusammen und legen die Rollen fest.
2. Drei Minuten darf der Interviewer fragen , dann Wechsel der Rollen.
3. Präsentation des Befragten im Plenum
▨ *Variation*: Aktives Zuhören (vgl. Gesprächsmethoden S. 186 ff., 203)
1. Die Schüler/innen finden sich paarweise zusammen.
2. Jeder erzählt etwas über sich, man darf nicht unterbrochen werden. Gestisch und mimisch darf aber Empathie bekundet werden.
3. Wechsel der Gesprächsrollen, Reflexion über den Zugang zum anderen.

## 2.9 Das Papiertüten-Ich

▨ **Ziele:** Die Schüler reflektieren ihre Wirkung auf andere und machen deutlich, dass man sich hinter einer Fassade verstecken kann und will.
*Anmerkung:* Diese Übung verlangt von den Schülerinnen, dass sie relativ viel über sich preisgeben. Es muss aber gestattet werden, sich auf die Gestaltung der Fassade zurückzuziehen, wenn man die Befürchtung hat, der Gruppe sein wahres „Ich" nicht zeigen zu können. Das Spiel eignet sich auch im Zusammenhang mit Kooperationsspielen zur Gruppengestaltung.
▨ **Dauer:** Eine Doppelstunde
▨ **Material:** Große Papiertüten, Zeitschriften, Filzstifte, Klebstoff, Schere.
▨ **Durchführung:**
1. Gestaltungsaufgabe benennen. So möchte ich gesehen werden
2. Gestaltung der Fassade
3. Gestaltung des Inneren. Meine Ängste, Träume, Hoffnungen.
4. Ausstellung der Objekte
5. Diskussion über die Wirkung der Objekte sowie Interpretation.
▨ *Variation*: Jeder stellt sich anhand seines Objektes vor.

## 2.10 Steckbriefe

▨ **Ziele**: Die Schüler schreiben etwas über sich auf, das anderen zugänglich gemacht wird. Sie beschäftigen sich mit der eigenen Person und überlegen, welche positiven Seiten ihrer Persönlichkeit sie vorstellen wollen.
▨ **Dauer:**15 Minuten
▨ **Material:** Zeichenblock, Farbstifte

**Phase 1: Orientierung** **45**

▨ **Durchführung:**
1. Die Schüler/innen bekommen Papier und folgenden Arbeitshinweis: Zeichne eine Blume, schreibe deine Sonnenseiten in die Blütenblätter. (Hier sind viele Varianten denkbar: Etwa das Malen eines Wappentieres oder die Gestaltung des Namens mit passenden Begriffen.)
2. Aus den Steckbriefen lässt sich ein persönliches Klassenbuch zusammenstellen, das um Fotos von Klassenevents ergänzt werden kann.

### 2.11 Fragebogen-Aktion: Wer ist eine „verwandte Seele"?

▨ **Ziele:** Die Schüler/innen verständigen sich über ihre persönlichen Angewohnheiten, ähnliche Vorlieben, gleiche Hobbys oder gewisse Abneigungen.
▨ **Dauer:** 20 Minuten
▨ **Material:** Papier, Stifte
▨ **Durchführung:**
1. Die Schüler/innen werden gebeten, einen Fragebogen zu entwickeln.
2. Die Fragebögen werden ausgetauscht, sodass jeder Schüler einen Fragebogen bearbeiten kann. Wer sich von bestimmten Fragen angesprochen fühlt, macht dies mit seiner Unterschrift deutlich.
*Ende*: Wenn die Bögen ausgefüllt sind.

### 2.12 Soziografie

▨ **Ziele:** Die Schüler/innen kommen in Bewegung und merken, dass sie auch mit den Mitschülern Berührungspunkte haben, die ihnen vielleicht nicht aufgefallen sind oder die sie vielleicht auch nicht sympathisch fanden.
▨ **Dauer:** 20 Minuten
▨ **Durchführung:**
1. Die Schüler/innen räumen die Klasse so um, dass ein freier Zugang zu den Ecken gewährt ist. Sie kommen in der Mitte der Klasse zusammen.
2. Der Lehrer nennt verschiedene Gesichtspunkte, nach denen sich die Schüler/innen einander zuordnen sollen. Er selbst ordnet sich auch zu.
3. In einer anschließenden Gesprächsrunde können die unterschiedlichen Freizeitbeschäftigungen der Schüler/innen thematisiert werden. Hier kann schon überlegt werden, ob man eine Gesprächsrunde über ggf. geschlechtsspezifische Hobbys im Jugendalter anschließt.

# Phase 2: Sammlung

## 3 Die Fahrt nach Pongu

### 3.1 Handblatt zur Übung und zu den Fragebögen

▪ **Ziele:** *Einüben von kooperativer Kommunikation* beim Umgang mit verstreuter Information im Problemlösungsprozess einer Gruppe: Jeder hat wichtige Informationen, keiner kann die Aufgabe allein lösen; alle Ideen werden zusammengetragen und aufeinander bezogen. *Gestaltungserleben* dieser selbstregulativen Lösungsprozesse in der Schülergruppe ohne Fernsteuerung durch Lehrer (die hernach natürlich unterstützend da sind).

Da diese beiden Prozesse zumindest anteilig angesichts der lösungsorientierten Aufgabenstellung erlebt werden: *Reflektion von Gruppenprozessen* (Reden über die Zusammenarbeit) und dabei Gewahrwerden der eigenen Gruppenfähigkeit sowie Ermutigung für die Übertragung der konstruktiven Gruppenprozesse in das alltägliche Klassenleben.

▪ **Material:** ein Instruktionsblatt über das Spiel für jeden Teilnehmer; ein Satz Informationskärtchen für die Gruppe (30 Kärtchen pro Satz; Fragen siehe nachfolgend); Papier und Bleistift für die Teilnehmer/innen; Flipchart und Filzschreiber bzw. Tafel und Kreide

▪ **Dauer:** etwas mehr als eine (bis hin zu maximal zwei) Schulstunden, davon 25 Minuten zur Lösung der Aufgabe und zwischen 30 bis 60 Minuten zur Prozessanalyse

▪ **Durchführung:**

1. Gruppen mit vier bis sechs Teilnehmer/innen pro Gruppe bilden, die sich anschließend jeweils an einen Tisch setzen
2. Der Lehrer gibt jedem Schüler, jeder Schülerin ein Instruktionsblatt, Papier und Bleistift. Wenn die Schüler/innen die Instruktionen gelesen haben, verteilt eine Schülerin in jeder Gruppe einen Satz Informationskärtchen reihum (aufsteigende Nummerierung), dann beginnt diese mit der Lösung der Aufgabe.
3. Nach etwa 25 Minuten wird die Gruppe von der Lehrerin unterbrochen. Diese verteilt den Fragebogen „Überlegungen zur Gruppenarbeit" und lässt ihn in Einzelarbeit ausfüllen (ca. 5 Minuten). Anschließend sollen die Schüler/innen in jeder Gruppe über ihre Zusammenarbeit bei der Aufgabe sprechen: Was hat gut dabei geklappt?
4. Die Lehrerin oder der Lehrer gibt danach die Lösungen bekannt.

**Phase 2: Sammlung** 47

■ *Wichtiger Hinweis*: *Alle* Gruppen haben Anlass, ihre selbstständige Zusammenarbeit zu würdigen; sie war entscheidend (nicht die zweifellos erfreuliche Lösung, falls erreicht) und insoweit erleben alle einen Erfolg! Die Gruppen berichten danach in der Klasse über ihre Erlebnisse mit der Aufgabe; der Lehrer kommentiert diese lösungsorientiert (gelungene Prozesse!) und stellt danach auch weiterführende Fragen: Was würden die Schüler/innen bei einer künftigen Zusammenarbeit zu dem, was schon gut geklappt hat, noch zusätzlich beachten wollen?

■ *Wichtig bei dieser Nachbetrachtung*: Keine negativen Rollenzuschreibungen gegenüber bestimmten Schüler/innen stehen lassen (etwa: der Alleinkämpfer oder der Schweiger), sondern alle Verhaltensweisen würdigen (Zurückhaltung heißt beispielsweise, anderen Raum geben, und Aktivität bedeutet, Informationen aufzugreifen), zumal diese wechseln können. Abschließend ist auch eine kurze Erweiterung des Themas über die Aufgabe hinaus möglich: Wie ist Zusammenarbeit und gegenseitige Unterstützung in der Schulklasse gut möglich? Zum Abschluss nicht vergessen: ein Lob für die Klasse!

■ *Variationen:*

a) Sekundarstufe-I-Fassung: für die Klassen 5 bis 6 sollen nur die Karten mit ungeraden Nummern sowie die Karten 2, 4, 6, 8 und 30 ausgegeben werden (geringerer Schwierigkeitsgrad, denn lösungsrelevant sind nur die ungeraden Karten außer Nr. 29).
1. Wie viele Mitglieder hat die Besatzung? (Lösung: 5)
2. Wie viele Tage ist das Schiff unterwegs? (Lösung: 30)
3. Wie viele Dieselöl wird für die Reise gebraucht? (Lösung: 2500 Liter)
4. Wie viele Kilogramm Vorräte werden jeden Tag für ein Besatzungsmitglied benötigt? (Lösung: 20)

b) Sekundarstufe-II-Fassung; Fragen dazu:
1. Wie viel Dieselöl wird für die Reise gebraucht? (Lösung: 2500 Liter)
2. Wie viele Kilogramm Vorräte werden insgesamt für die Reise benötigt? (Lösung: 3000 Kilogramm)
3. Wenn die Fahrt unternommen wird, kann das Schiff dann rechtzeitig einen neuen Anstrich bekommen? (Lösung: Ja, denn das Schiff wurde zuvor vollständig instand gesetzt und die Fahrt wird weniger als 5000 Seemeilen umfassen; erst dann wäre ein neuer Anstrich notwendig gewesen.)

*Anmerkung*: Bei der Zusatzfrage in beiden Fassungen (Was ist das eigentliche Ziel …?) gibt es keine Antwort, die aus den vorgegebenen Antworten logisch ableitbar wäre; deshalb ist *jede* Antwort im Sinne eines Gruppenergebnisses richtig, auf die sich die Gruppenmitglieder einigen können.

## 3.2  Spielkarte mit Bearbeitungshinweis (Sekundarstufe I)

**Die Fahrt nach Pongu**

In wenigen Tagen soll ein Schiff auslaufen, um einen bisher unbekannten Kontinent namens Pongu zu erforschen. Die Aufgabe eurer Gruppe ist es nun, diese Reise zu planen und dafür möglichst viele der unten stehenden Fragen zu beantworten – wenn es mit der Zeit hinkommt, vielleicht sogar die Zusatzfrage. Ihr habt 25 Minuten Zeit.

Wählt *keinen* Vorsitzenden.

Ihr werdet Kärtchen mit Informationen für die Beantwortung der Fragen erhalten. Ihr könnt diese Informationen den anderen weitersagen, dürft aber untereinander eure Kärtchen nicht herzeigen.

**Fragen**:

1. Wie viele Mitglieder hat die Besatzung?

_____   Mitglieder

2. Wie viele Tage ist das Schiff unterwegs?

_____   Tage

3. Wie viele Kilogramm Vorräte werden jeden Tag
   für ein Besatzungsmitglied gebraucht?

_____   Kilogramm Vorräte

4. Wie viel Dieselöl wird für die Reise gebraucht?

_____   Liter

**Zusatzfrage**: Was ist das eigentliche Ziel der
             Besatzung bei dieser Fahrt?

_____

**Phase 2: Sammlung** _____ **49**

## 3.3 Spielkarte mit Bearbeitungshinweis (Sekundarstufe II)

**Die Fahrt nach Pongu**

In wenigen Tagen soll ein Schiff auslaufen, um einen bisher unbekannten
Kontinent namens Pongu zu erforschen. Die Aufgabe Ihrer Gruppe ist es
nun, diese Reise zu planen und dafür möglichst viele der unten stehenden
Fragen zu beantworten – falls Sie noch dazu kommen, vielleicht sogar die
Zusatzfrage. Sie haben 25 Minuten Zeit.
Wählen Sie *keinen* Vorsitzenden.
Sie werden Kärtchen mit Informationen für die Beantwortung der Fragen
erhalten. Sie können diese Informationen den anderen weitersagen, dür-
fen aber untereinander Ihre Kärtchen nicht herzeigen.

**Fragen**:
1. Wie viel Dieselöl wird für die Reise gebraucht?

_____

2. Wie viele Kilogramm Vorräte werden
   insgesamt für die Reise gebraucht?

_____

3. Wenn diese Fahrt unternommen wird, kann
   das Schiff dann rechtzeitig einen neuen Anstrich bekommen?
   Begründung (für Ja oder Nein):

_____

**Zusatzfrage**: Was ist das eigentliche Ziel der
                 Besatzung bei dieser Fahrt?

_____

_____

_____

_____

**50**          **Teil I: Kommunikationsfertigkeit und Klassengemeinschaft**

## 3.4    Beschriftungen für ergänzende Spielkarten (zu S. 42 u. 43)

Für einen Satz Spielkarten beschriften sie bitte je eine Standard-Kartei-karte mit je einem der nachfolgenden Sätze:

1. Das Schiff wird 100 Seemeilen an jedem Tag zurücklegen, wenn es nicht im Hafen liegt.
2. Das Schiff ist gerade vollständig neu instand gesetzt worden.
3. Die Reisestrecke wird 2500 Seemeilen umfassen.
4. Wie heißt der Maschinist?
5. An 5 Tagen liegt das Schiff während der Reise zu Forschungs-zwecken in Häfen und legt dann keine Seemeilen zurück.
6. Die Länge des Schiffes beträgt 35 Meter.
7. Zur Besatzung gehört 1 Kapitän.
8. Die Breite des Schiffes beträgt 12 Meter.
9. Zur Besatzung gehört 1 Steuermann.
10. Der Tank fasst bis zu 12000 Liter Dieselöl.
11. Zur Besatzung gehört 1 Maschinist.
12. Der Koch kann für bis zu 14 Besatzungsmitglieder Mahlzeiten zubereiten.
13. Zur Besatzung gehört 1 Koch.
14. In den Häfen, die das Schiff unterwegs anlaufen kann, gibt es kein neues Dieselöl und keine neuen Vorräte.
15. Zur Besatzung gehört 1 Forscher.
16. Nach einer Fahrt von 5000 Seemeilen benötigt das Schiff einen neuen Anstrich.
17. Alle Besatzungsmitglieder werden einzeln auf je einem Kärtchen benannt.
18. Die Farben des Schiffes sind weiß und blau und das soll auch so bleiben.
19. Für jedes Besatzungsmitglied werden jeden Tag 1 Kilogramm Obst und Gemüse benötigt.
20. Weiße und blaue Farbe gibt es erst im 5. der unterwegs angelaufe-nen Häfen.
21. Für jedes Besatzungsmitglied werden jeden Tag ein Kilogramm Fisch und Milchprodukte benötigt.
22. Für den Forscher hat die Reise eine kultische Bedeutung.

**Phase 2: Sammlung**                                    **51**

23. Für jedes Besatzungsmitglied werden während der Reise täglich 18 Liter (= Kilogramm) Wasser benötigt.
24. Der Koch ist 43 Jahre alt.
25. Für je 1000 Seemeilen verbraucht das Schiff 1000 Liter Dieselöl.
26. Pongu wurde einst bereits von den Phöniziern entdeckt, geriet jedoch dann wieder in Vergessenheit.
27. Zu den Vorräten gehören: Wasser, Obst und Gemüse, Fisch und Milchprodukte.
28. In Pongu ist der Sage nach irgendwo in einer Höhle der Sakro-Quader zu finden, der allen Schiffsbesatzungen Glück bringen soll.
29. Das Schiff ist 12 Jahre alt.
30. Das Schiff heißt Aurora.

# 4 Überlegungen zur Gruppenarbeit

## 4.1 Fragebogen

Bitte fülle den Fragebogen aus. Er hilft dir zu überlegen, wie du eure Gruppenarbeit erlebt hast. Deine Antworten brauchst du später im Gruppengespräch nicht laut vorzutragen. Du kannst aber, soweit du willst, gern mitteilen, wie du die Zusammenarbeit fandest.

Verwende folgende Zahlen, um für dich selbst einzustufen, wie weit ein Satz für dich stimmt:
5 = stimmt genau, 4 = stimmt eher, 3 = stimmt zur Hälfte,
2 = stimmt eher nicht, 1 = stimmt gar nicht

1. Ich war mit der Art zufrieden, wie wir zusammengearbeitet haben.
2. Wir haben uns bei der Aufgabe gegenseitig geholfen.
3. Ich habe den anderen aufmerksam zugehört, wenn sie gesprochen haben.
4. Die anderen haben mir aufmerksam zugehört, wenn ich gesprochen habe.
5. Meine Ideen sind von der Gruppe aufgegriffen worden.
6. Die Ideen der anderen wurden von der Gruppe aufgegriffen.

# 5 Das Nutzen-Dilemma-Spiel

## 5.1 Hintergrundwissen

In den Anfangsphasen der Gruppenbildung, die wir in unserem Fördermodell als die Phasen der „Orientierung" und der „Sammlung" bezeichnet haben, aber möglicherweise auch später, werden viele Schülerinnen und Schüler sehr darauf bedacht sein, ihre Position und ihre Interessen zu behaupten, um nicht in eine allzu untergeordnete Stellung in der Klasse zu geraten oder gar ausgenutzt zu werden.

Auch wenn diese selbstbehauptende Haltung in gewissem Maße ihre Funktion erfüllen und somit sinnvoll sein mag, gilt es doch andererseits, die Vorteile von Zusammenarbeit und sozialem Verhalten in der Klasse zu pflegen. So gesehen stehen die Schüler vor der Entscheidung, inwieweit sie einerseits egoistisch und andererseits fürsorglich in der Klassengemeinschaft handeln sollen und wollen. Wenn beide Verhaltenstendenzen eine wichtige Funktion haben, kann die Entscheidungssituation zu einem Nutzen-Dilemma werden.

Genau diese Situation greift das Nutzen-Dilemma-Spiel[14] auf, das uns und unseren Schüler/innen deshalb Anregung zu interessanten Experimenten und nützlichen Überlegungen geben kann: Stellen Sie sich vor, Sie stehen in Verbindung mit einem Händler, der Ihnen anbietet, einen Sack mit einer Ware, die Sie gern hätten, in einem Waldstück zu deponieren. Dafür sollen Sie eine bestimmte Geldsumme an einer anderen Stelle hinterlegen. Jetzt stehen natürlich sowohl Sie als auch der Händler vor der Frage, ob Sie sich bei diesem Handel ehrlich verhalten wollen. Der Nutzen von jeweils ehrlichem und unehrlichem Verhalten wird nun in einer Matrix dargestellt:

Sind beide ehrlich, hat jeder einen gewissen Gewinn aus diesem Handel – der Händler verdient Geld und Sie haben eine Ware erworben, die im Moment vorteilhafter für Sie ist als der Geldbetrag. Also bekommt jeder einen Gewinn von 2 Punkten in der Matrix gutgeschrieben. Sind hingegen beide unehrlich, bekommt keiner etwas und somit hat auch keiner einen Gewinn:

---

[14] Die ursprüngliche Variante wurde als Gefangenen-Dilemma-Spiel formuliert: z.B. Mills, J.: Experimental Social Psychology. London, 1969. Eine Übungsvariante des „Gefangenen-Dilemma-Spiels" für Gruppen mit erwachsenen Teilnehmern ist zu finden bei: Antons, K.: Praxis der Gruppendynamik. Göttingen, Hogrefe, 1973, S. 127–131. Eine Umformulierung ist dann das „Nutzen-Dilemma-Spiel"; vgl. Hofstadter, D.: Tit for Tat. Kann sich in einer Welt voller Egoisten kooperatives Verhalten entwickeln? Spektrum der Wissenschaft. Digest: Kooperation und Konkurrenz, 1998, S. 60–66

# Phase 2: Sammlung                                                          53

| Nutzen-Dilemma-Matrix | | | |
|---|---|---|---|
| **Wer bekommt wie viele Punkte für Kooperation oder für Mogeln?** | | *Händler* | |
| | | kooperiert | mogelt |
| *Wir* | kooperieren | *Wir:* 2 Punkte<br><br>*Händler:* 2 Punkte | *Wir:* −1 Punkt<br><br>*Händler:* 4 Punkte |
| | mogeln | *Wir:* 4 Punkte<br><br>*Händler:* −1 Punkt | *Wir:* 0 Punkte<br><br>*Händler:* 0 Punkte |

also 0 Punkte für beide. Jetzt könnten Sie aber einen besonderen Gewinn machen, wenn der Händler seine Ware hinterlegt, Sie aber den Geldbetrag einsparen. Wenn Sie also mogeln, winken Ihnen 4 Punkte Gewinn, während der Händler einen Verlust, nämlich −1 Punkt hat, weil er ja keine Gegenleistung bekommt, sondern nur etwas abgibt, nämlich die Ware. Umgekehrt kann aber der Händler einen besonderen Gewinn machen, wenn er nämlich mogelt und Sie sich ehrlich verhalten haben: Er bekommt Ihr Geld und liefert keine Ware: also 4 Punkte für ihn und −1 Punkt für Sie. Die Matrix zeigt diese Gewinn- und Verlust-Verhältnisse.

Wir stellen uns nun vor, dass wir vor diesem Handel stehen, aber mit dem Händler keine genaueren Absprachen treffen können: Wir haben nur die Möglichkeit, im Wald das Geld zu deponieren oder dies zu lassen, genauso wie der Händler nur die Ware deponieren oder eben darauf verzichten kann.

Fragen wir uns nun anhand dieser Matrix nach der erfolgversprechendsten Strategie für den anstehenden Handel, dann scheint es für uns ja in jedem Fall günstiger zu sein, zu mogeln. Denn entweder mogelt der Händler auch, dann werden wir selbst zwar 0 Punkte bekommen, wenn wir auch gemogelt haben, aber noch weniger, nämlich −1 Punkt, falls wir ehrlich waren. Oder aber der Händler war ehrlich: Auch dann ist es für uns lukrativer, zu mogeln, weil wir dann 4 Punkte einstreichen anstatt nur deren 2, wenn wir selbst auch ehrlich waren.

Da sich nun freilich der Händler Ähnliches überlegen kann wie wir, ist es auch aus seiner Sicht am günstigsten, dass er mogelt. Dies wird dann dum-

**54**          **Teil I: Kommunikationsfertigkeit und Klassengemeinschaft**

merweise dazu führen, dass beide Seiten mogeln und leer ausgehen, wo doch jeder hätte zwei Punkte bekommen können. Entscheidend dafür wäre aber eine Vertrauensbasis zwischen dem Händler und uns gewesen, die natürlich bei einem einmaligen Handel, der zudem nicht durch ein direktes Gespräch begleitet wird, nicht entstehen wird. Außerdem hätte unser Mogeln, so können wir überlegen, ja keine Konsequenzen für uns, weil wir ja mit dem Händler ohnehin nichts mehr zu tun haben werden.

Anders sieht es nun aber aus, wenn wir wiederholt mit dem Händler zu tun haben, also eine längere Geschäftsbeziehung von uns und von ihm angestrebt wird. Jetzt muss jede Seite damit rechnen, dass die andere Seite auf ihr Verhalten beim letzten Mal reagieren wird. Beispielsweise könnten wir erwarten, dass der Händler uns keine Waren hinterlegen wird, wenn wir dauernd mogeln. Wenn wir dagegen immer ehrlich sind, und der Händler ist dies auch, bekommt ja jede Seite jedes Mal 2 Punkte. Andererseits ist aber immer noch die Versuchung, vielleicht doch zu mogeln; dann gibt es ja gleich 4 Punkte auf einmal ...

Dies legt uns nun zwei Strategien nahe, die einigermaßen widersprüchlich wirken: Denn wie sollen wir uns das Vertrauen des Händlers sichern, wenn wir mogeln; und andererseits: Wie können wir mogeln, wenn wir uns das Vertrauen erhalten wollen? Ein klassisches Dilemma.

Wenn dies in einer Schulklasse diskutiert wird, wird es sicher sehr eigene Überlegungen der Beteiligten geben. Interessant mag dabei auch ein experimentelles Ergebnis sein: Der Spieltheoretiker Axelrod schrieb an andere Spieltheoretiker mit der Bitte, ein Computer-Programm zu schreiben, das eine Strategie enthielt, wie beim Nutzen-Dilemma-Spiel vorzugehen sei.[15] Er erhielt über 30 Programme. Diese ließ er in einer Computersimulation immer wieder gegeneinander antreten.

Das erstaunliche Ergebnis bestand darin, dass das erfolgreichste Programm das kürzeste war. Es stammte von dem bekannten Spieltheoretiker Anatol Rapaport und enthielt nur zwei Regeln:

a) Kooperiere beim ersten Handel.

b) Bei jedem weiteren Handel wiederhole stets das Verhalten, das der Händler beim letzten Zug gezeigt hat.

Das Programm betrog also nie als erster Verhandlungspartner. Wenn aber der Partner betrog, dann betrog es einmal. Hatte danach der Partner aller-

---

[15] Axelrod, R. & Hamilton, W.: The Evolution of Cooperation. Science, Band 212/1986, S. 1390–1396

# Phase 2: Sammlung                                                    55

dings wieder ehrlich gehandelt, ging auch das Programm wieder zu ehrlichem Verhalten über. Anders gesagt: Das Programm ist aufmerksam, reagiert also auf Betrug; andererseits ist es nicht nachtragend, es geht nämlich alsbald wieder zu kooperativem Verhalten über, wenn der Partner dies auch getan hat. Da es nie als erster Partner betrog, konnte das Programm auch kein anderes Programm im direkten Vergleich an Gewinnen überflügeln. Aber dennoch war es insgesamt das erfolgreichste Programm, weil es mit allen anderen Programmen die höchstmöglichen Gewinne auf dem Kooperationsweg erzielte.

Dieses Ergebnis mag zunächst erstaunen, denn es bedeutet: Altruistisches Verhalten führt unter bestimmten Bedingungen zum eigenen wirtschaftlichen Vorteil; Kooperation ist auch egoistisch gesehen gut.

Da diese Überlegungen auch für Schüler/innen spannend sein können, wird im nächsten Abschnitt beschrieben, wie ein Nutzen-Dilemma-Spiel in der Schulklasse ausprobiert werden kann.


## 5.2   Handblatt zur Übung

▤ **Ziele:** Nutzen-Dilemma-Situation erleben und nachfühlen lassen und die Reflektion darüber vorbereiten; Erkennen der eigenen (und gemeinschaftlichen) Kooperationsvorteile von sozialem Verhalten und mehr Verfügung darüber gewinnen; Kooperationskultur in der Klasse unterstützen

▤ **Material:** Übungsbogen (Kopiervorlage nächster Abschnitt)

▤ **Dauer:** zirka eine Schulstunde

▤ **Altersbereich:** ca. ab Klasse 7, denn ein Verständnis für ein Dilemma ist erforderlich

▤ **Durchführung:**

1. Die Schüler/innen bekommen die Ausgangssituation mit dem Dilemma (beschrieben im Hintergrundwissen) erläutert, die Matrix wird an die Tafel gezeichnet. Es genügt, zu verstehen, dass zwar einerseits Mogeln bei einem einzelnen Durchgang lukrativer ist, aber andererseits wohl doch dadurch erst das Vertrauen beim Geschäftspartner und dann auch eigene Gewinne verloren gehen.

2. Die Schüler/innen werden in Gruppen von je fünf Mitgliedern aufgeteilt; falls es nicht anders aufgeht, teilweise auch in Dreiergruppen. Jedenfalls ist notwendig: eine gerade Anzahl von Gruppen, damit alle Gruppen gleichzeitig aktiv sein können, und eine ungerade Anzahl von Schüler/innen pro Gruppe, damit jede Abstimmung zu einer Entscheidung führt.

**56**         **Teil I: Kommunikationsfertigkeit und Klassengemeinschaft**

3. Die Schüler/innen erhalten das Übungsmaterial: Für jede/n eine Abbildung mit der Matrix und mit der Tabelle, wo die Punkte für jeden Durchgang eingetragen werden können, sowie eine Münze. Mit der Münze können die Schüler/innen abstimmen: Sie legen alle die Münze unter ein DIN-A4-Blatt. Ist die Zahl oben, bedeutet dies: ehrlich spielen; ist die Rückseite oben, bedeutet dies: mogeln.

4. Den Schüler/innen wird erklärt, dass sie anschließend zehn Durchgänge mit ihrer benachbarten Gruppe spielen werden: Jeweils die Mehrheitsentscheidung der einen und der anderen Gruppe wird entscheiden was geschieht, indem alle Schüler/innen in beiden Gruppen jeweils die Münzen unter das Blatt gelegt haben.

5. Bevor das Spiel beginnt, können alle Schüler/innen sich in ihrer Gruppe fünf Minuten lang über die mögliche Strategie beraten.

6. Dann erfolgen zügig fünf Durchgänge im Wechsel mit der Nachbargruppe. Die Abstimmungen erfolgen jetzt jeweils ohne weitere Beratungen. Einer notiert jeweils die erhaltenen Punkte pro Durchgang.

7. Jetzt gibt es erneut fünf Minuten Diskussionszeit über die beste Strategie zum Weitermachen in den nächsten fünf Durchgängen.

8. Nach diesen weiteren fünf Durchgängen gibt es letztmalig eine kurze Diskussion, und zwar über die Frage, welche Strategie für die künftigen Handelsaktionen mit den anderen Gruppen am günstigsten ist.

9. Jetzt bekommt jede der Gruppen noch zweimal eine andere Gruppe zugeordnet, mit der sie je zehn Handelsdurchgänge absolviert – insgesamt hat also jede Gruppe am Ende 30 Durchgänge mit insgesamt drei anderen Gruppen durchgeführt. Bei diesen weiteren Durchgängen wird freilich keine Diskussionszeit mehr gegeben. Hier erfolgt nur noch die Abstimmung und das Notieren der Punkte.

10. Alle Gruppen addieren ihre Punkte und nennen sie im Plenum.

11. Im Klassengespräch wird über die gewählten Strategien und ihren Erfolg diskutiert. Der Lehrer oder die Lehrerin kann dabei auch etwas über die möglichen Strategien berichten, über die Vorteile von Kooperation und auch über das erfolgreiche Programm von Rapaport (vgl. Hintergrundwissen). Zunächst aber sollten die Schüler/innen über ihre eigenen Erfahrungen und Annahmen berichten können.

▪ *Hinweis*: Beim Klassengespräch sollten Sie moralisierende Maßgaben für die Strategien der Schüler/innen vermeiden: Die Instruktion hat ja den Aspekt des Nutzens betont. Bei richtiger Deutung ergibt sich der Tenor von selbst: Kooperation lohnt sich und zugleich ist sie ethisch erfreulich.

Phase 2: Sammlung                                                                              57

▨ *Variationen:*

a) Je nach Altersstufe: „Hintergrundwissen" aushändigen.

b) Fortsetzung: „Die Schulklasse als Nicht-Nullsummen-Spiel – Hintergrundwissen", S. 58 (Inhalt in der Klasse erklären und diskutieren).

## 5.3  Übung

> **Wege aus dem Nutzen-Dilemma**
> *Ihr kennt die Ausgangssituation. Nun könnt ihr mit dem Handel beginnen. Dabei hilft euch die nachfolgende Matrix. Tragt die Ergebnisse des Handels mit der anderen Gruppe in die Spalten ein, für jede einzelne Handels-Aktion jeweils in eine Zeile.*

| Nutzen-Dilemma-Matrix | | | |
|---|---|---|---|
| So werden die Punkte für Kooperation oder Mogeln verteilt: | | *Händler* | |
| | | kooperiert | mogelt |
| *Wir* | kooperieren | *Wir:*　2 Punkte *Händler:* 2 Punkte | *Wir:*　−1 Punkt *Händler:* 4 Punkte |
| | mogeln | *Wir:*　4 Punkte *Händler:* −1 Punkt | *Wir:*　0 Punkte *Händler:* 0 Punkte |

Hier tragt ihr eigene Punkte ein:

| Aktions-Nummer | Mit Gruppe X | Mit Gruppe Y | Mit Gruppe Z |
|---|---|---|---|
| 1 | Punkte | Punkte | Punkte |
| 2 | Punkte | Punkte | Punkte |
| 3 | Punkte | Punkte | Punkte |
| 4 | Punkte | Punkte | Punkte |
| 5 | Punkte | Punkte | Punkte |
| 6 | Punkte | Punkte | Punkte |
| 7 | Punkte | Punkte | Punkte |
| 8 | Punkte | Punkte | Punkte |
| 9 | Punkte | Punkte | Punkte |
| 10 | Punkte | Punkte | Punkte |
| Gesamt | | | |

# 6 Die Schulklasse als Nicht-Nullsummen-Spiel

## 6.1 Hintergrundwissen für Schüler/innen, Eltern, Lehrer/innen

Was für ein merkwürdiger Titel: Was soll das sein, ein Nicht-Nullsummen-Spiel? Und was hat eine Schulklasse damit zu tun? Nun: Ein Nicht-Nullsummen-Spiel ist das Gegenstück eines Nullsummen-Spiels [16]. Wenn zwei Leute sich in einem Nullsummen-Spiel befinden, dann wird immer der eine gewinnen, was der andere verliert und umgekehrt. Stellen Sie sich eine Wette vor: Wenn beide Partner um zehn Euro gewettet haben und der eine diese zehn Euro gewinnt, dann wird sein Gegenüber sie verlieren. Ein anderes Beispiel wäre ein Fußballspiel: Wenn die eine Mannschaft gewinnt, dann muss die andere verlieren. Beide können nicht gewinnen, sondern höchstens unentschieden spielen. Aber dann bekommt jeder Spieler einen jeweils kleineren Gewinn, weil die Gesamtsumme der Gewinne insgesamt gleich groß bleibt. Bei einem solchen Nullsummen-Spiel werden die Leute natürlich auf ihren Vorteil bedacht sein. Sie werden also versuchen, zu gewinnen. Sie wollen, dass der andere verliert!

Bei manchen Spielen, wie etwa dem Nutzen-Dilemma-Spiel (s. S. 52) kann man eine durchaus erstaunliche Erfahrung machen: Zwar kann man beim ersten Mal mehr gewinnen, wenn man versucht, *gegen* die Mitspieler zu spielen. Aber auf die Dauer gewinnt man nur, wenn man sich gut mit den Mitspielern einigt und mit ihnen zusammenarbeitet. Die Summe der Gewinne und Verluste ist dann nicht mehr einfach null (nach dem Motto: Was der eine gewinnt, verliert der andere), sondern alle gewinnen etwas hinzu. Und genau dies bezeichnet man auch als Nicht-Nullsummen-Spiel: Die Gesamtsumme des Gewinns für alle – und damit auch der durchschnittliche Gewinn für jeden Einzelnen – lässt sich vergrößern, wenn die Mitspieler zusammenarbeiten, anstatt gegeneinander zu kämpfen!

Das Nutzen-Dilemma-Spiel ist in gewisser Weise ein Spiel aus dem Leben. Und warum sollte eine Schulklasse nicht ebenso vom Vorteil des Zusammenarbeitens profitieren können? Anerkennung, die sich alle in der Klasse gegenseitig geben können, wächst zum Beispiel nach den Regeln das Nicht-Nullsummen-Spiels. Denn dadurch, dass der eine Anerkennung bekommt, geht dem anderen nichts verloren – im Gegenteil: Wenn eine/r mit der/dem anderen anerkennend umgeht, dann fällt es der/dem anderen leichter, sich

---

[16] Der Begriff des Null-Summenspiels stammt ursprünglich aus der Mathematik und wurde dann auch auf das Zusammenleben von Menschen bezogen, z. B. in: Watzlawick, P. : Vom Schlechten des Guten oder Hekates Lösungen. München, Piper, 1986

**Phase 2: Sammlung** 59

seinerseits anerkennend zu verhalten – oder überhaupt gegenüber allen anderen in der Klasse ... Das bedeutet auch, dass Unterschiede zwischen den einzelnen Schüler/innen gut akzeptiert werden können: Ich muss ja keineswegs jemanden geringer schätzen, weil er aus einem anderen Land kommt oder eine andere Hautfarbe oder Religion hat oder auch nur einen anderen Fußballverein oder auch andere Kleidung schätzt. Also: Sympathie, Toleranz, Anerkennung, Kameradschaft, Freundschaft – all dies macht ein Nicht-Nullsummen-Spiel aus. Man kann weniger von diesen angenehmen Rahmenbedingungen in einer Gemeinschaft haben oder eben viel, ganz so, wie die Mitglieder der Gemeinschaft diese miteinander entwickeln.

# 7 Ein guter Freund

## 7.1 Handblatt zur Übung und zum Fragebogen

▧ **Ziele:** Wertediskussion über Freundschaft anregen; mit Wunschbilderaustausch freundschaftliche Beziehungen unterstützen

▧ **Material:** Fragebogen

▧ **Dauer:** etwa eine Schulstunde, wenn zwei Fragen eingesetzt werden; ca. zwei Schulstunden mit allen Fragen

▧ **Durchführung:**

*Vorbereitung:* zwei bis sechs Fragen auswählen (nach Gesichtspunkten wie Klassenstufe oder aktuelle Situation in der Klasse), die den Schülerinnen und Schülern vorgelegt werden sollen.

1. Schüler/innen notieren sich zunächst in Einzelarbeit (ca. 5 Minuten pro Frage) einige Stichworte als Anhaltspunkte für die spätere Diskussion.
2. Kleingruppenarbeit (drei bis fünf Schüler/innen): Die Schüler/innen sprechen über ihre Einschätzungen der vorgelegten Situationen (ca. 5 Minuten pro Frage).
3. Klassengespräch mit Fragen wie: „Was war euch im Gruppengespräch besonders wichtig?" oder „Was ist euch beim Gruppengespräch aufgefallen?" (ca. 20 Minuten).
4. Bei guter Stimmung abschließend ein „Blitzlicht" (S. 223): „Wie haben wir die Beschäftigung mit diesem Thema in der Klasse erlebt?" (optional, bis zu 5 Minuten).

▧ *Hinweis:* Bei diesem recht persönlichen Thema ist es günstig, unterschiedliche Meinungen nebeneinander stehen zu lassen und gegen Abwertung zu schützen.

**60**　　　　　　Teil I: Kommunikationsfertigkeit und Klassengemeinschaft

■ *Variationen:* einzeln als Gedankenexperiment; in kollegialen Gruppen zum Ausprobieren

## 7.2　Fragebogen

**Ein guter Freund/eine gute Freundin**

Bestimmt hast du deine eigenen Auffassungen darüber, wie sich eine gute Freundin oder ein guter Freund dir gegenüber verhalten sollte. Außerdem hast du Ideen, wie du dich Freunden gegenüber verhalten willst. Über solche Auffassungen und Ideen wollen wir miteinander sprechen.

Zuerst notiere dir bitte auf einem gesonderten Blatt für dich allein ein paar Stichworte zu jeder der unten beschriebenen Situationen: Welches Verhalten wäre deiner Meinung nach richtig?

Danach könnt ihr in der Gruppe miteinander eure Meinungen darüber austauschen, wie ihr diese Situationen einschätzt.

Anschließend können wir noch in der Klasse darüber sprechen.

1. Du findest die Kleidung eines Freundes oder einer Freundin doch etwas komisch.
   Sagst du lieber nichts oder sprichst du mit ihm oder ihr darüber?

2. Eine Freundin will etwas basteln und bittet dich mitzumachen. Du bist aber ziemlich unsicher, ob du mit so einer Bastelei gut zurechtkommst. Bastelst du mit ihr zusammen oder lehnst du ab? Wie reagierst du?

3. Du hast einem Freund dein Fahrrad geliehen. Damit ist er von der Straße aus den Bürgersteig hochgefahren. Es hat ziemlich gekracht und jetzt ist die Felge vom Vorderrad verbeult und das Rad läuft nicht mehr rund, sondern eiert etwas.
   Was sagst du zu deinem Freund?

4. Du kannst eine echt lustige Geschichte über einen Freund/eine Freundin erzählen, die ihr allerdings sehr peinlich ist.
   Erzählst du die Geschichte weiter, oder wie gehst du damit um?

5. Ein Freund fragt dich, ob du ihm bei der Klassenarbeit helfen wirst.
   Was antwortest du?

6. Eine Freundin hat dir von einem Plan erzählt und dich gebeten mitzumachen. Du glaubst, dass sie mit dem, was sie vorhat, echt Ärger bekommen kann.
   Machst du mit oder sagst du lieber gar nichts oder rätst du ihr lieber ab oder wie reagierst du darauf?

# 8 Unsere gute Gruppe

## 8.1 Handblatt zur Übung

■ **Ziele:** Einüben von Lernen in Arbeitsgruppen; Werthaltungen und Ideen darüber sammeln und diskutieren, was eine gute Gruppe auszeichnet.[17]

■ **Material:** Hinweise zur Gruppenarbeit (Kopiervorlage, nachfolgend); leere DIN-A5-Karten zum Ausfüllen; Filzstifte, Wandzeitung (Packpapier)

■ **Dauer:** ca. zwei Schulstunden

■ **Durchführung:**

1. Einzelarbeit der Schüler (ca. 5 bis 10 Minuten): auf jede Karte (von bis zu fünf Karten) ein Eigenschaftswort schreiben, was eine gute Gruppe ist, oder einen kurzen Satz (wie zum Beispiel: „Man achtet einander")

2. Schüler/innen lesen in ihrer Gruppe die Karten gegenseitig vor und einigen sich dann auf eine Auswahl von Karten (bis zu zehn Karten), um sie auf ihre Wandzeitung zu kleben. Die Wandzeitung soll dann die Meinung der Gruppe darüber zum Ausdruck bringen, was eine gute Gruppe ist. Soweit gewünscht können auch noch Kommentare in Stichworten oder Bildelemente auf der Wandzeitung ergänzt werden (Zeit für diese Gruppenarbeit: bis zu 30 Minuten).

3. Klassengespräch: Die Gruppen stellen die Wandzeitungen vor und die Schüler/innen können so alle Ideen einander mitteilen (ca. 30 Minuten).

■ *Kombination mit anderen Methoden:* eventuell Fortsetzung mit „Brainstorming" (S. 80) zum Thema: künftige Gestaltung der Gruppenarbeit

## 8.2 Übung zur Gruppenarbeit

**Unsere gute Gruppe**

Wie stellt ihr euch eine „gute" Gruppe vor? Bei dieser Übung könnt ihr dazu Ideen sammeln und dann miteinander darüber sprechen.

**Zunächst jeder für sich:** Überlege, welche Eigenschaften eine Gruppe haben sollte, die du gut findest. Schreibe dann auf jede Karte ein Eigenschaftswort oder einen kurzen Satz wie zum Beispiel: „Man achtet einan-

---

[17] Diese Übung ist angelehnt an die Übung „Was ist eine gute Gruppe?" von E. Phillip: Gute Schule verwirklichen. Ein Arbeitsbuch mit Methoden, Übungen und Beispielen der Organisationsentwicklung. Weinheim, Beltz, 1992

**62**  Teil I: Kommunikationsfertigkeit und Klassengemeinschaft

---

der." Du kannst bis zu fünf Karten benutzen (Zeit für diese Einzelarbeit: bis zu 10 Minuten).

**Dann in der Gruppe:** Lest euch die Karten gegenseitig vor und einigt euch dann darüber, welche Karten ihr auswählen wollt, um sie auf eure gemeinsame Wandzeitung zu kleben. Die Wandzeitung soll die Meinung eurer Gruppe zu der Frage zum Ausdruck bringen, was eine gute Gruppe ist. Ihr könnt bis zu zehn Karten für die Wandzeitung verwenden. Auf Wunsch könnt ihr neben die Karten auch noch Erklärungen oder Kommentare in Stichworten schreiben oder die Wandzeitung bemalen (Zeit für diese Gruppenarbeit: bis zu 30 Minuten).

**Alle gemeinsam:** Danach können alle Gruppen die Wandzeitungen in der Klasse vorstellen und wir können so alle Ideen einander mitteilen.

---

## 9  Selbsterfüllende Prophezeiungen

### 9.1  Handblatt für eine Lerneinheit

▨ **Ziele:** Gedankliche Arbeit an diesem Ursache-Wirkungs-Modell, damit das Prinzip bewusst für die Gestaltung von Lernmotivation und Klassengemeinschaft genutzt werden kann

▨ **Material:** Gedankenexperimente und Konzeptbeschreibung im Hintergrundwissen (Overheadfolien oder Kopien nach der Vorlage)

▨ **Dauer:** ein bis zwei Schulstunden je nach Gestaltung

▨ **Durchführung:**

*Hinweis*: Auch bei der vorbereitenden Lektüre des Hintergrundwissens (S. 63) kann den folgenden Schritten nachgegangen werden, sodass sich dieses Handblatt mit dem Hintergrundwissen im Verbund lesen lässt, falls gewünscht.

1. a) Der Lehrer legt den Schülern „Gedankenexperiment A" vor (Overheadfolie oder Kopie); die Schüler/innen erläutern ihre Sichtweisen; der Lehrer erklärt das Prinzip der „gewohnten Kausalität".

   b) Der Lehrer/die Lehrerin wiederholt dieses Vorgehen mit Gedankenexperiment B und dem Konzept der „selbsterfüllenden Prophezeiung" und dann

   c) mit Gedankenexperiment C und dem Konzept der „selbstzerstörerischen Prophezeiung".

2. a) Nach dieser Einführung des Modells kann dieses auf die Gestaltung der

Lernmotivation bezogen werden. Gedankenexperiment D – denkbare Lösungsansätze: Wer seinen Erfolg für möglich hält, kann so arbeiten, dass er diesen Erfolg unterstützt. Wer glaubt, sein Bemühen habe ohnehin wenig Zweck, wird vielleicht aufgeben und gerade daher seiner eigenen Prophezeiung zum Eintritt verhelfen.
  b) Nun kann der Lösungsansatz auf das Verhalten der Klassengemeinschaft bezogen werden – Gedankenexperiment E: Wer glaubt, er kann die Beziehung mit seinem Nachbarn (den Mitschülern) gut gestalten ...
3. Für die Einzellektüre sind dann noch die Experimente F und G gedacht. Zu guter Letzt noch ein Gedanke: Vielleicht wirkt die Überzeugung, dass das Modell der selbsterfüllenden Prophezeiung möglicherweise nützlich für die Schulklasse ist, ihrerseits wie eine selbsterfüllende Prophezeiung?

## 9.2 Hintergrundwissen: Gedankenexperimente

**Gedankenexperiment A**

Wir haben zwei Ereignisse beobachtet: Erst hat es geregnet, und dann war die Terrasse nass. Welches dieser Ereignisse kann nun die Ursache und welches die Wirkung sein?

Wahrscheinlich werden wir uns über die Antwort schnell einigen können – komische Frage: Keinesfalls wird doch wohl die Nässe der Terrasse den Regen verursacht haben!?! Tatsächlich handelt es sich hier um einen Ursache-Wirkungs-Zusammenhang, wie er uns vertraut ist und den wir deshalb als **gewohnte Kausalität** bezeichnen.

*Ereignis A geschieht früher (nämlich zum Zeitpunkt t1) als das Ereignis B (das zum Zeitpunkt t2 erfolgt); also kann A die Ursache von B sein, aber nicht umgekehrt.*

**Gedankenexperiment B**

In Kalifornien stand die Nachricht in der Zeitung, in letzter Zeit sei an die Tankstellen weniger Benzin als bisher gewohnt geliefert worden. Dies könne demnächst zu einer Benzinknappheit führen. Wie wird sich diese Nachricht vermutlich auf das Verhalten der Autofahrer auswirken?

Tatsächlich begannen die Autofahrer, aufgeschreckt durch diese Nachricht, Benzin zu hamstern. Und gerade dadurch ging den Tankstellen der Treibstoff aus.

Mit diesem Beispiel veranschaulicht Paul Watzlawick das Modell der **selbsterfüllenden Prophezeiung**[18]. Es ist vermutlich eine der aufregendsten Theorien über die Beziehung von Ursache und Wirkung, stellt sie doch folgende Behauptung auf: Ein späteres Ereignis kann auf seine eigene Ursache in der Weise zurückwirken, dass es gewissermaßen diese eigene Verursachung selbst bewirkt. Dazu muss das spätere Ereignis allerdings vorher zu einer Prophezeiung führen, die dann zur Hauptursache für das spätere Ereignis wird.

Diese Form der Kausalität sieht nun so aus:

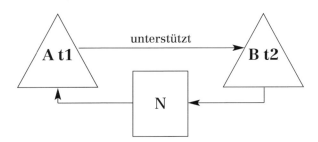

*Das in der Zukunft liegende Ereignis B wirkt über die Nachricht N auf die gegenwärtige Ursache A ein, die dann wiederum das Ereignis B verursacht. Eine selbsterfüllende Prophezeiung ist dies, wenn das Ereignis B ohne die Nachricht N nicht eingetreten wäre.*

---

[18] Vgl. Watzlawick, P.: Selbsterfüllende Prophezeiungen. In: Watzlawick, P. (Hrsg.): Die erfundene Wirklichkeit. Wie wissen wir, was wir zu wissen glauben? München, Piper, 1985; S. 91–110

# Phase 2: Sammlung

> **Gedankenexperiment C**
> Der Trainer einer Fußballmannschaft kündigt in einem Interview an, sein Team werde das Spiel gegen den nächsten Gegner hoch gewinnen. Wie könnte sich dies auf die Motivation der Mannschaft auswirken?

Diese Aussage könnte die Mannschaft aus verschiedenen Gründen ganz unbeeinflusst lassen. Oder aber sie fühlt sich so ermutigt, dass sie nur darum hoch gewinnt. Dann hätte hier wieder eine selbsterfüllende Prophezeiung ihre Wirkung entfaltet. Andererseits aber könnte stattdessen bei den Spielern nun eine starke Befürchtung entstehen, den Anspruch des Trainers nicht erfüllen zu können. Und wenn gerade diese Befürchtung die Leistung der Mannschaft so beeinträchtigen würde, dass sie das Spiel nicht gewinnen würde – dann hätte die Ankündigung des Trainers sich als **selbstzerstörerische Prophezeiung** ausgewirkt:

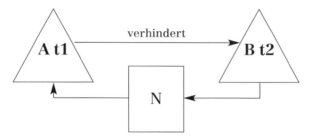

*Das in der Zukunft liegende Ereignis B wirkt über eine Nachricht N auf die gegenwärtige Ursache A ein, die dann wiederum das Ereignis B verhindert.*

Viele Prophezeiungen sind weder selbsterfüllend noch zerstörend. Damit sie eines von beidem sind, müssen nämlich zwei Voraussetzungen erfüllt sein:
a) Die Nachricht muss geglaubt werden.
b) Sie muss Aktivitäten (im weitesten Sinne) der Beteiligten nach sich ziehen, die den Eintritt des Ereignisses ermöglichen (bei der selbsterfüllenden Prophezeiung) beziehungsweise es verhindern (bei der selbstzerstörerischen Prophezeiung).

Für Lehrer/innen und Schüler/innen ist das Modell der Selbsterfüllenden Prophezeiungen vor allem deshalb interessant, weil es im Schulleben in vielen Bereichen wirksam werden kann.

**Teil I: Kommunikationsfertigkeit und Klassengemeinschaft**

**Gedankenexperiment D**

Schüler A glaubt, er habe nicht die notwendigen Fähigkeiten, um den kommenden Lernstoff zu schaffen. Schülerin B ist überzeugt, sie werde das Lernziel mit ihren Fähigkeiten schaffen, wenn sie sich anstrenge.

Wie können sich diese Prophezeiungen auf den Lernerfolg auswirken?

**Gedankenexperiment E**

Mensch C glaubt, er könne mit seinem Nachbarn einfach nicht auskommen, weil der ihm gegenüber sowieso ganz ablehnend eingestellt sei. Mensch D geht davon aus, mit seinem Nachbarn werde er sich schon vertragen, weil der sich wohl auf eine vernünftige Nachbarschaft einlassen wird.

Wie stehen nun die Chancen von C und D auf gute Beziehungen zum jeweiligen Nachbarn?

**Gedankenexperiment F**

Eine Forschergruppe führt mit Erlaubnis der Beteiligten in mehreren Schulklassen Intelligenztests durch. Danach teilen die Forscher den Lehrer/innen mit, dass bestimmte Schüler/innen (20 Prozent) besonders hohe Ergebnisse in den Tests erzielt hätten und deshalb künftig besondere Leistungssteigerungen erwarten ließen.

Als die Forscher diese Prophezeiung mitteilten, verschwiegen sie freilich, dass sie in Wirklichkeit die betreffenden Schüler/innen nach dem Zufallsprinzip ausgesucht hatten und keineswegs nach den Testergebnissen. Sie wollten nämlich herausfinden, wie sich solche Zuschreibungen unabhängig vom tatsächlichen Sachverhalt dann auf die Leistungsentwicklung der Schüler/innen auswirken würden ...

Welche Ergebnisse könnte dieses Experiment erbracht haben?

Da diese Untersuchung (im Gedankenexperiment F) tatsächlich durchgeführt wurde, sind auch die Ergebnisse bekannt: Die ausgewählten Schüler/innen zeigten im Verlauf des Schuljahres tatsächlich – wie angekündigt – die größten Lernfortschritte. Die Forscher konnten ihre Pro-

# Phase 2: Sammlung 67

phezeiung dann auch als Ursache für diesen besonderen Lernerfolg ansehen, weil die Auswahl der Schüler/innen ja nach dem Zufall erfolgt war. Dieser Wirkzusammenhang ist dann als **Pygmalion-Effekt** recht berühmt geworden [19].

---

**Gedankenexperiment G**

In welcher Weise könnte sich die Ankündigung der Forscher auf die Sicht- und Verhaltensweisen von Lehrern, Eltern und Schülern ausgewirkt haben? Wie kam es in der Praxis zum Pygmalion-Effekt?

---

# Phase 3: Stabilisierung

## 10 Die Lust- und Frust-Liste

### 10.1 Handblatt zur Übung

▦ **Ziele:** Die Schüler/innen selbst können durch eine kreative und lösungsorientierte Bestandsaufnahme deutlich machen, wie sie ihre Kommunikation untereinander beim Lernen erleben und wünschen. Sie werden auf diese Weise in ihrer selbstregulativen Mitgestaltung des Unterrichts unterstützt.

▦ **Material:** Lust- und Frust-Liste; Wandzeitungen (Packpapier); rote und grüne DIN-A5-Karten; Klebeband

▦ **Dauer:** ein bis zwei Schulstunden je nach Gestaltung

▦ **Durchführung:**

1. Alle Schüler/innen beschriften in Einzelarbeit (etwa 10 Minuten entsprechend dem vorher erklärten und verteilten Arbeitshinweis) grüne und rote Karten.

2. Sie heften die Karten an die Wandzeitungen (die grünen an die linke Wandzeitung; Überschrift: „Macht schon Spaß!"; die roten an die rechte: „Bitte mehr davon!").

3. Klassengespräch (ca. 30 Minuten): Zunächst werden das schon Erreichte (linke Wandzeitung) und die guten Entwicklungsideen (rechte Wandzeitung) besprochen und gewürdigt.

---

[19] Rosenthal, R. & Jacobson, L.: Pygmalion im Unterricht. Beltz, Weinheim, 1976

# 68        Teil I: Kommunikationsfertigkeit und Klassengemeinschaft

4. Es wird gemeinsam überlegt, wie die Entwicklungsideen verwirklicht werden können.

5. Abschließend vielleicht noch ein kurzes „Blitzlicht" (S. 223): Wie hat uns dieses Gespräch gefallen?

▨ *Hinweis*: Günstig wirkt sich Respekt für Meinungsvielfalt aus; die Lehrerin/Moderatorin kann eigene Wertsetzungen einbringen; durch lösungsorientierte Gesprächsführung kann in das Bewusstsein rücken, was schon erreicht ist und was für die Weiterentwicklung ermutigt. Die Klasse/ Gruppe soll sich nicht an Kritik festhaken!

▨ *Variation*: in einer kollegialen und/oder Eltern-Gruppe (mit der dann sinnvollen Fragestellung: Wie sehen und wünschen wir die Zusammenarbeit unter unseren Schüler/innen? oder: Wie ist die Zusammenarbeit unter den Kollegen oder den Eltern dieser Klasse? Ggf.: Fragebogen [Blatt 2] modifizieren)


## 10.2 Übung zum Meinungen-Sammeln und Miteinander-Sprechen

---

### Anleitung zur Lust- und Frust-Liste                       Blatt 1

Ziel dieser Übung ist es, möglichst viele Ideen zu sammeln, wie dir das Miteinander-Lernen in der Klasse Spaß machen kann oder bereits macht. Einige solcher Ideen sind auf Blatt 2 aufgelistet.

Gehe bitte so vor:

▪ Gehe die Liste durch und überlege bei jedem Punkt der Liste auf Blatt 2, ob dir *das genau* zuletzt in der Gruppe oder Klasse Spaß gemacht hat oder nicht.

▪ Wenn dir dieser Punkt zuletzt Spaß gemacht hat, schreibe es auf eine grüne Karte. Wenn beispielsweise als erster Punkt dort steht: „Lob und Anerkennung untereinander" und du findest, das hat Spaß gemacht, schreibst du „Lob und Anerkennung" auf eine grüne Karte.

▪ Wenn dir dieser Punkt aber nicht so gut gefallen hat und du lieber mehr davon haben willst, nimmst du eine rote Karte und schreibst beispielsweise darauf: „Mehr Lob und Anerkennung".

▪ Wenn du den Punkt im Moment nicht wichtig findest, kannst du ihn auch weglassen und keine Karte dazu beschriften.

▪ Außerdem kannst du auch grüne oder rote Karten mit eigenen Ideen schreiben, die nicht in den Punkten auf der Liste standen. Wenn es dir

---

**Phase 3: Stabilisierung** 69

zum Beispiel Spaß machte, dass dir jemand einen Bleistift geliehen hat, kannst du auf eine grüne Karte schreiben: „Bleistift leihen"...

- Wenn du mit deinen Karten fertig bist, hefte die grünen Karten auf die linke Seite des Plakates, wo steht: „macht Spaß". Die roten Karten kommen auf die rechte Seite mit der Überschrift „Bitte mehr davon".

Danach können wir uns die Plakate gemeinsam ansehen und darüber sprechen.

| Die Lust- und Frust-Liste | | Blatt 2 |
|---|---|---|
| Bitte für jede Aussage in den Spalten rechts ankreuzen: „Macht schon Spaß" oder „Bitte mehr davon (macht noch nicht genug Spaß)" | Macht schon Spaß | Bitte mehr davon |
| 1. Lob und Anerkennung untereinander (um sich gegenseitig Mut zu machen) | | |
| 2. Sich gegenseitig Hilfen geben (wenn sie jemand brauchen kann). | | |
| 3. Sich die Aufgabe gegenseitig erklären (wenn sie noch nicht alle verstanden haben) | | |
| 4. Jeden zu Wort kommen lassen (damit alle mitmachen können) | | |
| 5. Alle Ideen zusammentragen (auch wenn sie erst einmal verschieden sind) | | |
| 6. Sich auf Ziele einigen (um gut zusammenzuarbeiten) | | |
| 7. Sich gegenseitig in Ruhe lassen (wenn man erst einmal überlegen will) | | |

Wenn du weitere Ideen hast, wie das Lernen in der Klasse mehr Spaß machen könnte, dann kannst du diese zunächst auflisten und dann weitere Karten beschriften.

# 11 Unsere Klassengemeinschaft

## 11.1 Handblatt zur Befragung und zum Klassengespräch

■ **Ziele:** Die Schüler/innen können lösungsorientiert mitteilen, wie sie die Klassengemeinschaft erleben und sich wünschen, und werden auf diese Weise in ihrer altersgemäß selbstregulatorischen Mitgestaltung unterstützt.

■ **Material:** Hinweise zur Bearbeitung; Fragebogen (Kopiervorlage); Wandzeitungen (Packpapier); Filzstifte

■ **Dauer:** Erhebung in einigen Minuten einer Schulstunde, späteres Klassengespräch in einer Schulstunde

■ **Durchführung:**

*Vorbereitung:* Entweder den vorgegebenen Fragebogen (mit sechs Fragen, S. 71) verwenden oder eine Auswahl von Fragen aus dem nachfolgenden Katalog (S. 75) zu einem eigenen Bogen zusammenstellen – passend zur Entwicklung in der Schulklasse (auch mit Fragen zu derzeit günstigen Bereichen), dann aber bei jüngeren Klassen höchstens vier bis acht Fragen, mehr wäre zu unübersichtlich. Der Fragenkatalog enthält Fragen nach dem subjektiven Befinden/Gefühl (4.–5.), Identifikation (6.–7.), Gemeinschaftserleben (8.–9.), äußere Ausstrahlung (10.–12.), nach gegenseitiger Unterstützung (13.–15.), Leistungskonkurrenz (16.–17.), Koalitionsbildung (18.–19.), Schikane/Diskriminierung (20.–23.) und selbst ausgewiesenen Aspekten. [20]

1. Einstimmung der Klasse auf die Ziele mit positiven Rollenzuschreibungen: Schüler/innen als Mitgestalter

2. Hinweise zur Bearbeitung und Fragebogen verteilen, Letzteren ausfüllen lassen und einsammeln, Ablauf der Erhebung mitteilen, Datenschutz gewährleisten: Es geht um Meinungstendenzen in der gesamten Klasse.

3. Auswertung der Bögen (außerhalb des Unterrichts): Mittelwerte und Häufigkeitsverteilungen (eventuell mit einer Tabellenkalkulation; oder als Strichliste) und Darstellung für jede Frage auf einer Wandzeitung

4. Klassengespräch anhand der Wandzeitungen: Erwartete und unerwartete Ergebnisse, wo gibt es Ist-Soll-Differenzen, welche Entwicklungstendenzen werden gewünscht (auch Stellungnahmen des Lehrers/der Lehrerin), wie könnten diese umgesetzt werden?

---

[20] Die Themenbereiche des Katalogs sind an Bereichen orientiert, die in der Forschung zum Sozialklima in der Klasse benannt werden; z.B.: v. Saldern, M. & Littig, K.-E.: Die Konstruktion der Landauer Skalen zum Sozialklima. In: Zeitschrift für Entwicklungspsychologie und Pädagogische Psychologie, H. 17/1985, S. 138–149.

# Phase 3: Stabilisierung                                        71

▧ *Hinweis:* Alle positiven Entwicklungstendenzen und auch Meinungsvielfalt können ermutigend gewürdigt werden. Die Planungsphase für künftige
Entwicklungen kann auch ausführlicher gestaltet werden, falls gewünscht
(etwa mit Brainstorming oder Phantasiephase der Zukunftswerkstatt) –
dann wird aber möglicherweise später eine weitere Schulstunde benötigt.

## 11.2 Fragebogen

**Blatt 1**

**Anleitung zum Fragebogen „Unsere Klassen-/Kursgemeinschaft"**

Mit dem Fragebogen auf Blatt 2 können wir gemeinsam herausfinden, wie
die Gemeinschaft in der Klasse/im Kurs von uns gesehen wird. Also: Was
gefällt uns schon, und andererseits: Welche Wünsche gibt es dazu noch?
Die Fragen bestehen immer aus einer Feststellung, die auf der linken Seite steht, und zwei Antwortkästen, die rechts stehen. Rechts soll immer
eingetragen werden, inwieweit die Feststellung deiner/Ihrer Meinung
nach stimmt.

Dies kann mit folgenden Zahlen angezeigt werden: 1 = stimmt gar nicht,
2 = stimmt eher nicht, 3 = teils, teils, 4 = stimmt eher oder 5 = stimmt genau.

Dabei wird noch unterschieden zwischen IST und SOLL. Bei IST kannst
du/können Sie sagen, wie es nach deiner/Ihrer Meinung *ist*. Bei SOLL no-
tierst du/notieren Sie, wie es nach deinem/Ihrem Wunsch sein *sollte*.
Ein Beispiel:

| Die Schüler/innen sprechen öfters darüber, wie sie sich die Klassengemeinschaft wünschen. | IST | SOLL |
|---|---|---|
| | 2 | 5 |

Hier wurde bei IST eine 2 eingetragen und bei SOLL eine 5.
Damit wurden folgende Meinungen ausgedrückt: Es *stimmt eher nicht*,
dass die Schüler/innen über die Klassengemeinschaft sprechen. Und: Es
*stimmt genau*, dass die Schüler/innen über die Klassengemeinschaft
sprechen *sollten*.

Wir können später gemeinsam in der Klasse über die Ergebnisse der Befragung und über unsere Wünsche sprechen. Dabei werden aber *nicht* die Antworten von Einzelnen offen gelegt, sondern das Ergebnis als Ganzes wird angesehen.

Was dabei auch zählt, ist deine/Ihre Meinung!

| Unsere Klassen-/Kursgemeinschaft | Blatt 2 | |
|---|---|---|
| | IST | SOLL |
| 1. Ich fühle mich wohl in dieser Klasse/in diesem Kurs. | | |
| 2. Im Unterricht und beim Arbeiten helfen sich die Schüler/innen gegenseitig. | | |
| 3. Es kommt schon vor, dass die Schüler/innen über eine/n Mitschüler/in lachen oder ihn/sie hänseln. | | |
| 4. Im Großen und Ganzen verhalten sich die Schüler/innen fair gegenüber dem Lehrer/der Lehrerin. | | |
| 5. Wenn etwas Neues im Unterricht kommt, kann man darauf vertrauen, dass man das auch verstehen wird. | | |
| 6. Eine gute Klassengemeinschaft finde ich sehr wichtig. (Nur IST). | | |

# Phase 3: Stabilisierung                                                          73

## 11.3 Fragenkatalog

| Fragen über die Klassengemeinschaft | IST | SOLL |
|---|---|---|
| **I. Mein Klassenraum** | | |
| 1. An der Gestaltung des Klassenraumes sind Schüler/innen und Lehrer/innen beteiligt. | | |
| 2. Mit der Gestaltung unseres Klassenraums sind wir in der Klasse zufrieden. | | |
| 3. Ich will Verbesserungsvorschläge für die Gestaltung unseres Klassenraums einbringen. | | |
| **II. Ich gehöre dazu** | | |
| 4. Ich fühle mich wohl in dieser Klasse. | | |
| 5. Insgesamt gesehen bin ich froh, dass ich zu dieser Schule gehöre. | | |
| 6. Es ist mir sehr wichtig, wie die Klasse mich sieht. | | |
| 7. Dass ich zu dieser Schule gehöre, ist für mich persönlich sehr wichtig. | | |
| 8. Ich habe das Gefühl, dass ich zu dieser Klasse einiges beitragen kann. | | |
| 9. Ich tue einiges, was nützlich ist für die Schule. | | |
| 10. Ich glaube, dass unsere Klasse bei anderen in der Schule recht gut angesehen ist. | | |
| 11. Ich meine, dass die Leute am Ort doch einiges von unserer Schule halten. | | |
| 12. Ich würde gern einen Werbefilm über unsere Klasse drehen. Er sollte folgenden Aspekt besonders hervorheben: | | |

## III. Wir halten zusammen

13. Wenn ein/e Schüler/in Hilfe braucht, wird er/sie sie von seinen/ihren Mitschüler/innen bekommen.

14. Ärger kann mit anderen in der Klasse besprochen werden.

15. Im Unterricht und beim Arbeiten helfen sich die Schüler/innen gegenseitig.

16. Vielen Schüler/innen ist es wichtig zu zeigen, dass sie mehr wissen als andere.

17. Die Schüler/innen strengen sich an, um zu sehen, wer die besten Noten kriegt.

18. Unsere Klasse ist eine Gemeinschaft, in der die Schüler/innen recht gut zusammenhalten.

19. Einige Schüler/innen wollen nur mit den eng befreundeten Schüler/innen etwas zu tun haben, aber nicht mit den anderen Mitschüler/innen.

20. Es kommt schon vor, dass die Schüler/innen über eine/n Mitschüler/in lachen oder ihn/sie hänseln.

21. Bei manchen Gelegenheiten ist es zu Prügeleien unter Mitschülern gekommen.

22. Gelegentlich nehmen einige Schüler/innen den anderen Sachen weg.

23. Wenn sich eine/r unbeliebt macht, dann wird er/sie von den anderen Schüler/innen für eine ganze Zeit ausgestoßen.

## IV. Lehrer und Schüler arbeiten zusammen

24. Der Lehrer/die Lehrerin hilft den Schüler/innen, gut mit dem Arbeiten zurechtzukommen.

25. Der Lehrer hat meist Zeit für die Schüler/innen, wenn sie etwas mit ihm/ihr bereden wollen.

26. Der Lehrer/die Lehrerin ist fair gegenüber allen Schüler/innen der Klasse.

27. Die Schüler/innen versuchen, den Anweisungen des Lehrers/der Lehrerin zu folgen.

# Phase 3: Stabilisierung                                                     75

28. Manchmal versuchen die Schüler/innen,
    den Lehrer/die Lehrerin zu ärgern.

29. Im Großen und Ganzen verhalten sich die Schüler/
    -innen fair gegenüber dem Lehrer/der Lehrerin.

## V. So lernen wir

30. Bei uns beteiligen sich die Schüler/innen gern am
    Unterricht.

31. Wenn etwas Neues im Unterricht kommt, kann
    man darauf vertrauen, dass man das auch
    verstehen wird.

32. Bei uns fürchten viele, dass sie mit dem
    Unterrichtsstoff nicht mitkommen.

33. Bei uns gibt es Regeln für die Klasse, an die sich
    die Schüler/innen halten müssen.

34. Es kommt häufiger vor, dass ein Teil der
    Schüler/innen nicht zum Unterricht erscheint.

## VI. Das sollte sich verändern

35. Warum mir eine gute Klassengemeinschaft wichtig ist: _____

_____

36. Meine Klasse verändert sich. Das stelle ich fest:

_____

37. Was mich in dieser Klasse unterstützt: _____

_____

38. Was mir an unserer Klasse am meisten gefällt: _____

_____

39. Was mir in dieser Klasse fehlt:

_____

40. Was wir als Erstes ändern sollten: _____

_____

Zeichne auf einem gesonderten Blatt ein kleines Bild:
So wünsche ich mir die Klasse.

# Phase 4: Integration

## 12 Konfliktbearbeitung im Innen- und Außenkreis
*von Martin Hanker*

### 12.1 Moderationsmethode

- **Ziele:** Verantwortung für die Lösung von Konflikten zwischen Schülern oder Schülergruppen in der Klasse übernehmen; Konflikte aus der Sicht der beiden Streitparteien und aus der Sicht der Klasse wahrnehmen; Regeln für das Zusammenleben in der Klasse finden und vereinbaren
- **Material:** ein zusätzlicher Stuhl
- **Dauer:** je nach Komplexität des Falles, oft weniger als eine Stunde
- **Durchführung:**

1. Die Klasse bildet einen äußeren Stuhlkreis, in dessen Mitte sechs Stühle aufgestellt werden. Je einer für den anklagenden Schüler (S1) und den beklagten Schüler (S2) sowie für deren Anwälte (A1 und A2); der Lehrer/die Lehrerin nimmt als Moderator/in ebenfalls in der Mitte Platz. Es wird ein freier Stuhl dazugestellt, vgl. Abbildung 7. Die Mitschüler/innen (MS) nehmen außen herum Platz.

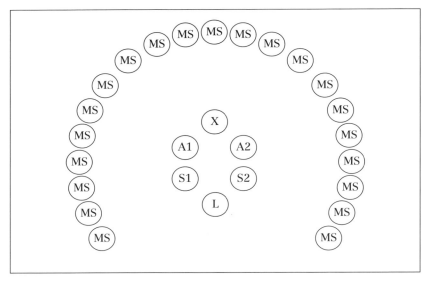

*Abbildung 7: Konfliktbearbeitung im Innen- und Außenkreis*

# Phase 4: Integration

2. Klärung des Falles: S1 und S2 im Innenkreis tragen den Streitfall vor: Was ist passiert? Die Anwälte dürfen im Interesse ihrer Klienten „Partei" ergreifen. Der Lehrer fragt danach den Außenkreis. Wer etwas beitragen möchte, nimmt auf dem freien Stuhl im Innenkreis Platz und spricht von dort aus.

3. Identifikation mit dem Kontrahenten: Der Lehrer fragt nach rückmeldungen zu dem, was die Schüler bei der Klärung im Innenkreis wahrgenommen haben. die schüler bleiben im Außenkreis und sprechen z. B. in der Form: „Ich als S1 sehe das so." Der Lehrer hilft z. B. mit: „Wie würdest Du dich als S2 fühlen, wenn S1 so spricht?" So werden Schüler im Innenkreis mit der Wahrnehmung des Problems seitens der Klasse konfrontiert. Durch die Identifikation mit den Konfliktparteien erfahren die Schüler im Außenkreis, dass auch sie Verantwortung für die Lösung des problems übernehmen.

4. Die Kontrahenten beziehen Stellung zu dem gegebenen Feedback. Während dieser Phase darf noch nicht nach Lösungen gesucht werden. Im günstigsten Fall überprüfen die Kontrahenten ihre Position und modifizieren sie.

5. Suche nach Lösungen – Innen- und Außenkreis werden aufgegeben. Die Klasse überlegt gemeinsam, wie eine Lösung aussehen könnte.

6. Eine Vereinbarung treffen – die Klasse einigt sich auf eine Lösung und trifft dazu eine Vereinbarung.

▨ *Hinweis*: Der Klassenrat hat die Aufgabe, nach einiger Zeit zu prüfen, ob die getroffene Vereinbarung eingehalten wurde.

*Vorteile*: Mit der Einbindung der Klasse (Außenkreis) in die Konfliktlösung – wie ein „Reflecting Team" – ist Folgendes beabsichtigt:

▪ Die Wahrnehmung der Streitparteien wird erweitert.
▪ Die ganze Klasse ist zur Bearbeitung des Falles aufgerufen. Der Konflikt wird so zur Angelegenheit aller (die Klasse als „polis").
▪ Damit wird auch der Fundus an Ideen für eine Konfliktlösung größer.
▪ Die wechselseitige Interaktion zwischen Klasse und Kontrahenten wirkt ebenso normbildend wie das Ergebnis selbst. Die Klasse entwickelt Normen und übernimmt Verantwortung für die Normen, die in ihr gelten sollen.
▪ Die Klasse kann „heilsamen sozialen Druck" ausüben, der sonst vom Lehrer/von der Lehrerin kommen müsste.

**78**         Teil I: Kommunikationsfertigkeit und Klassengemeinschaft

*Nachteile*: Der Lehrer/die Lehrerin ist in einer manchmal schwierigen Doppelrolle – er moderiert im Innenkreis und muss gleichzeitig auf die Disziplin der gesamten Klasse achten. Was, wenn die Klasse Normen entwickelt, die der Schulordnung widersprechen? Es gilt, für den Einzelfall eine Lösung zu finden.

# 13    Das Schlichtungsgericht

*von Martin Hanker*

## 13.1 Moderationsmethode

▨ **Ziele:** ein Verfahren entwickeln, in dem die Einhaltung der Regeln überwacht und bei Verstoß über Sanktionen entschieden wird; Verantwortung für die Einhaltung der Vereinbarungen übernehmen; Vereinbarungen als die Formulierung von Kinderrechten sehen; die Wahrnehmung von Rechten und Pflichten von Kindern durch Kinder einüben

▨ **Dauer:** kurz, während einer Pause

▨ **Durchführung:**

1. Einrichtung des Schlichtungsgerichtes im Klassenrat – Vereinbarung herstellen über:

     a) Aufgaben, Zusammensetzung, Stimmberechtigung der Mitglieder (Lehrer/Moderator ist ohne Stimme)

     b) Regeln und Sanktionen, die für die Klasse(n) gelten und die das Gericht anwendet.

     c) Arbeitsweise des Gerichtes (Ort, Zeit)

2. Zur Arbeit des Gerichtes:

     a) Das Gericht tagt auf Antrag.

     b) Die Beschlüsse werden im Klassentagebuch festgehalten.

---

*Beispiel: Vereinbarung der Klassen 10a und 5a über ein Schlichtungsgericht; Gegenstand des Streits: ständiges Gerangel im gemeinsamen Flur*

*§ 1 Ziele der Vereinbarung*
    *Die Vereinbarung soll dabei helfen, dass beide Klassen im Gang erträglich, vielleicht sogar freundschaftlich miteinander umgehen.*

*§ 2 Aufgaben des Schlichtungsgerichtes*
    *Das Schlichtungsgericht hat zwei Aufgaben:*

---

# Phase 4: Integration

1. *Es hilft im Falle eines Streites den streitenden Schülern, ihren Streit zu beenden und eine Vereinbarung darüber zu treffen.*
2. *Es entscheidet bei einem groben Verstoß gegen die Flur-Regeln.*

**§ 3 Zusammensetzung und Entscheidungen des Schlichtungs-gerichtes**

1. *Das Schlichtungsgericht setzt sich zusammen aus:*
   *je zwei Schülern der 10a und der 5a (stimmberechtigt) und Herrn Hanker (Gesprächsleitung)*
2. *Stimmberechtigt sind die vier Schüler. Bei Stimmengleichheit gibt die Stimme des Gesprächsleiters den Ausschlag. (Aber vorher besteht eigentlich ein Zwang zur Einigung.)*

**§ 4 Die Flur-Regeln**

1. *Keiner hat das Recht, einen anderen zu schlagen, auch nicht, um sich zu verteidigen.*
2. *Keiner hat das Recht, einen Schüler in den Klassenraum zu zerren und festzuhalten.*
3. *Wenn eine Klasse den Klassenraum wechselt, darf sie nicht von der anderen Klasse belästigt und provoziert werden.*
4. *Keiner hat das Recht, einen anderen mit schlimmen Wörtern zu beschimpfen.*

**§ 5 Was passiert, wenn ...**

1. *Wer gegen diese Regeln in grober Weise oder wiederholt verstößt, muss folgendes tun:*
   *bei Verletzung der Regel 1: die Schlichtungsregeln abschreiben.*
   *bei Verletzung der Regel 2: Nachsitzen und etwas für die betroffene Klasse oder die Schule tun.*
   *bei Verletzung der Regel 3: Aula aufräumen oder Hofdienst.*
   *bei Verletzung der Regel 4: einen Aufsatz (mindestens 2 Seiten) darüber, warum man solche Wörter benutzt.*
2. *Kann nicht mehr geklärt werden, wer für den Verstoß der Verursacher ist, kann die Strafe gegen alle Beteiligten ausgesprochen werden.*

**§ 6 Wer kann das Schlichtungsgericht anrufen?**

1. *Bei groben oder häufigen Verstößen gegen die Flur-Ordnung muss jeder Schüler der 5a oder der 10a, der solche Verstöße erkennt, das Schlichtungsgericht anrufen. Das Schlichtungsgericht kann hier auch selbst tätig werden oder im Klassenkreis tagen.*

> *2. Bei Streitigkeiten, die nicht gegen die Flur-Ordnung verstoßen, können alle „Streithähne" das Schlichtungsgericht anrufen.*
>
> **§ 7 Arbeit des Schlichtungsgerichtes**
> *Das Schlichtungsgericht tritt von sich aus jeden Montag, 1. Pause in der Aula zusammen, um zu sehen, wie die Flur-Ordnung eingehalten wird. Wenn es angerufen wird, tritt es möglichst bald, auf jeden Fall aber 2 Tage danach zusammen.(Diese Vereinbarung wird von allen Schüler/innen beider Klassen unterschrieben und im Flur aufgehängt.)*

# 14 Brainstorming mit Punktabfrage und Lösungsverhandlung

## 14.1 Moderationsmethode

▨ **Ziele:** In Planungs- und Lösungsphasen von Arbeitsprozessen einer Gruppe helfen, möglichst schnell und umfangreich alle Ideen zu einer gegebenen Zielorientierung verfügbar zu machen, dabei die Phase der Ideen-Gewinnung (eben: „Hirn-Sturm"; Standardmethode, entwickelt 1953 von Alex Osborn) und die des kritischen Betrachtens und Auswählens voneinander zu trennen, damit die Kreativphase nicht frühzeitig durch kontroverse oder kritische Diskussionen erstickt wird, sondern sich entfalten kann.

▨ **Durchführung:**

1. Die Gruppe einigt sich auf eine Fragestellung, die ein Ziel umreißt. Eventuell folgt eine stille Einzelarbeitsphase, um Ideen zu notieren.

2. Es werden Regeln vereinbart: Alle Vorschläge sind willkommen, auch vermeintlich abwegige oder fantastische – Kritik oder Diskussion während der Sammlung der Ideen ist unzulässig.

3. Die Teilnehmer/innen rufen dem Lehrer/der Lehrerin ihre Ideen zu, der/die sie notiert (vgl. „Visualisierungstechniken" in Teil IV).

4. Punktbewertung: Die Teilnehmer/innen markieren jetzt mit Klebepunkten (oder Filzstiften) ihre Zustimmung zu bestimmten Ideen (evtl. Festlegung: maximal ein Klebepunkt pro Teilnehmer und Idee).

5. Lösungsverhandlung: Welche Gegensätzlichkeiten stecken in bestimmten Ideengruppierungen, welche Ideen taugen für konsensfähige Lösungswege, wie sind diese auszuarbeiten?

**Phase 4: Integration**        **81**

▦ *Kombination mit anderen Methoden:* Eine kombinierte Moderationssequenz könnte umfassen: eine Bestandsaufnahme („Punktabfrage, Zurufabfrage, Kartenabfrage" – vgl. S. 219) mit anschließender Auswahl der wichtigsten Themen (Punktbewertung), für die dann mit dem Brainstorming
Lösungsansätze entwickelt werden.

# 15 Perspektivbefragung

## 15.1 Handblatt zum Fragebogen

▦ **Ziele:** Eine weitere Methode für die Integrationsphase ist die Perspektiv-
befragung. Sie soll Gelegenheit geben, Ideen ungestört und ohne Zeitdruck
in Einzelarbeit zu entwerfen, daraus dann gemeinsam in der Klasse einver-
nehmliche Lösungsgestalten zu entwickeln und zugleich die Gruppenintegration zu kultivieren.

▦ **Material:** Fragebogen (Kopiervorlage)

▦ **Dauer:** eine Stunde Klassengespräch bei häuslicher Bearbeitung der Bögen, sonst eher zwei Unterrichtsstunden

▦ **Durchführung:**

*Vorbereitung*: Aus einer Bestandsaufnahme (z. B. mit dem Fragebogen „Unsere Klassengemeinschaft", S. 70) liegen bereits erste Ergebnisse zur Klassensituation, und die wichtigsten Bereiche daraus wurden ausgewählt.

1. Der Lehrer/die Lehrerin fordert die Schüler/innen auf, in Einzelarbeit für
die verschiedenen Bereiche ein Ziel zu formulieren und die dafür geeigneten Mittel und Wege zu skizzieren.

2. Die Bögen werden eingesammelt und auf Wandzeitungen übertragen –
geordnet nach Themenbereichen, sodass die Ziele und Mittel für einen
Bereich übersichtlich nebeneinander stehen.

3. Die Ergebnisse werden nun im Zusammenhang diskutiert: Gemeinsames,
Unterschiede, Konsenslinien, wo geht es mehr um innere Einstellungen,
wo geht es um konkrete Maßnahmen, künftige Bearbeitung oder Wieder-
Aufgreifen des Themas?

▦ *Hinweis*: Eine häusliche Durchführung der Einzelarbeit spart Unter-
richtszeit und schafft Gelegenheit, Ideen reifen zu lassen und besser auszuarbeiten. Wird der Bogen direkt bearbeitet, kann andererseits der Prozess
in einem Schwung ablaufen.

## 15.2 Fragebogen

**Wie geht es weiter?**

Wir haben inzwischen einige Bereiche gesammelt, in denen wir unsere Klassengemeinschaft weiterentwickeln wollen. Nun kannst du in diesem Fragebogen mitteilen, wie du dir die Gestaltung in diesem Bereich wünschst und wie wir nach deiner Meinung diesen Wünschen von dir näher kommen können.

Schreibe deshalb bitte auf ein separates Blatt einige Stichworte zu den Fragen. Deine Meinung und deine Ideen sind wichtig!

1. Wie wünsche ich mir die Gestaltung unserer Klassengemeinschaft in diesem Bereich?
2. Wie könnten wir meinen Wünschen näher kommen?

# 16 Zukunftswerkstatt: Fantasiephase

## 16.1 Moderationsmethode

▨ **Ziele:** Diese Methode entspricht einer Phase aus dem Vorgehensmodell der „Zukunftswerkstätten" [21] und gehört in die Planungsphase einer Moderationssequenz. Im Unterschied zum Brainstorming freilich, das auf möglichst viele Lösungsmöglichkeiten zielt, soll die Fantasiephase es einer Gruppe oder Klasse ermöglichen, *einen* Lösungsentwurf zu einer Fragestellung möglichst fantasievoll auszugestalten. Dieser kann später – aber nicht in dieser Phase – ggf. zur Realisierbarkeitsreife ausgearbeitet werden und die Schüler/innen dabei unterstützen, durch diese intensive Zusammenarbeit die Sozialintegration zu vertiefen.

▨ **Dauer:** eine Schulstunde für die Gruppenarbeit und eine Stunde für das Klassengespräch

▨ **Durchführung:**

*Vorbereitung:* Aus einer vorliegenden Bestandsaufnahme (etwa nach einer Zurufabfrage oder Fragebogenauswertung) sind bereits die wichtigsten Themen (etwa mit einer Punktbewertung) für die Weiterbearbeitung benannt worden. Jetzt kann die Fantasiephase beginnen.

---

[21] Jungk, R. & Müllert, N.: Zukunftswerkstätten. München, Heyne, 1993

# Phase 4: Integration 83

1. Das Vorgehen wird den Schülern erklärt. Wichtig ist es, den spielerisch-fantasievollen Gehalt zu betonen: Es geht nicht darum, fertige Lösungen zu bekommen, sondern darum zu träumen. Später wird sich zeigen, dass auch Fantasien und Utopien hilfreich sind.
2. Es werden Gruppen von drei bis fünf Schüler/innen gebildet, die jeweils ein Thema auswählen – und zwar nach Interesse, was bedeutet, dass eventuell zu einem Thema mehrere Gruppen entstehen können und zu anderen keine.
3. Jede Gruppe formuliert eine Fragestellung für ihr Thema; etwa: „Wie können wir uns beim Lernen mehr helfen, sodass alle sich gut entfalten können?" Da eine solche Fragestellung ja letztlich bereits die Zielvorgabe benennt, sollte in die Formulierung Sorgfalt und Zeit investiert werden. Kriterium ist keineswegs unbedingt eine sehr gelungene Formulierung, sondern der Konsens der jeweiligen Gruppe.
4. Wenn diese Vorbereitungen abgeschlossen sind, kann die Gruppenarbeit beginnen. (Wenn der Lehrer/die Lehrerin es wünscht, kann er/sie vorher die Klasse noch in einer kurzen meditativen Phase, etwa Traumreise oder Entspannungsübung, darauf einstimmen.) Es gelten folgende Regeln:
   - Keine Kritik an den geäußerten Gedanken und keine Killerphrasen!
   - Die Darbietungsform kann frei gewählt werden! (Also etwa: Erzählen, was in der Gruppe gemacht wurde, oder Wandzeitung oder Pantomime oder Sketch oder ...).
5. Danach stellen die Gruppen ihr Ergebnis in der Klasse dar. Die Darstellungen werden gemeinsam gewürdigt und besprochen.
6. Ergeben sich aus den Lösungsansätzen konkrete Perspektiven? – Wenn nicht: dann wird die Arbeit sicherlich gute Einstellungen zu dem jeweiligen Thema fördern. – Wenn ja: dann können jetzt noch Schritte zur Verwirklichung oder zur weiteren Ausarbeitung vereinbart werden.

## 17 Den Elternabend gestalten

### 17.1 Handblatt zum Vorgehen

■ **Ziele:** Gelegentliche Meinungskonflikte zwischen Eltern und Lehrern wegen Leistungseinschätzungen und Schullaufbahnentscheidungen als rollenbedingt einordnen und deshalb unbeirrt mit der dennoch gemeinsamen und verbindenden Zielorientierung, die Schüler/innen bei ihrem Lernen und bei ihrer sozialen Integration in die Schulgemeinschaft zu unterstützen, immer

## 84  Teil I: Kommunikationsfertigkeit und Klassengemeinschaft

wieder das Kooperationsbündnis mit den Eltern erneuern und den Gedankenaustausch zu verschiedenen Themen anregen und anreichern.

■ **Überlegungen zur Durchführung:**
Mit solchen oder ähnlichen Zielsetzungen suchen Lehrer/innen die vertrauensvolle Zusammenarbeit mit den Eltern. Dazu werden sie, so weit sie das für sinnvoll halten, alle organisatorischen Vorgänge mit den Eltern abstimmen, über die Entwicklung der Schüler/innen, der Schule und der Schulklasse und anderes mehr sprechen. Als Ergänzung zu alledem – und dazu will dieses Handblatt einladen – können nun auch noch gelegentlich bestimmte besondere Themengebiete in den Elternabend eingebracht werden, die in diesem Methodenhandbuch behandelt werden. Dazu enthält nun der nächste Abschnitt einige Überlegungen und Beispiele.

■ **Anregungen zu Methoden und Themen beim Elternabend:**
Den Eltern braucht nicht immer die ganze Ziel- und Weg-Orientierung vorgegeben zu werden, sondern sie können diese aktiv und verantwortungswillig mitgestalten und werden dann auch wieder empfänglich für die Anregungen der Lehrerin sein. Um diesen Prozess moderativ zu begleiten, können die themenübergreifenden Methoden verwendet werden wie Zurufabfrage, Punktbewertung und Brainstorming.

■ Beim ersten Elternabend in einer neu gebildeten 5. Klasse können zum Beispiel mit einer Zurufabfrage die Erwartungen der Eltern an Schule und Lehrer erfragt werden. Daran könnte sich eine Stellungnahme des Lehrers anschließen, gefolgt von einem Gespräch, wie die gegenseitigen Erwartungen aufeinander abgestimmt werden können, oder auch einem Brainstorming, welche Punkte für die Zusammenarbeit wichtig sind.

■ Es können die Werthaltungen für die Klassengemeinschaft zwischen Eltern und Lehrer/in vereinbart werden, die für das erzieherische und pädagogische Handeln in Elternhaus und Schule maßgeblich sein sollen. Dies könnte begleitet werden etwa durch das Hintergrundwissen: „Die Schulklasse als Nicht-Nullsummenspiel" (S. 58) oder auch die Übung „So arbeiten Schüler gern" (S. 197). Wenn jetzt auch noch die Schüler in der Klasse Regeln des Umgangs miteinander absprechen (etwa: „Ein guter Freund", S. 59, oder „Die Lust- und Frust-Liste", S. 67), dann ist eine Einigung mit allen Beteiligten herbeigeführt worden, die von Lehrerinnen und Lehrern bisweilen als „Klassenvertrag" bezeichnet wird.

■ Zudem können Fragen der Lernmotivation mit den Eltern diskutiert werden: Wie können die Eltern am besten auf die Leistung ihrer Kinder in der Klassenarbeit reagieren, wie können sie dann später dieselben Kinder

Phase 5: Trennung                                                              85

motivational gut auf die nächste Arbeit einstimmen („Ursachen gut ver-
klären", S. 135, und „Reattributionstraining", S. 130); wie können wohl
geformte Ziele dafür gesetzt werden („Individuelle Bezugsnorm setzen",
S. 115) und eventuelle Versagensängste reduziert werden („Mentale Auffangposition einrichten", S. 157; wie soll die Arbeit vorbereitet werden
(„Klassenarbeit vorbereiten", S. 178) und wie kann die Lerntätigkeit selbst
als anregend erlebt werden („Flow beim Lernen", S. 161)?
Da auch über diese Beispiele hinausgehend die überwiegende Zahl der Methoden in diesem Buch mit Eltern behandelt werden kann (zu geeigneten
Methoden siehe Liste auf S. 11 ff.), ergibt dies vielfältige Verwendungsmög-
lichkeiten. Diese können insoweit genutzt werden, wie sie zur eigenen
pädagogischen Programmatik bei Elternabenden und dann auch zum Entwicklungsprozess in der Klasse und in der Elternschaft passt.


# Phase 5: Trennung


## 18    Evaluation und Abschied in der Schulklasse

### 18.1  Handblatt zum Vorgehen

■ **Ziele**: Wenn für unsere Zwecke hier der Begriff „Evaluation" verwendet
wird, so wollen wir uns keine komplizierten und aufwändigen Prozeduren
vorstellen. Stattdessen hat für uns Evaluation im Zusammenhang mit Abschied in der Schulklasse folgende Bedeutung und Zielorientierung:
■ Während der gesamten Entwicklung: Selbstbesinnung und Rückmeldung,
   um diesen Entwicklungsprozess gemeinsam zu tragen
■ Beim Abschied: Würdigung und Dank für all das, was füreinander getan
   wurde; zudem auch Bestärkung Schüler (aber eigentlich: aller Rollenträ-
   ger) für den nächsten Abschnitt in ihrem Werdegang.
Dafür haben die Schulen und die Lehrerinnen und Lehrer jeweils ihre eigenen bewährten traditionellen, sowohl informellen als auch festlichen Vorgehensweisen und Akte. Im nächsten Abschnitt werden kurz gefasst noch einige ergänzende Moderationsschritte genannt.
■ **Durchführung:**
1. **Evaluation nach bestimmten Lernphasen**, wenn die Beteiligten weiter
   zusammen arbeiten: „Meine Erwartungen an den Mathematikunterricht
   (zu Schuljahresbeginn und zur Jahresmitte) ...; Meine Leistungsmöglich-

keiten habe ich insoweit genutzt, dass ich ...; Mir hat am Mathematikunterricht gefallen ...; Schwierig fand ich beim Mathematikunterricht ...; Für die Zukunft würde ich mir im Mathematikunterricht wünschen, dass ...". Die Antworten auf solche Fragen können dann in der Schulklasse mit Methoden wie „Brainstorming" (S. 80) oder „Perspektiv-Befragung" (S. 81) weiter bearbeitet werden, wobei freilich die Lehrer den Schüler/innen auch ihre eigenen Vorstellungen deutlich machen werden („Die Mitarbeit im Mathematikunterricht wünsche ich mir so, dass ...").

2. **Evaluation beim Abschied**, also am Ende der Schulzeit oder jedenfalls am Abschluss des betreffenden Klassenverbandes:

- Bei einer *verbalen Evaluation* könnten die Schüler auf Wandzeitungen Punktbewertungen anbringen oder auch sprachliche Kommentare anbringen zu Fragen wie etwa nach dem Gruppenklima, dem Lernzuwachs; darüber kann dann miteinander gesprochen werden.

- Bei einer *intuitiven Evaluation* können die Schüler/innen gruppenweise gemeinsam auf eine Wandzeitung ein Bild malen oder mit Bastelmaterialien ein Standbild bauen, das für sie die Klasse versinnbildlicht, und sich dies dann gegenseitig in einem „Museumsgang" vorstellen.

- Zudem können noch *offene Punkte* behandelt werden: Die Schüler/innen sammeln in Kleingruppen Fragestellungen, die für sie noch offen und klärungsbedürftig sind, und schreiben diese auf eine Wandzeitung. Die Wandzeitungen werden dann in der Klasse nebeneinander gehängt, von den Schüler/innen erläutert. Dann werden die offenen Punkte vom Lehrer/von der Lehrerin zusammen mit den Schüler/innen geklärt.

- Mitnehmen auf ihren künftigen Weg können die Schüler/innen eine *Selbstbestärkung* aus diesem Lebensabschnitt: Dies kann ebenfalls in Gruppen gesammelt werden oder auch als Kartenabfrage oder Zurufabfrage. Jedenfalls sollte einige Zeit zur Besinnung gelassen werden, weil dann eine Vielfalt von Stärken in das Bewusstsein tritt. Dazu wird eine Frage formuliert, die zum nächsten Lebensabschnitt der Schüler passt, also etwa: Was gibt mir Sicherheit für meine weitere Laufbahn? Welche Stärken nehme ich von hier dafür mit?

- Abschließend können die Schülerinnen und Schüler sowie die Lehrerinnen und Lehrer in einem Vorgehen mit dem Titel *Was ich dir (oder: Ihnen) noch sagen wollte* einander noch letzte Rückmeldungen, Bestärkungen und gute Wünsche beim Umhergehen im kurzen Partnergespräch mit auf den Weg geben.

# Teil II

# Lernmotivation und Lernklima

# Grundlagen und stationenübergreifende Methoden

## 19 Motivation und Lernerfolg in der Schulklasse – Erfolgszyklus und Unterstützungsinteraktion

### 19.1 Hintergrundwissen, Fördermodell und Methodenübersicht

> *Stellen Sie sich doch einmal vor, Ihre Schülerinnen und Schüler sollen in naher Zukunft eine Klassenarbeit schreiben. Sie überlegen nun, wie Sie die Klasse am besten auf dieses Ereignis einstimmen können, sodass sie sich voller Lernlust und Erfolgszuversicht darauf vorbereiten kann.*

Wenn Sie sich nun mit dieser Zielsetzung die Methoden zur Förderung der Lernmotivation in diesem Teil der Sammlung ansehen, so werden Sie sicher einiges darin finden, was zu Ihren eigenen Förderstrategien passt.

Angeordnet sind die Methoden nach unserem Grundmodell, das wir als Erfolgszyklus bezeichnen. Zunächst zeigt diese Einführung die Stationen des Erfolgszyklus und deren Zusammenwirken im Überblick. Jede dieser Stationen wird danach noch in einem eigenen Kapitel beschrieben, in dem dann auch die Methoden zu finden sind, die zur entsprechenden Station gehören.

### Sechs Annahmen zur Lernmotivation

Die Methoden sind allesamt hergeleitet aus Erkenntnissen der Lernmotivationsforschung mit ihren durchaus eindrucksvollen Untersuchungsergebnissen und ihren nützlichen Modellen, die auch in der Konzeption des Erfolgszyklus berücksichtigt wurden. Unter dem Eindruck dieser Erkenntnisse und angesichts der Erfahrungen aus der eigenen Unterrichts- und Beratungspraxis von Lehrer/innen, Beratungslehrer/innen und Schulpsychologen und -psychologinnen können wir sechs Annahmen zu diesem Thema plausibel finden.

Diese Annahmen lassen uns nicht nur die gezielte Verwendung von Methoden zur Förderung der Lernmotivation lohnend erscheinen, sondern können vermutlich die Aussichten solcher Fördermethoden sogar im Sinne selbsterfüllender Prophezeiungen unterstützen: Wer nämlich diese Annahmen für praxisnah hält, mag sich auch in der Lage fühlen, Erfolg versprechende Methoden anzuwenden und sich hernach durch Erfolgserlebnisse in seinen Annahmen bestätigt fühlen.

## Grundlagen und stationenübergreifende Methoden 89

Wenn Sie mögen, können Sie nun natürlich in Form von Gedankenexperimenten überlegen, inwieweit diese jetzt folgenden Annahmen Ihren aktuellen pädagogischen Überzeugungen und dann auch Ihren bisherigen (und künftigen) Erfahrungen in Schulklassen entsprechen:

1. Die lernmotivationalen Einstellungen von Schüler/innen – wie beispielsweise ein positives Konzept der eigenen Fähigkeiten oder die Zuversicht auf künftigen Leistungserfolg – sind subjektive Konstruktionen [22] der Schüler/innen, obwohl sie ihnen häufig wie eine objektive Abbildung der Wirklichkeit erscheinen mögen.

2. Deshalb haben die Schüler/innen viele Freiheiten zu entscheiden – oft mehr, als sie denken –, wie sie diese Überzeugungen selbst nützlich gestalten wollen.

3. Ob solche nützlichen Einstellungen – wie etwa: „Ich kann erfolgreich lernen!" – beibehalten werden, hängt davon ab, ob sie den Erfahrungen standhalten, die dann in der Folge beim Lernen erlebt werden.

4. Insbesondere Misserfolge können trügerisch und dann auch entmutigend sein: Möglichkeiten für künftigen Erfolg werden allzu leicht nicht mehr gesehen, obwohl sie doch durchaus noch gegeben sind.

5. Es gibt nicht nur ausgearbeitete Theorien zur Lernmotivation, sondern – sowohl hergeleitet aus diesen Theorien als auch im fachlichen Repertoire von Lehrern und Lehrerinnen – überdies auch geeignete praxisnahe und wirksame pädagogische und psychologische Methoden, um die Lernmotivation günstig zu beeinflussen.

6. Der Einsatz solcher Methoden ist lohnend, weil die Lernmotivation der Schüler/innen handlungsanleitend ist und den schulischen Leistungserfolg begünstigt.

Nachdem wir uns nun selbst in Form dieser Annahmen optimistisch eingestimmt haben auf die Förderung von Lernmotivation, wollen wir den schon benannten konstruktivistischen Gedanken aus den ersten drei Annahmen noch etwas weiterführen: Demnach wäre es ja aus einer zweckbestimmten Sicht gar nicht entscheidend, ob die Schüler nun „objektiv" Recht haben, wenn sie sich künftigen Erfolg zutrauen oder auch nicht. Viel wichtiger wäre es stattdessen, ob sich diese ihre Sichtweise später im Ergebnis

---

[22] Der Begriff „Konstruktionen" wird hier im Sinne einer konstruktivistischen Erkenntnistheorie verwendet: Vgl. v. Glasersfeld, E.: Einführung in den radikalen Konstruktivismus. In: Watzlawick, P. (Hrsg.): Die erfundene Wirklichkeit. Wie wissen wir, was wir zu wissen glauben? München, Piper, 1986, S. 16–38

bewahrheiten kann, das sie in der Realität erleben. Optimismus braucht Erfolgserlebnisse!

Denkbar wären dabei – nicht ausschließlich, aber immerhin auch – Effekte im Sinne selbsterfüllender Prophezeiungen [23]: Wer Hoffnungen auf seinen Erfolg hat, mag die Möglichkeiten besser nutzen können, diesen auch herbeizuführen. So konnte auch aufgewiesen werden, dass Schüler, denen gute Fähigkeiten attestiert und Leistungssteigerungen prognostiziert worden waren, tatsächlich in der Folge höhere Lernzuwächse zu verzeichnen hatten als andere Schüler. Von diesen hatten sie sich in ihren Fähigkeiten nun aber durchaus nicht unterschieden, weil sie nämlich für diese Prognose nach dem Zufall ausgewählt worden waren. Der einzige Unterschied bestand also in der Vorhersage selbst: Diese günstige Prognose war also die Ursache für den künftigen Leistungserfolg. Diese spezielle Form der selbsterfüllenden Prophezeiung wird seither als „Pygmalion-Effekt" bezeichnet [24].

## Der Erfolgszyklus als Stationenmodell der Lernmotivationsförderung

Nun finden sich überhaupt in den Modellen der Lernmotivation aus der Fachliteratur etliche Beschreibungen, die solchen und ähnlichen selbstkonstruktiven Vorgängen nahe stehen (obwohl die Modellbeschreibungen teilweise schon vor den konstruktivistischen Beiträgen veröffentlicht wurden). Wie unsere Schüler/innen ihre eigenen Fähigkeiten sowie ihre bisherigen Leistungserfolge einschätzen, worauf sie diese zurückführen, welchen Erfolg sie künftig erwarten – all dies und anderes mehr, was damit in Zusammenhang steht, wird bedeutsam sein. Bedeutsam beispielsweise dafür, wie zuversichtlich und effektiv und auch lernfreudig die Schüler jetzt an die Vorbereitung der Klassenarbeit herangehen können – womit wir wieder bei unserer Ausgangssituation von vorhin angelangt sind.

Der Erfolgszyklus, mit dem solche motivationalen Komponenten zusammengefasst werden, wurde bereits im einführenden Abschnitt dieses Methodenhandbuches kurz vorgestellt. Er soll nun keineswegs beanspruchen, ein Theoriemodell der Lernmotivation zu sein. Denn solche Modelle liegen in der pädagogischen Psychologie auf hohem Entwicklungsstand vor und können uns hilfreich sein. Vielmehr soll der Erfolgszyklus eine bestimmte Zielstruktur im Zusammenspiel von Motivation, Arbeitsverhalten und Schuler-

---

[23] Vgl. Watzlawick, P.: Selbsterfüllende Prophezeiungen. In: P. Watzlawick (Hrsg., a.a.O.), 1985, S. 91–110

[24] Rosenthal, R. & Jacobson, L.: Pygmalion im Unterricht. Beltz, Weinheim, 1976

### Grundlagen und stationenübergreifende Methoden

folg benennen und damit als unser Stationenmodell für die Förderung der Lernmotivation nützlich sein: Seine vorteilhafte Ausgestaltung ist demnach unsere Ziel-Orientierung, und die Stationen sind die Zugangswege. Zu diesem Zweck freilich wurden aus den eben erwähnten Modellen der Lernmotivation, wie sie in der Fachliteratur zu finden sind, bestimmte zentrale Konzepte und Annahmen im Erfolgszyklus berücksichtigt.[25]

Diese Bezüge sollen nun in der folgenden Beschreibung zugunsten der Übersichtlichkeit nur knapp benannt werden. Jedoch kann in den Fußnoten die Quellenangaben für die verwendeten Modellannahmen finden, wer dies zu schätzen weiß.

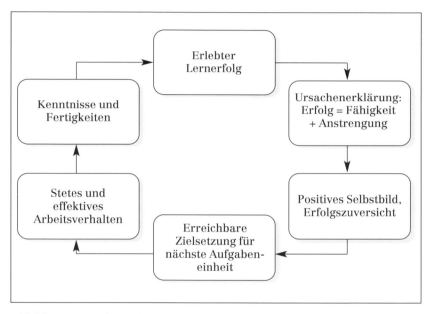

*Abbildung 8: Fördermodell ‚Erfolgszyklus'*

---

[25] Die Konzeption eines Zusammenhangs der Motivationskomponenten Ursachenerklärung, Erfolgszuversicht, Zielsetzung und Erfolgsbilanz wurde geschaffen im „Selbstbewertungsmodell der Leistungsmotivation" von Heckhausen, H.: Die Interaktion der Sozialisationsvariablen in der Genese des Leistungsmotivs. In: Graumann, C. F. (Hrsg.): Handbuch der Psychologie, Bd.7/2, Göttingen, Hogrefe 1972, S. 955–1019

*Wenn sich die Schüler/innen auf die Klassenarbeit vorbereiten wollen, dann hat die Motivierung dafür idealerweise schon bei der Rückgabe der vorherigen Arbeit begonnen: Wenn das damalige Leistungsergebnis nach dem eigenen realistischen Gütestandard als Erfolg erlebt wird (Station 1), dann können die Schüler auch Folgen (Station 2) erwarten, die sie positiv einschätzen und die einen Anreiz für künftigen Erfolg bieten können. Zugleich wird dieser zurückliegende Lernerfolg im Sinne einer vorteilhaften Ursachenerklärung (Station 3) durch Anstrengung und eigene Fähigkeiten erklärt. Dies unterstützt ein positives Bild der eigenen Fähigkeiten und die Zuversicht für künftigen Erfolg (Station 4). Dadurch wird es dem Schüler erleichtert, sich erreichbare Ziele für die nächste Aufgabeneinheit – in unserem Ausgangsbeispiel: die nächste Klassenarbeit – zu setzen (Station 5) und dann zu einem effektiven Arbeitsverhalten zu finden (Station 6). Dies wiederum begünstigt den Zuwachs an schulstofflichen Kenntnissen und Fertigkeiten (Station 7) und führt wieder zu Station 1, weil dadurch weiterer Erfolg erlebbar wird.*[26]

Das wohl bedeutsamste Strukturmerkmal dieses Zyklus ist seine Eigendynamik: Weil jede Station, wenn sie einmal erreicht ist, wie ein Sprungbrett den Zugang zu den weiteren Stationen begünstigt, kann sich der Erfolgszyklus zunehmend selbst verfestigen.

Eine vorteilhafte motivationale Verarbeitung beginnt schon an Station 1: Was nämlich von unseren Schülern als Erfolg angesehen wird, hängt jeweils von deren persönlichem Gütemaßstab ab. Dieser Gütemaßstab wurde auch als „Anspruchsniveau" oder als „Bezugsnorm"[27] bezeichnet.

*Wenn nun die Bezugsnorm einer Schülerin etwa ein „gut" als Zielsetzung in der letzten Klassenarbeit vorgesehen hatte, dann wird sie wohl ein „befriedigend" bereits schon eher als Misserfolg werten. Lag jedoch die Zielsetzung bei einer 4, dann wird die erzielte 3 wohl doch als Erfolg eingeschätzt werden können.*

---

[26] Die Abfolge der Stationen ist angelehnt an die Struktur des Kognitiven Motivationsmodells von Heckhausen und Rheinberg mit den Etappen: Situation, Handlung, Ergebnis, Folgen; Vgl. Heckhausen, H. & Rheinberg, F.: Lernmotivation im Unterricht, erneut betrachtet. Unterrichtswissenschaft, 8/1980, S. 7–47

[27] Der Begriff des Anspruchsniveaus geht zurück auf Hoppe, F.: Untersuchungen zur Handlungs- und Affektpsychologie. IX. Erfolg und Misserfolg. Psychologische Forschung, 14/1930, S. 1–63

## Grundlagen und stationenübergreifende Methoden 93

Die Bezugsnorm von Schülern wird aber nicht nur an Station 1 entscheiden, wie der Leistungserfolg eingeschätzt wird. Auch später an Station 5 wird sie bestimmen, ob für die aktuell folgende Aufgabenstellung eine erreichbare Zielsetzung festgelegt wird.

> *Nun könnte diese Zielsetzung durchaus unrealistisch hoch sein, etwa wenn ein Schüler nach einem „mangelhaft" beschließt: „Das gleiche ich wieder aus mit einer Eins in der nächsten Arbeit!" Oder andererseits, bei einer zu niedrigen Anspruchsniveausetzung, mag ein Schüler resigniert voraussagen: „Die nächste Arbeit wird sowieso eine Sechs!"*

In beiden Fällen hat die unrealistische Zielsetzung dieselbe fatale Folge: Ob das nun gesetzte Ziel erreicht wird, hängt nicht nur subjektiv in der Sicht des Schülers, sondern überdies auch tatsächlich nicht mehr von der eigenen Anstrengung ab: Die Eins ist unerreichbar schwer, und für die Sechs ist jegliche Vorbereitung unnötig. Eine unrealistische Zielsetzung kann also wie eine selbsterfüllende Prophezeiung wirken und ist dann gefährlich gut dafür geeignet, sich die Aussichtslosigkeit der eigenen Anstrengung zu bestätigen.

Am günstigsten ist es deshalb für unsere Schüler und Schülerinnen, sich eine „individuelle Bezugsnorm" zu setzen, also den aktuellen Leistungsstand und den persönlichen Lernfortschritt für die Erfolgsbewertung und die erneute Zielsetzung heranzuziehen. Auf diese Weise sollen die angestrebten Leistungsergebnisse und die Bewertungsanforderungen im Bereich des Erreichbaren liegen, von der eigenen Anstrengung abhängig sein und auch kontinuierliche Erfolgserlebnisse ermöglichen. Bei der „sozialen" Bezugsnorm-Setzung hingegen sind der Leistungsstand der Klasse und die Vorgabe des Curriculums der Schule maßgeblich für Erfolgsmaßstab und Zielsetzung. Dies kann bei den schwächeren Schülern fortgesetztes Misserfolgserleben bewirken, bei den stärkeren Schülern hingegen zur Unterforderung führen.

Die soziale Bezugsnorm ist im Schulsystem allgegenwärtig und die Lehrer und Lehrerinnen müssen diese angesichts ihrer gegebenen Auftragslage (die ja auch Leistungsbeurteilung in Hinblick auf das Klassenziel und sogar die Eignung für die Schulform umfasst) berücksichtigen. Darum kann die soziale Bezugsnorm ja nun nicht einfach durch die individuelle Bezugsnorm ersetzt werden. Jedoch kann die individuelle Bezugsnorm immerhin ergänzend hinzugezogen werden (Näheres dazu im Abschnitt „Individuelle Bezugsnorm nutzen") und dies kann sich dann auch günstig auf die Lernmotivation, das Arbeitsverhalten und die Leistungsentwicklung auswirken, wie Untersuchungen gezeigt haben.

Als in Förderexperimenten die individuelle Bezugsnorm für die Leistungsrückmeldung und für die Festlegung von künftigen Lernzielen von den Lehrern hinzugezogen wurde, stieg bei allen Schülern das Unterrichtsinteresse an und ebenso der Mut zur Mitarbeit, zudem die Mitarbeit selbst und sogar auch die Leistungsergebnisse in Lernleistungstests. Auch wurden die Lehrer als gerechter in ihren Beurteilungen erlebt.[28]

> *Die Schüler in unserer Klasse sind also gut beraten, wenn sie sich jetzt ein Ziel setzen, das sie nicht unterfordert und das sie jeweils mit der eigenen Anstrengung erreichen können.*

Die Bezugsnormsetzung wird also bei den Stationen 1 und 5 wirksam. Nun stellt sich als Nächstes an Station 3 die Frage, welche Ursachenerklärung für unsere Schüler/innen günstig ist, wenn sie sich ihr Leistungsergebnis in der letzten Klassenarbeit vergegenwärtigen. Schon seit langem ist bekannt, dass die Erklärungen, die Menschen für die Ergebnisse ihrer eigenen Handlungen suchen und finden, einen großen Einfluss auf künftiges Verhalten haben. Dieses Konzept der „Kausalattribuierung"[29], also der Ursachenerklärung für die eigenen Handlungsergebnisse, wurde dann in Zusammenhang mit verschiedenen Aspekten des schulischen Leistungsbereichs gebracht.[30]

> *Stellen wir uns nun vor, dass sich ein Schüler A seine gute Note in der Klassenarbeit durch die geringe Schwierigkeit der Arbeit erklärt und außerdem glaubt, er habe Glück gehabt. Welche Folgen wird diese Erklärung haben? – Und andererseits denkt Schülerin B, ihre schlechte Note würde nun beweisen, dass sie für dieses Schulfach einfach nicht die nötigen Fähigkeiten hat. Wie wird sich diese Überzeugung auf die Motivation bei der Vorbereitung der nächsten Klassenarbeit auswirken?*

---

[28] Krug, S. & Lecybyl, R.: Die Veränderung von Einstellung, Mitarbeit und Lernleistung im Verlauf einer bezugsnormspezifischen Motivations-Interpretation. In: Rheinberg, F. & Krug, S. (Hrsg.): Motivationsförderung im Schulalltag. Göttingen, Hogrefe, 1999

[29] Heider, F.: The psychology of interpersonal relations. New York, Wiley, 1958

[30] Weiner, B.: Theorien der Motivation. Stuttgart, Klett, 1970

# Grundlagen und stationenübergreifende Methoden                                    95

Es ist plausibel, dass diese Erklärungen in beiden Fällen sich sehr ungünstig auswirken könnten: Wenn die Aufgabe leicht war und A außerdem Glück gehabt hat, heißt das ja, dass er diesen Erfolg wohl nicht selbst bewirkt hat, sondern durch äußere Einflüsse dabei begünstigt wurde. Dies ergibt jedenfalls keinen Hinweis, dass die eigene Vorbereitung hilfreich sein könnte. Eine noch klarere Konsequenz ergibt sich aus B's Ursachenerklärung: Wenn sie nicht einmal über die notwendigen Fähigkeiten verfügt, wie sollte denn dann eine gute Vorbereitung auf die nächste Klassenarbeit irgendeine Aussicht auf Erfolg bieten? Diese Ursachenerklärung ist entmutigend.

Ziehen wir den Forschungsstand hinzu[31], so ist die günstigste Erklärung für Erfolge stattdessen, sich diese durch die eigenen Fähigkeiten und durch die geleistete Anstrengung zu erklären: Wenn A die notwendigen Fähigkeiten hat, besteht Aussicht auf weiteren Erfolg, und wenn Anstrengung Erfolg versprechend ist, lohnt es sich, die nächste Arbeit gut vorzubereiten. Umgekehrt sollte sich B Misserfolge eben nicht durch einen Mangel an Fähigkeiten erklären, sondern durch einen Mangel an Anstrengung und vielleicht auch durch unvorteilhafte äußere Umstände. Wenn sie nämlich noch an die eigenen Fähigkeiten glauben kann, dann bietet eine gute Vorbereitung ja noch Aussichten auf Erfolg. Und bei den äußeren Umständen kann sie ja beim nächsten Mal mehr Glück haben, diese Größe ist ja variabel.

## Die eigendynamische Verfestigung des Erfolgszyklus

Nachdem wir uns einige Stationen näher angesehen haben, wollen wir auf die schon erwähnte eigendynamische gegenseitige Verfestigung dieser Stationen zurückkommen: Schüler und Schülerinnen mit hoher Furcht vor Misserfolg und niedriger Erfolgszuversicht führen ihre Misserfolge auf mangelnde Fähigkeiten zurück, während sie sich andererseits ihre Erfolge als von außen gesteuert erklären, also etwa durch Glück oder Leichtigkeit der Aufgabenstellung. Dies führt zu wachsendem Pessimismus.[32] Demgegenüber bauen Schülerinnen und Schüler, die eine schwache Leistung auf mangelnde Anstrengung zurückführen, positive Erwartungen auf, strengen sich mehr an und zeigen objektiv bessere Leistungen bei der nächsten Aufgabe.[33]

---

[31] Zusammenfassung z.B. bei Ziegler, A. & Schober, B.: Theoretische Grundlagen und praktische Anwendung von Reattributionstrainings. Regensburg, Roderer, 2001

[32] Jerusalem, M.: Die Bedeutung des Selbstkonzepts für das Bedrohungserleben und Attributionen in Leistungssituationen. Unterrichtswissenschaft, 20, 1992, S. 293–307

[33] Zusammenfassende Interpretation von Forschungsergebnissen durch Weiner, B.: An attributional theory of motivation and emotion. New York, Springer, 1986

Eine hohe Erfolgszuversicht führt zu realistischen Zielsetzungen für die nächste Aufgabeneinheit. Schüler mit niedriger Erfolgszuversicht neigen dazu, sich zu hohe oder zu niedrige Ziele zu setzen und können dann das Erreichen oder Verfehlen dieser Zielsetzungen nicht mehr als abhängig von der eigenen Anstrengung erleben.[34]

Solche Forschungsergebnisse entsprechen eben jener Dynamik, die auch bereits Heckhausen in seinem „Selbstbewertungsmodell der Leistungsmotivation"[35] beschrieben hatte, das auch im Erfolgszyklus mit bedacht wurde. Er sah die Ursachenzuschreibung für Leistungsergebnisse in Zusammenhang mit der Zielsetzungsstrategie einer Person und ihrer Selbstbewertung der eigenen Erfolgsbilanz. Wenn diese drei Motivationskomponenten sich gegenseitig stabilisieren, dann ist in diesem Modell dabei auch noch die Motivausprägung der betreffenden Person beteiligt:

Erfolgszuversichtliche Menschen neigen dazu, sich mittelschwere Aufgaben zu suchen, die sie auch schaffen können. In ihrer Ursachenerklärung führen sie Erfolge auf eigene Fähigkeiten und die eigene Anstrengung zurück, Misserfolge aber eben nicht auf mangelnde Fähigkeit, sondern auf mangelnde Anstrengung oder ungünstige äußere Umstände. Dies unterstützt ihr positives Selbstbild der Fähigkeiten. Umgekehrt konnte auch belegt werden, dass Schüler, die ihre Fähigkeiten hoch einschätzen, ihre Erfolge auch eher auf die eigene Fähigkeit zurückführen.[36] Da sich die Erfolgszuversichtlichen realistische Ziele setzen, können sie ihre Erfolge und Misserfolge eher auf die eigene Anstrengung zurückführen, denn diese hat dann tatsächlich einen größeren Einfluss. Zudem kommen sie dann leichter zu einer positiven Erfolgsbilanz: Sie sehen mehr Erfolge als Misserfolge für sich. Das wiederum erleichtert es ihnen, sich wieder realistische Ziele zu setzen.

Misserfolgsmotivierte, also solche Schüler, die an Station 4 eine geringe Erfolgszuversicht haben, sind hingegen einem gegenläufigen Stabilisierungsprozess unterworfen: Da sie sich unrealistisch leichte oder schwere Ziele setzen, erklären sie sich eigene Erfolge ungünstig, nämlich durch

---

[34] Schneider: Motivation unter Erfolgsrisiko. Göttingen, Hogrefe, 1973

[35] Heckhausen: Die Interaktion der Sozialisationsvariablen in der Genese des Leistungsmotivs. In: Graumann, C. F. (Hrsg.): Handbuch der Psychologie, Bd. 7/2, S. 955–1019. Göttingen, Hogrefe, 1972

[36] Faber, G.: Allgemein leistungsthematische Kausalattributionen in Abhängigkeit von Schulleistungen und Schülerselbstkonzepten. Eine Querschnittsuntersuchung gegen Ende der Grundschulzeit. Empirische Pädagogik, 4/1990, S. 329–352.

# Grundlagen und stationenübergreifende Methoden          97

Glück oder die Leichtigkeit der Aufgabe, was ihren Selbstwert nicht erhöht. Dieser wird sogar noch gemindert, wenn sie sich ihre Misserfolge durch mangelnde Fähigkeiten erklären. Sie sehen dann mehr Misserfolge in ihrer Erfolgsbilanz und auch künftig sind dann ihre Misserfolgsbefürchtungen schwerwiegender als ihre Erfolgszuversicht.

Inzwischen konnte sogar nachgewiesen werden, dass ein Elterntraining für deren motivationsförderliches Erziehungsverhalten, das auf die drei Komponenten des Selbstbewertungsmodells zielt (Selbstbewertung, Kausalattribution und realistische Zielsetzung), dann auch gute Wirkungen für deren Schulkinder hatte: Diese waren ihrerseits zwar gar nicht in das Training einbezogen worden, zeigten aber in der Folge eine geringere Furcht vor Misserfolg und realistischere Zielsetzungen.[37]

Die genannten Komponenten der Lernmotivation stabilisieren sich nach diesem Modell also wechselseitig. Insoweit sollten wir uns im Erfolgszyklus außer den vorwärts gerichteten Pfeilen zwischen den Stationen auch noch solche hinzudenken, die rückbezüglich angeordnet sind. Allerdings wurde in der Abbildung der Übersichtlichkeit halber auf solche Pfeile verzichtet.

## Die Rolle der Gefühle bei der eigendynamischen Verfestigung der Motivation

Vertraut in ihrer pädagogischen Arbeit sind Lehrer und Lehrerinnen auch mit Folgendem: Mit Erfolg und Misserfolg der Schüler und Schülerinnen sind Gefühle verbunden. Nach der Unterscheidung von Weiner und anderen[38] zunächst solche, die unabhängig von den jeweiligen Ursachenerklärungen auftreten, wie Freude bei Erfolg oder Traurigkeit bei Misserfolg. Dann aber auch Gefühle, die in Zusammenhang stehen mit den gewählten Ursachenerklärungen: Wenn das Leistungsergebnis im Erfolgsfall als Ergebnis der eigenen Fähigkeit und Anstrengung gesehen wird, dann ruft dies *Stolz* hervor. Im Misserfolgsfall wird durchaus *Beschämung* empfunden, wenn dieser Misserfolg als Ergebnis mangelnder eigener Fähigkeiten angesehen wird.

Diese Gefühle verdienen deshalb pädagogische Beachtung, weil auch sie die kreisförmige Verfestigung und Eigendynamik von Erfolgserleben, Lern-

---

[37] Lund, B., Rheinberg, F. & Gladasch, U.: Ein Elterntraining zum motivationsförderlichen Erziehungsverhalten in Leistungskontexten. Zeitschrift für Pädagogische Psychologie, 15/2001, S. 130–143

[38] Weiner, B., Russel, D. & Lerman, D.: The cognition-emotion process in achievement-related contexts. Journal of Personality and Social psychology, 37/1997, S. 1211–1220.

motivation und Arbeitsverhalten mit erklären können: Stolz kann die Bereitschaft der Schüler begünstigen, die eigenen Anstrengungen fortzusetzen. Andererseits kann Beschämung zu einem Widerstand führen, sich Leistungssituationen noch auszusetzen oder sich darauf vorzubereiten.

Wenn wir uns auf unser Gedankenexperiment beziehen, in dem unsere Schulklasse vor einer Klassenarbeit steht, dann wäre für solche Schüler und Schülerinnen die Ausgangssituation natürlich recht ungünstig. Weitere Misserfolge könnten dann nämlich das Erleben bis hin zur *Resignation* oder *Hoffnungslosigkeit* verfestigen.

Auf diese Weise können Schüler/innen eben auch in einen „Misserfolgszyklus" geraten, bei dem sich in den einzelnen Stationen jeweils eine ungünstige Ausprägung und Wertigkeit ausgebildet hat. Jeder Misserfolg, der ungünstig verarbeitet wird, führt dann zur Überzeugung, aufgrund mangelnder Fähigkeiten keine Kontrolle über die Ereignisse und Ergebnisse in der Leistungssituation ausüben zu können. In der Folge kommt es zu fortschreitender Entmutigung, Setzung von Lernzielen mit zu geringer oder zu hoher Schwierigkeit und erlahmtem Arbeitsverhalten und dann zu weiterem Misserfolg – ein Zustand, der in einer starken Form der Verfestigung als „erlernte Hilflosigkeit" beschrieben wurde.[39]

### Der Umschwung vom Misserfolgszyklus zum Erfolgszyklus

Freilich wird angenommen, dass selbst im Zustand von Hilflosigkeit dann doch Unterstützungsformen möglich sind, die wieder zum Erfolgszyklus zurückführen können: Durch die eigendynamische Selbstverstärkung mag bei manchen Schülern ein hoher Grad an Verfestigung der Situation entstanden sein, aber dieser ist möglicherweise doch nicht so schwer zu verändern, wie es ursprünglich scheinen mag.

Denn auch die Umkehr kann sich dann eigendynamisch verstärken, also aus kleinen Anfangszuständen der Ermutigung und beginnender Erfolge den Schwung für die weitere Verbesserung gewinnen.

*Und damit könnten unsere Schüler/innen bei der Vorbereitung auf die anstehende Klassenarbeit wieder zu jenem Rhythmus von Motivation und Lernverhalten finden, den wir als Erfolgszyklus beschrieben haben. Die Motivationshilfen, die unsere Schüler und Schülerinnen jetzt vor der*

---

[39] Seligmann, E.L.P.: Erlernte Hilflosigkeit (4. Aufl.). Weinheim, Psychologie Verlags Union, 1992

# Grundlagen und stationenübergreifende Methoden 99

> *Klassenarbeit brauchen, mögen sehr unterschiedlich sein: Die einen könnten in ihrem Erfolgszyklus bestärkt werden; andere brauchen in ihrer Hoffnungslosigkeit erst einmal wieder eine mutige Perspektive, wie sie den Faden wieder aufnehmen können.*

Da unsere Hilfen an jeder Station ansetzen können, haben wir mehrere Zugänge, um bei den weniger motivierten Schülern einen Umschwung zu fördern und bei den anderen die schon jetzt bestehende Stabilität zu unterstützen. Dabei können wir auch auf den Einfluss der Lernmotivation auf die Schulleistung hoffen: Beispielsweise wirkt sich ein positives Bild der eigenen Fähigkeiten leistungsfördernd aus; die Leistungserfolge wiederum unterstützen ein positives Selbstbild.[40] Und auch das Leistungsmotiv (hohe Erfolgszuversicht bei niedrigerer Furcht vor Misserfolg) erklärt teilweise beträchtliche Anteile der Schulleistungsunterschiede.[41]

Wenn sich also die Motivation unserer Schülerinnen und Schüler weiterentwickelt, dann hilft ihnen dies nicht nur dabei, die eigene Kompetenz zu erleben und lustvoll zu lernen, sondern auch, zunehmend ihre Leistungsmöglichkeiten zu entfalten.

## Förderung im Erfolgszyklus: stationenübergreifende Methoden

Als Stationen-übergreifende Methode zur Bestandsaufnahme und zur Reflexionsanregung enthält die Sammlung den Fragebogen „Wege für das Lernen" (S. 111), der sich auf die Stationen 2 bis 6 bezieht, mit einem Handblatt zu dessen Anwendung.

Damit können die Schüler/innen befragt werden, wie sie selbst die günstigsten Einstellungen beispielsweise zur Ursachenzuschreibung für Leistungserfolge und Misserfolge, zum Selbstbild der eigenen Fähigkeiten, zur Erfolgszuversicht, zur Festlegung künftiger Leistungsziele und zum Arbeitsverhalten einschätzen. Sie können also mit den Lehrern gemeinsam über die Frage nachdenken: Wie können wir uns am besten motivieren und am besten arbeiten? Im Anschluss an diese Einschätzungen können im Klassengespräch von der Lehrerin Orientierungen für vorteilhafte Einstellungen vermittelt werden. Zuvor kann schon der Fragebogen „Klima beim Lernen" (S. 108) verwendet werden, der die Schüler anregen soll, sich Gedanken über

---

[40] Helmke, A. & van Aken, M.: The causal ordering of academic achievement and self-concept of ability. Journal of Educational Psychology, 87/1995, S. 624–637

[41] Helmke, A.: Selbstvertrauen und schulische Leistungen. Göttingen, Hogrefe, 1992

**Teil II: Lernmotivation und Lernklima**

Formen der gegenseitigen Unterstützung beim Lernen zu machen (vgl. dazu auch den letzten Abschnitt in dieser Einführung zur „Unterstützungsinteraktion" und zur „Ermutigungsinteraktion").

### ■ Station 1: Erlebter Lernerfolg

Der erlebte Lernerfolg könnte beispielsweise in einem guten Lernergebnis, einer guten Zensur oder Ähnlichem bestehen. Hier kann es bereits ganz wichtig sein, dass Schüler ihr Ergebnis nicht nur an einer sozialen Bezugsnorm orientieren, also etwa am Stand der Klasse, sondern eine individuelle Bezugsnorm, also den eigenen Lernfortschritt, zumindest mit als Maßstab hinzuziehen: Auch bei einer „schlechten" Note kann es ermutigend und hilfreich sein, sich den eigenen Lernfortschritt seit der letzten Arbeit zu vergegenwärtigen, um darauf aufzubauen. Dies ist dann auch später in Station 5 bei der Zielfestlegung für die nächste Aufgabe von Bedeutung.

*Methoden*: Die Lehrerin kann die individuelle Bezugsnorm in die eigenen Rückmeldungen einbeziehen und die Schüler bei der Hinzuziehung dieser Norm unterstützen. Hinweise dazu enthält das Handblatt „Individuelle Bezugsnorm nutzen" (S. 115).

### ■ Station 2: Folgen des Lernerfolgs

Nun könnte es freilich bei der zweiten Station sein, dass zwar vorteilhafte *Folgen* für den erlebten Lernerfolg in Aussicht stehen, wie die eigene Freude darüber oder die Anerkennung von Eltern und Lehrern. Andererseits könnten Schüler und Schülerinnen auch ungünstige Erwartungen hegen, etwa befürchtete Konkurrenzgefühle von Mitschülern oder, besonders in bestimmten Altersstufen, auch die eigene Unlust, Leistungsnormen der Erwachsenenwelt Folge zu leisten.

Zudem wurde lange die Meinung vertreten, dass extrinsische Motivierung, also ein Anreiz in den Handlungsfolgen, die intrinsische Motivation nachhaltig stören kann, also die Freude an der Lerntätigkeit selbst und das Interesse am Lernstoff. Beispielsweise könnte eine Schülerin, der 10,00 Euro für ein „gut" ausgelobt werden, durchaus auf den Gedanken kommen, dass der Stoff und das Lernen selbst wohl ziemlich reizlos sein müssen, wenn es dafür Geld gibt. Jedoch wurden andererseits Forschungshinweise dahingehend ausgelegt, dass extrinsische Motivierung – es muss ja nicht eine so krasse Form wie in dem soeben angeführten Beispiel sein – durchaus die intrinsische Motivation auch unterstützen kann – nämlich dann, wenn die Schülerin oder der Schüler dabei ihre/seine Selbstbestimmung erhalten

# Grundlagen und stationenübergreifende Methoden 101

kann, wenn sie oder er also das äußere Handlungsziel verinnerlichen und sich selbst als Internalisierung zu Eigen machen kann.[42]

*Methoden*: Lehrer können behutsam mit extrinsischer Motivierung umgehen und dabei zugleich die Selbstbestimmung der Schüler/innen fördern. Hinweise enthält das Handblatt „Selbstbestimmung unterstützen" (S. 128).

## Station 3: Vorteilhafte Ursachenerklärung

Nun geht es für die Schüler/innen um eine vorteilhafte Ursachenerklärung für die eigenen Leistungserfolge: Sie können von der Lehrerin darin unterstützt werden, sich durch Misserfolge nicht entmutigen zu lassen und ihre Anstrengung zu stärken, indem sie sich nämlich ihre Misserfolge durch eigene mangelnde Anstrengung und externale Ursachen wie Pech oder hohe Aufgabenschwierigkeit erklären, keinesfalls aber durch mangelnde Fähigkeiten, weil dies sehr entmutigend wäre. Leistungserfolge hingegen sollen auf gute eigene Fähigkeiten und eine gute Vorbereitung und die eigene Anstrengung zurückgeführt werden, denn sonst würde ja die Gelegenheit versäumt, das eigene Selbstbild und die Erfolgszuversicht für kommende Aufgaben zu stärken.

Der Lehrer kann dies dadurch unterstützen, dass er selbst gegenüber den Schülern vorteilhafte Ursachenerklärungen äußert, die diese dann für sich übernehmen können.[43] Dies setzt freilich voraus, dass die Lehrerinnen zunächst einmal die innere fachliche Überzeugung gewinnen, dass diese Ursachenzuschreibungen im Kern für die jeweiligen Schüler/innen auch zutreffen. Denn nur dann wird die entsprechende Botschaft für die Schüler/innen authentisch und realistisch sein. Solche günstigen Attributionen seitens der Lehrer können dann mit anderen Ansätzen verbunden werden, wie sie in den Förderexperimenten der Attributionsforschung erprobt und zusammenfassend als „Reattributionstraining" (S. 130) beschrieben wurden.[44]

*Methoden:* An den genannten Ansätzen sind auch die Methoden dieser Sammlung zum Bereich Ursachenzuschreibung orientiert: Als Einstieg kann den Schülern mit dem Sketch „Beim nächsten Mal klappt es!" (S. 140) ein Modell für vorteilhafte Ursachenzuschreibung vermittelt werden, und das

---

[42] Vgl. Deci, E. & Ryan, R.: Die Selbstbestimmungstheorie der Motivation und ihre Bedeutung für die Pädagogik. Zeitschrift für Pädagogik, 2/1993, S. 224–237

[43] Vgl. Weiner, B.: Theorien der Motivation. Stuttgart, Klett, 1970

[44] Ziegler, A. & Schober, B.: Theoretische Grundlagen und praktische Anwendung von Reattributionstrainings. Regensburg, Roderer, 2001

zugehörige Handblatt gibt Anhaltspunkte, wie dieser Sketch im Klassenge-spräch verarbeitet werden kann.

Das „Handblatt zum Reattributionstraining" gibt eine Übersicht zum Methodeneinsatz auf diesem Gebiet und kann für den Einsatz von Reattri-butionen des Lehrers genutzt werden. „Kommentierungsmethoden: Gele-genheiten, Rückmeldungen, Beispiele" (S. 143–154) enthält Übungen für diese Trainingsform.

Mit dem Fragebogen „Ursachen gut erklären" (S. 135) können Schüler/in-nen (oder auch Eltern auf Elternabenden) selbst analysieren, wie vorteilhaf-te Erklärungen für eigene Leistungsergebnisse aussehen können.

### Station 4: Positives Selbstbild und Erfolgszuversicht

Durch die vorteilhafte Ursachenerklärung für bisherige Erfolge und Misser-folge und durch die dazugehörigen Methoden der vorigen Station werden dann auch das positive Selbstbild der Fähigkeiten und die Erfolgszuversicht unterstützt. Freilich kann dies auf Dauer nur gelingen, wenn die gegebenen Fähigkeiten eines Schülers oder einer Schülerin den Anforderungen der ge-gebenen Schulform entsprechen können. Jedoch sollte die Hoffnung nicht zu früh aufgegeben werden, wenn wegen ungünstiger Lernmotivation der ak-tuelle Klassenstandard nicht erreicht kann. Stattdessen können zunächst ja die Erfolge von Stützungsmaßnahmen einschließlich individueller Beratung abgewartet werden. Die Entscheidung wird also erst im längeren Verlauf ge-troffen werden.

Gerade die Befürchtung jedoch, die gegebene Schule nicht zu schaffen, kann sich negativ auf die Erfolgszuversicht auswirken. Deshalb ist es güns-tig für Schüler, eine Vorstellung davon zu haben, dass sie bei dauerhaftem Misserfolg Alternativen für eine gedeihliche und aussichtsreiche Schullauf-bahn haben. Eine solche „mentale Auffangposition", die Scheitern erlaubt und das Gegenteil einer Drohung darstellen sollte, kann befreiend für die Konzentration auf die aktuelle Zuversicht wirken. Diese wird ja bereits durch die Hilfen für die vorteilhafte Ursachenzuschreibung mit unterstützt und auch ansonsten von den Lehrern vermittelt. Ein hoffnungsvolles Bild von ungenutzten Leistungspotenzialen von Schülern wird jedenfalls auf sei-ne Gangbarkeit hin überprüft werden.

*Methoden:* Ergänzend zu den Methoden von Station 3 kann hier das Handblatt „Mentale Auffangposition einrichten" (S. 157) zur Reduzierung von Misserfolgsbefürchtungen verwendet werden. Klassenbezogen kann die Anwendung sinnvoll sein, wenn sich in der Klasse tatsächlich schon deut-

# Grundlagen und stationenübergreifende Methoden 103

liche Misserfolgsbefürchtungen ausbreiten – etwa im Blick auf die kommende Klassenarbeit oder gar auf die gesamte Schullaufbahnperspektive einzelner Schülerinnen. Auch für Einzelberatungen kann dies bei ungünstigen Entwicklungen etwa zur Elternberatung eingesetzt werden. Auch die Übung „Selbstbestärkung" (S. 158) kann die Erfolgszuversicht unterstützen.

### Station 5: Erreichbare Zielsetzung

Das positive Selbstbild und die Erfolgszuversicht begünstigen eine erreichbare Zielsetzung für die nächste Aufgabeneinheit. Die Schülerinnen streben ein Ziel an, das sie nicht unterfordert, aber erreichbar und von ihrer Anstrengung und Vorbereitung abhängig ist. Dabei ist – wie schon bei der Bewertung des vorherigen Leistungserfolgs (vgl. Station 1) – eine individuelle Bezugsnorm hilfreich. Entscheidend für das nächste Ziel ist die Erreichbarkeit mit den gegebenen Fähigkeiten und dem vorhandenen Vorwissen. Freilich entsteht hier ein Dilemma für Lehrer und Schüler: Längerfristig soll ja eine soziale Bezugsnorm, nämlich das Erreichen der curricular vorgegebenen Ziele, mithin des Klassenstandards der Maßstab sein.

Andererseits ist dieser Zielkonflikt auflösbar: Aktuell wird nur angezielt, was erreichbar ist, weil dies ja am besten hilft, die Leistungspotenziale auszuschöpfen. Das Erreichen des Klassenstandards hingegen wird als mittel- und längerfristiges Ziel von Lehrerinnen und Schülerinnen akzeptiert, das aber nicht für das Nahziel lähmend wirken soll. Bei besonders leistungsstarken Schüler/innen kann die Zielsetzung naturgemäß bei individueller Bezugsnormsetzung auch über den Klassenstandard hinausführen, möglicherweise sogar mittel- oder längerfristig zum Wechsel zu einer anderen Schulform, zum Überspringen einer Klassenstufe oder zu anderen Wegen der äußeren Differenzierung wie dem Eintritt in eine Profilklasse führen.

*Methoden*: Wie schon bei Station 1 kann hier das Handblatt „Individuelle Bezugsnorm setzen" (S. 115) verwendet werden, das auch Hinweise für lösungsorientiertes neues Planen der Vorbereitung auf die nächste Leistungssituation enthält.

### Station 6: Stetes und effektives Arbeitsverhalten

Die Stabilisierung der Lernmotivation in den bisherigen Stationen nährt die Anstrengungsbereitschaft und stützt dann das Arbeitsverhalten in Bereichen wie Hausaufgabengestaltung, Vorbereitung und Umsetzung mündlicher Mitarbeit und Klassenarbeitsvorbereitung. Auch das, was üblicherweise als „Metakognitionen" bezeichnet wird, also etwa die Planungsüberlegungen und Strategien beim Lernen, können sich nun erweitern. Ein motivationaler Zugang auch zu dieser Station ist die Unterstützung der intrinsischen Motivation, also das Interesse am Stoff und an der Lerntätigkeit selbst. Das Lernen und Durchdringen des Stoffes kann – unter vorteilhaften Bedingungen – als in sich befriedigende Tätigkeit erlebt werden, als „wie von selbst", aber doch unter Regulation und Kontrolle der Schüler und Schülerinnen vor sich gehend.

Formen dieses Erlebens, dieser Art intrinsischer Motivation wurden insbesondere von Csikszentmihalyi[45] als „Flow" (also: „Fluss-Erleben") beschrieben und in ihrem Bedingungsgefüge untersucht. Danach wird Flow besonders auch durch die Passung von Fähigkeit und Anforderung und durch eine eindeutige Handlungsstruktur mit klaren Zielen unterstützt. Die Zielorientierungen in der vorherigen Station können folglich die intrinsische Motivation oder gar das Flow-Erleben in dieser Station vorbereiten.

*Methoden*: Angesichts der Fülle an Vorgehensweisen und Materialien, über die Lehrer verfügen, bilden Lern- und Arbeitsmethoden, die häufig mit dem Begriff „Das Lernen lernen" gekennzeichnet werden, keinen Schwerpunkt in dieser Sammlung. Eine Ausnahme bildet freilich das Merkblatt „Klassenarbeiten vorbereiten" (S. 178), das für die Hand der Lehrer/innen und Schüler/innen als Arbeitsstrategie nützlich sein kann.

Den „Flow" kennen wir alle aus unserem eigenen Erleben. Um uns mit dem Bedingungsgefüge dieses spannenden Phänomens vertrauter zu machen, können wir Handblätter (eines für Schüler und eines für Lehrer) nutzen. Für den praktischen Umgang gibt es einen Fragebogen und einige Übungen – jeweils mit dem Titel „Alles im Fluss" (S. 169-177).

### ▩ Station 7: Kenntnisse und Fertigkeiten

Der Zuwachs an schulstofflichen Kenntnissen und Fertigkeiten ermöglicht nun weitere Lernerfolge, womit der Kreislauf geschlossen ist – mit der Möglichkeit weiterer eigendynamischer, also sich selbst tragender Verstärkung.

### Die Einbettung des Erfolgszyklus in die Unterstützungsinteraktion und in die Ermutigungsinteraktion

Natürlich kann es für den Erfolgszyklus sehr zuträglich sein, wenn das Arbeitsverhalten von Schülern und Schülerinnen gefördert wird – etwa in den Bereichen Hausaufgaben, mündliche Mitarbeitsvorbereitung, Klassenar-

---

[45] Csikszentmihalyi, M.: Flow – The Psychology of Happyness. London, Rider, 1992

## Grundlagen und stationenübergreifende Methoden          105

beitsvorbereitung. Tatsächlich liegt es wie für Eltern auch für Lehrer/innen nahe, zunächst das Augenmerk auf diese Ebene zu richten, weil das Arbeitsverhalten der Bestandteil des Erfolgszyklus ist, der direkt gut am äußerlichen Verhalten sichtbar wird: Jeder kann „von außen" sehen, ob Schüler gerade bei der Arbeit sind oder nicht. Dagegen können Bestandteile der Lernmotivation wie die Ursachenzuschreibung, das Selbstbild und die Erfolgszuversicht nicht direkt beobachtet werden, solange wir nicht in die Köpfe der Schüler blicken können (was hoffentlich nie der Fall sein wird). Stattdessen können wir diese Bereiche nur erschließen: durch Mitteilungen der Schüler/innen oder indirekter auch durch mimische und körpersprachliche Eindrücke in bestimmten Lernsituationen.

Dies alles wäre nicht weiter tragisch, wenn es nicht leicht dazu verleiten könnte, den Schwerpunkt für Anweisungen, Hilfen und andere pädagogische und erzieherische Interventionen auf das so gut beobachtbare Arbeitsverhalten zu verlegen. An dem freilich kann man sich nämlich als Eltern oder auch als Lehrer regelrecht selbst abarbeiten, wenn die dahinter stehende Lernmotivation erloschen ist. Viel eher kann das Arbeitsverhalten dann wieder aufgebaut werden, wenn zuvor und begleitend durch Rat, Ermutigung und die Bereitstellung zu Erfolgserlebnissen die Lernmotivation wieder angefacht wird.

*Stellen wir uns diese Situation vor: Die Eltern wollen ihrem Sohn wieder zum Erfolg verhelfen. Sie gehen dabei von ganz bestimmten Vorstellungen aus, wie genau er sein Arbeitsverhalten auf der Stelle gestalten müsste, damit es klappen kann. Dies ist durchaus liebe- und sorgenvoll, die Eltern wünschen ihm ja Erfolg. Aber nun geraten sie selbst schnell unter den Druck dieser eigenen und vielleicht kurzfristig unerreichbaren Zielsetzungen. Dies führt leicht dazu, dass das Arbeitsverhalten des Schülers, das als zu zögerlich und unvollständig erlebt wird, nun durch Tadel, Ermahnungen, Sanktionen und Ähnliches mehr möglichst schnell wieder, hergestellt werden soll. Jetzt steht der Schüler aber unter dem Eindruck – sei dieser nun falsch oder auch richtig –, dass er diese gestellten Forderungen einfach nicht erfüllen kann.*

Dann versucht er vermutlich durch Verweigerung und Rückzug dem Druck auszuweichen, weil er das für die einzige Lösung hält. Dadurch aber wiederum wird die Besorgnis der Eltern verschärft: Sie erbringen jetzt noch mehr Anstrengungen, ihre Forderungen durchzusetzen.

Gerade so aber entsteht ein „Druck-Vermeidungszyklus". Dieser ist ein eigendynamischer Interaktionszyklus, der immer weiter eskaliert und sich verfestigt: Was A tut, führt zu einer Verstärkung des Verhaltens von B, und was B dann tut, führt wiederum zu einer Verstärkung des Verhaltens von A.[46]

Nach dem Konzept solcher eigendynamischen Interaktionszyklen kann auch das Leistungs- und Sozialverhalten von Schülern analysiert werden.

*Um unser Beispiel wieder aufzunehmen: In einer Hausaufgabensituation hatten die Eltern zunächst in einer inneren Spannungssituation gestanden, in der sie gegenüber dem lustlosen Schüler zunehmend Druck entwickeln, was dieser mit Verweigerung und Rückzug beantwortet und was dann wiederum zunehmenden Druck bewirkt und so fort. Nach einer Besinnung gehen aber dann beide Seiten zu einer Interaktion über, in der die elterliche Haltung mit Ermutigung, Rat und Unterstützung auf der Schülerseite mit zunehmendem Arbeitsverhalten und Annehmen der Hilfe bestärkt wird, was nun wieder zur Intensivierung der entsprechenden Elternbemühung führt ...*

Diese Interaktion kann deshalb Unterstützungsinteraktion genannt werden, weil sie die Lernmotivation und den Erfolgszyklus der Schüler/innen besonders fördern kann. Die Wirkungsweise könnte darin bestehen, dass besonders das Selbstkonzept der Schüler gestärkt wird und ebenso ihre Erfolgshoffnung. Zudem lässt eine Unterstützung, die auf Ermutigung und auf erwünschte Hilfe zielt, auch genügend Spielraum für das Erleben der Selbstbestimmung von Schülern, das ja einen mitentscheidenden Einfluss auf die

---

[46] In diesem Sinne sprach Gregory Bateson von der „symmetrischen Spirale", wenn gleichartige, miteinander in Konkurrenz stehende (also darin symmetrische) Verhaltensweisen zweier Interaktionspartner zu einem solchen sich selbst verstärkenden Zyklus führen. Beim „komplementären" Zyklus entstehen hingegen Verhaltenskategorien mit zueinander passender Unterschiedlichkeit wie etwa „Dominanz-Unterwerfung" oder „Fürsorge-Abhängigkeit" (vgl. Bateson, G.: Naven. Stanford, Calif., Stanford University press, 1958). Eine dritte Form der Interaktionen, nämlich eine ausgewogene Mischung zwischen symmetrischen und komplementären Interaktionen definierte Jackson, D.: The mirages of marriage. New York, 1968. Er nannte sie die „reziproke" Interaktion. Diese ist vermutlich am geeignetsten, ein flexibles Repertoire von Interaktionsweisen der Partner auszuformen, damit konstruktive eigendynamische Zyklen entstehen (vgl. Bateson, ebda.).

Ausbildung der intrinsischen Motivation hat.[47] Zugleich besteht für den Schüler, die Schülerin in einer unterstützenden Beziehung kein Grund, sich Sorgen über diese Beziehung zu machen. Die Aufmerksamkeit ist frei für die Aufgabe.

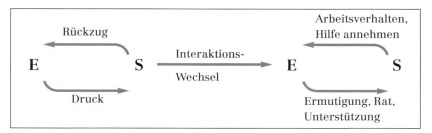

*Abbildung 9: Von der Druck-Vermeidungsinteraktion zur Unterstützungsinteraktion*

Umgekehrt unterstützt natürlich der Schüler, der jetzt wieder zu seinem Lernverhalten findet, dadurch auch seine Eltern und Lehrer in deren ermutigendem und helfendem Vorgehen. Denn sie können nun zunehmend in ihren Besorgnissen um den Erfolg der Schüler/innen nachlassen und auf ihre eigenen neueren Formen der Unterstützung vertrauen.

Möglicherweise ist dieser Interaktionswechsel auch dadurch erleichtert worden, dass ja an früher schon bewährte ähnliche Interaktionen angeknüpft werden konnte. Solche Interaktionswechsel entstehen durchaus nach Besinnungsphasen der Interaktionspartner und sie können natürlich auch durch beraterische Begleitung unterstützt werden. Dazu könnten etwa die Lehrer beim Elternsprechtag den Eltern Hinweise geben, dass diese sich frühere Erfolge des Schülers vergegenwärtigen können und mit Geduld, Ermutigung und Hilfestellungen die Lernmotivation und das Arbeitsverhalten ihres Kindes wieder aufbauen können.

Den Lehrern und Lehrerinnen ist aus ihrer Unterrichtserfahrung nun noch eine weitere Kommunikationspartnerschaft in der Schulklasse vertraut, die ihre besondere Aufmerksamkeit bekommt: Keineswegs zu unterschätzen ist nämlich der Einfluss, den die Schüler/innen auf das Lernklima

---

[47] vgl. Deci, E. & Ryan, R.: Die Selbstbestimmungstheorie der Motivation und ihre Bedeutung für die Pädagogik. Zeitschrift f. Pädagogik, 39/1993, S. 223–237.

und die Lernmotivation ausüben durch die Art, wie sie miteinander umgehen. Reagieren die Schüler etwa auf Misserfolge ihrer Mitschüler mit abwertenden und entmutigenden Bemerkungen, so können entsprechende unvorteilhafte Interaktionszyklen zwischen ihnen entstehen und sich weiter eigendynamisch verfestigen. Dies wird hier als „Abwertungsinteraktion" bezeichnet. Umgekehrt können aber auch ermutigende und gegenseitig unterstützende Interaktions-Muster entstehen und damit einem gedeihlicheren Lernklima in der Schulklasse zu zunehmender Stabilität verhelfen (hier: „Ermutigungsinteraktion").

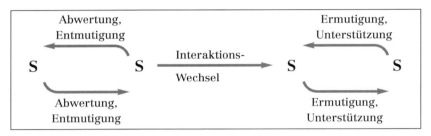

*Abbildung 10: Von der Abwertungsinteraktion zur Ermutigungsinteraktion*

Ein solcher Entwicklungsprozess in der Klasse wird von Lehrerinnen und Lehrern in ihrer pädagogischen Grundhaltung ohnehin immer wieder unterstützt und sollte dann auch in altersgemäßer Eigenverantwortung von den Schülern mit getragen werden.

*Methoden*: Um der Klasse eine Anregung zu geben, ihre Tendenz zur Ermutigungsinteraktion weiterzuentwickeln, können das Handblatt und der Fragebogen „Das Klima beim Lernen" (S. 110) genutzt werden.

## 20 Das Klima beim Lernen

### 20.1 Handblatt zum Fragebogen: Bestandsaufnahme, Rückmeldung, Klassengespräch

■ *Ziele*: Bestandsaufnahme mit den Schüler/innen, inwieweit der Umgang miteinander in der Schulklasse bereits motivationsförderlich gestaltet wird (etwa im Sinne von „Unterstützungsinteraktion" und „Ermutigungsinteraktion"); Ideen sammeln mit den Schüler/innen, wie solche Entwicklungen ge-

# Grundlagen und stationenübergreifende Methoden 109

meinsam getragen werden können; dadurch auch: Unterstützung von entsprechenden selbstregulativen Lösungstendenzen in der Klasse

▪ **Material**: Fragebogen „Klima beim Lernen"; Wandzeitung und Stifte oder Tafel und Kreide

▪ **Dauer**: ca. eine Schulstunde

▪ **Durchführung**:

*Raumanordnung:* Der Austausch wird besonders unterstützt, wenn die Schüler/innen in Kreis- oder Hufeisenform sitzen können.

1. Die Schüler/innen bekommen denn Sinn der Übung erklärt und sollen dann in einer Einzelarbeitsphase (ca. 10 Minuten) ihre Einfälle in Stichworten auf dem Fragebogen notieren.

2. Die Einfälle werden deshalb anschließend in der Klasse in einer „Zuruf-Abfrage" (S. 219) gesammelt: Die Schüler/innen rufen zu jeder Frage ihre Formulierungen in die Klasse und die Lehrerin/der Lehrer notiert diese auf einer Wandzeitung (oder der Tafel).

   Oder:

   Die Schüler/innen gehen alle umher und schreiben ihre Formulierungen zu den einzelnen Fragen mit Filzstift selbst auf vorbereitete Wandzeitungen (alle gleichzeitig).

3. Anschließend können alle Schülerinnen und der Lehrer/die Lehrerin die Wandzeitung sehen und die Ergebnisse im Sinne einer Bestandsaufnahme diskutieren – mit Fragestellungen wie etwa:

   ▪ Wie erleben die Mitglieder der Klasse den Umgang miteinander beim Lernen?

   ▪ Was gibt es bereits an guter gegenseitiger Unterstützung?

   ▪ Was wird als störend erlebt?

   ▪ Wo gibt es Gemeinsamkeiten unter den Schüler/innen im Erleben, wie man gut lernen kann?

4. Anschließend kann noch eine Arbeitsphase erfolgen mit planerischem Austausch – beispielsweise mit einem „Brainstorming" (S. 80) und darauf folgender „Zuruf-Abfrage" (S. 219) zum Thema: Wie wollen wir künftig unsere Klassengemeinschaft gestalten, damit wir uns gegenseitig beim Lernen noch besser ermutigen und unterstützen können?

▪ *Hinweis*: Der Lehrer kann eine lösungsorientierte Bilanz unterstützen: durch Lob für Formen gegenseitiger Hilfe und Ermutigung, die schon verwirklicht werden, und von guten Ideen für die künftige Entwicklung.

## 20.2 Fragebogen

**Unser Lernklima**

Wir alle haben Ideen, was für uns beim Lernen hilfreich ist und was andererseits dabei auch hinderlich sein kann. Solche Ideen können uns helfen, ein gutes Klima für das Lernen in unserer Klasse zu unterstützen. Bitte notiere zu den folgenden Fragen einige deiner Ideen auf einem gesonderten Blatt. Dieses bleibt anschließend bei dir, denn der Fragebogen soll nur für deine eigenen Überlegungen dienen. So weit du magst, kannst du anschließend in unserem Gespräch darüber etwas mitteilen.

1. Beim Lernen gelingt es mir gut ...

2. Beim Lernen fällt es mir schwer ...

3. Wenn wir in der Klasse lernen, hilft es mir, dass ...

4. Wenn wir in der Klasse lernen, stört es mich, dass ...

5. Am besten kann mir die Klasse beim Lernen helfen, indem ...

6. Ich möchte den Klassenkameraden beim Lernen helfen, indem ich ...

7. Die Lehrerinnen und Lehrer können mir am besten beim Lernen helfen, wenn sie ...

# Grundlagen und stationenübergreifende Methoden 111

## 21 Wege für das Lernen im Erfolgszyklus

### 21.1 Handblatt zum Fragebogen: Bestandsaufnahme, Rückmeldung, Klassengespräch

■ **Ziele**: Bestandsaufnahme in der Schulklasse durchführen über die derzeitigen motivationalen Einstellungen im gesamten Bereich des Erfolgszyklus; Schwerpunkte des Förderbedarfs klären; Gedankenexperiment anregen zur Fragestellung: Welche Einstellungen sind günstig für das eigene Lernen? Bestärkung geben für günstige Einstellungen

■ **Material**: Fragebogen „Wege beim Lernen" mit Beantwortungshinweis (im Anhang zu diesem Handblatt: eine Auflistung der Fragen, zugeordnet zu den Stationen des Erfolgszyklus nebst jeweiligem Messbereich); Wandzeitung (Packpapier) und Filzstifte

■ **Dauer**: ca. zwei Schulstunden bei Bearbeitung des gesamten Fragebogens in allen Moderationsschritten; ca. eine Schulstunde, wenn nur Teilbereiche erhoben oder weiter bearbeitet werden (empfohlene Variante)

■ **Durchführung**:

*Raumanordnung*: Der Austausch wird besonders unterstützt, wenn die Schüler/innen in Kreis- oder Hufeisenform sitzen können.

1. Bearbeitungshinweis an die Schüler/innen: Fragen zum Lernen; Bogen wird anonym ausgewertet (oder bei sofortiger Auswertung: bleibt bei den Schüler/innen), sie können später Antworten ins Gespräch einbringen, soweit sie wollen.

2. Fragebogen in Einzelarbeit ausfüllen lassen, bis alle fertig sind (etwa 10 Minuten)

3. Einsammeln der Bögen und weitere Moderationsschritte in späterer Schulstunde (dann Wandzeitungen mit der Auswertung vorbereiten) oder: sofortige Auswertung, indem die Schüler/innen Striche auf der Wandzeitung machen (dort Stichwort zu jeder Frage und Kästen mit Spaltenüberschrift 1 bis 5); *Variante* (s.u.) dann geeignet, wenn nur Teil der Fragen bearbeitet wird

4. Jedenfalls können bei diesem nächsten Schritt alle Schüler/innen und der Lehrer/die Lehrerin die Wandzeitung sehen und die Ergebnisse im Sinne einer Bestandsaufnahme diskutieren – mit Fragestellungen wie etwa:
   - Wie erlebt die Klasse das Lernen?
   - Welche vorteilhaften Auffassungen gibt es schon?

5. Lehrer/in erklärt den Erfolgszyklus mit vorteilhaften Einstellungen beim Lernen. Es folgt ein Gespräch darüber.

6. Abschließend eventuell Ankündigung, dass einzelne Fragestellungen später einmal wieder besprochen werden können, wenn die Klasse das möchte.

■ *Hinweis*: Keine allzu starke Vertiefung einzelner Bereiche; hier geht es zunächst einmal um einen Überblick für die Schüler/innen. Besonders wichtig: keine mahnende und „korrektive" Bearbeitung im Sinne von: „richtig" oder „falsch" geantwortet, stattdessen: ermutigende Erlaubnis geben für vorteilhafte Einstellungen (etwa: Schüler/innen dürfen sich gute Fähigkeiten zuschreiben, sich erreichbare Ziele setzen und anderes mehr); zugunsten dieses Ziels eventuell auch nur Teile der Fragen, die schon etwas günstigere Antworttendenzen aufweisen, mit den Schritten 4 bis 7 weiter bearbeiten.

■ *Variationen*: gesamter Fragebogen zur Übersicht (etwa am Beginn von Motivationsförderung) oder Teile, die auf bestimmte Bereiche des Erfolgszyklus zielen.

## 21.2  Hintergrundwissen: Messbereich und Motivationsziel der Fragen

Beschreibung des Erfolgszyklus im Eingangskapitel (S. 88 ff.)

| Station im Erfolgszyklus: Fragen | angesprochene Motivation |
|---|---|
| 1. erlebter Lernerfolg | 1.  positives Erfolgserleben |
| 2. Folgen des Lernerfolgs | 2 a. extrinsische Anreize<br>2 b. intrinsische Motivation |
| 3. vorteilhafte Ursachenerklärung | 3.  Erklärung für Erfolge:<br>Fähigkeit und Anstrengung |
|  | 4.  Erklärung für Misserfolge:<br>mangelnde Anstrengung<br>und Zufall |
| 4. positives Selbstbild bezüglich<br>der Fähigkeiten sowie<br>Erfolgszuversicht | 5.  gute Fähigkeiten<br>6.  Erfolgszuversicht |
| 5. erreichbare Zielsetzung | 7.  erreichbare Ziele setzen |
|  | 8.  keine unerreichbaren Ziele<br>setzen |
| 6. stetes und effektives<br>Arbeitsverhalten | 9.  Flusserleben<br>10.  schriftliche Hausaufgaben<br>11.  mündliche Hausaufgaben<br>12.  Klassenarbeitsvorbereitung |

# Grundlagen und stationenübergreifende Methoden 113

## 21.3 Fragebogen zum Erfolgszyklus

**Wege für das Lernen im Erfolgszyklus**

Die folgenden Fragen erforschen deine Meinungen zum Lernen. Die Fragen bestehen meistens aus einer Feststellung, die auf der linken Seite steht, und einem Antwortkasten, der rechts steht. Dort sollst du immer eintragen, inwieweit die Feststellung deiner Meinung entspricht.

Dazu trage bitte Zahlen in die Kästchen ein, die folgende Zuordnung abbilden:

5 = stimmt genau; 4 = stimmt eher; 3 = stimmt zur Hälfte;
2 = stimmt eher nicht; 1 = stimmt gar nicht

| | |
|---|---|
| *Ein Beispiel:*<br>Frage: Ich freue mich, wenn mir beim Lernen etwas gut gelingt.<br>Hier wurde eine 5 eingetragen. Das bedeutet: Es stimmt genau, dass der Betreffende sich freut, wenn ihm etwas beim Lernen gut gelingt. | **5** |
| | Wert |
| 1. Dass ich Erfolg bei meinen Leistungen habe – das erlebe ich schon in der Schule. | |
| 2. Wenn es mir in der Schule wichtig ist, Erfolg bei meinen Leistungen zu haben, dann deshalb, weil ... | |
| a. ich die Schule gut schaffen und später möglichst einen guten Abschluss bekommen will. | |
| b. ich Spaß am Lernen habe und den Stoff auch kennen lernen will. | |
| 3. Wenn mir eine Klassenarbeit gut gelungen ist oder mich der Lehrer für gute mündliche Leistungen lobt, dann liegt dies daran, dass ... (bitte jede Begründung a. bis d. einzeln einstufen! | |
| a. ich gut arbeiten und nachdenken kann. | |
| b. ich mir Mühe gegeben habe, gut zu arbeiten. | |
| c. ich an diesem Tag Glück gehabt habe. | |
| d. die Arbeit ziemlich leicht war. | |

|  | Wert |
|---|---|
| 4. Wenn mir mal eine Klassenarbeit nicht so gut gelungen ist oder meine mündliche Mitarbeit getadelt wurde, dann liegt das daran, dass ... (bitte jede Begründung a. bis d. einzeln einstufen!) | |
|    a. ich nicht gut arbeiten und nachdenken kann. | |
|    b. ich mir zu wenig Mühe gegeben habe. | |
|    c. ich an diesem Tag Pech gehabt habe. | |
|    d. die Arbeit ziemlich schwer war. | |
| 5. Ich schätze, dass ich insgesamt doch gute Fähigkeiten als Schülerin/als Schüler habe. | |
| 6. In nächster Zeit werde ich in der Schule wohl einigermaßen gute Leistungen erzielen. | |
| 7. Für meine Schulleistungen setze ich mir als Nächstes meistens ein Ziel, das ich auch wirklich erreichen kann – egal wie weit die anderen in der Klasse gerade mit dem Stoff sind. | |
| 8. Manchmal setze ich mir Ziele, die zu schwer für mich sind, oder manchmal setze ich mir auch Ziele, die ganz leicht für mich sind. | |
| 9. Einen Stoff richtig durchzugehen und dabei etwas Neues zu lernen und festzustellen, dass ich damit umgehen kann – das finde ich auch öfters angenehm. | |
| 10. Meine schriftlichen Hausaufgaben erledige ich in der Regel recht sorgfältig. | |
| 11. Ich achte darauf, auch die mündlichen Hausaufgaben vorzubereiten. | |
| 12. Bei Klassenarbeiten sorge ich dafür, dass ich gut vorbereitet bin. | |

# Station 1: Erlebter Lernerfolg

## 22 Individuelle Bezugsnorm setzen

### 22.1 Hintergrundwissen

**Individuelle Bezugsnorm, soziale Bezugsnorm und ihre Auswirkungen auf die Lernmotivation und die Lernleistung**

> *Bei der Rückgabe der Klassenarbeit erhielt Anita eine Drei und Bernd bekam eine Vier. Beide überlegen nun, ob dies jeweils ein Erfolg für sie ist.*

Wenn unsere Schüler dies einschätzen, dann werden beide einen eigenen Gütemaßstab verwenden: Entspricht ihre Leistung diesem Maßstab, dann wird sie als Erfolg verbucht. Im ersten Kapitel dieses Teils wurde darauf hingewiesen, dass dieser Gütemaßstab als Bezugsnorm bezeichnet wird.

Unsere Schülerin und unser Schüler könnten sich nun entschließen, ihre Note an den Ergebnissen zu messen, die sie früher erzielt haben, also ihren eigenen Lernfortschritt als Gesichtspunkt wählen. Dies wird dann als „individuelle Bezugsnorm"[48] bezeichnet. Soll andererseits der Leistungsstand der Klasse zum Vergleich herangezogen werden, dann ist dies eine „soziale Bezugsnorm".

> *Bernd hat sich entschlossen, eine individuelle Bezugsnorm bei seiner Beurteilung zu verwenden: Er sieht diese Vier als Erfolg, denn er hat zuvor zumeist eine Fünf geschrieben.*
>
> *Anita geht ebenfalls von einer solchen Bezugsnorm aus und ist etwas enttäuscht: Meistens erzielt sie Zweier in den Arbeiten, also ist dies wohl ein Misserfolg.*

Die individuelle Bezugsnorm wurde motivationspsychologisch als vorrangig erklärt[49]: Der eigene Lernfortschritt – und dieser soll ja hierbei das Erfolgskriterium sein – hängt dann tatsächlich von der eigenen Anstrengung ab. Da zudem ein Lernfortschritt auch auf unterschiedlichen Fähigkeitsniveaus erlebt werden kann, braucht ein Misserfolg auch nicht auf mangelnde Fähig-

---

[48] Heckhausen, H.: Motivation und Handeln. Berlin, Springer, 1988
[49] Heckhausen (a.a.O.)

keiten zurückgeführt werden. Und deshalb liegt es für die Schüler/innen auch nahe, eine Ursache für den Erfolg oder auch für einen Misserfolg in der eigenen Anstrengung sehen und sich im Übrigen die Fähigkeiten für solche Lernerfolge zuzutrauen. Diese Sicht aber passt nun ganz genau in eben jene Erklärungsmuster für eigene Leistungsergebnisse, die am motivationsförderlichsten sind. (Dies wird ja an Station 3 noch näher betrachtet.)

*Beide versuchen sich nun ihr Leistungsergebnis zu erklären.*

*Anita weiß aus Erfahrung, dass sie die Fähigkeiten hat, in diesem Fach eine Zwei zu erzielen: Daran liegt es also nicht. Sie hat sich einfach weniger gut vorbereitet als früher und dann ist die Arbeit vielleicht auch noch etwas strenger bewertet worden als sonst.*

*Bernd kann sich seinen Fortschritt so erklären, dass seine gute Vorbereitung diesmal erfolgreich war. Außerdem sieht er eben doch auch für dieses Fach seine Fähigkeiten, woran er zuvor gezweifelt hatte.*

*Mit diesen Erklärungen bestärken sich beide in der Auffassung, dass sie über die notwendigen Fähigkeiten für weitere Erfolge verfügen und sie haben die Zuversicht, mit entsprechender Anstrengung auch ihre nächsten Ziele erreichen zu können.*

Die Bezugsnorm also war beim erlebten Lernerfolg (Station 1) entscheidend dafür, wie unsere Schüler/innen selbst ihren Erfolg einschätzen. Dies hat ihnen dann bestimmte Erklärungsmuster für ihr Ergebnis nahe gelegt, die ihre Fähigkeitseinschätzung und ihre Motivation unterstützen können. Und nun stehen sie vor der Frage, wie sie ihr Ziel für die nächste Arbeit festlegen sollen (Station 5). Auch hier wird die Bezugsnorm erneut eine entscheidende Rolle spielen – was ihr einen starken Einfluss im Motivationsgeschehen einräumt.

Wird die individuelle Bezugsnorm für die Zielorientierung herangezogen, so werden jetzt Aufgaben ausgewählt, die für die betreffende Person mittelschwer sind, da dies dem eigenen Lernprozess entspricht. Diese Aufgaben liegen demnach im Bereich des Erreichbaren. Der Erfolg ist folglich von der eigenen Anstrengung abhängig und ermöglicht kontinuierliche weitere Erfolgserlebnisse.

*Anita will für die nächste Arbeit wieder eine Zwei anzielen, Bernd will versuchen, seinen Fortschritt zu stabilisieren und sich erneut gut vorzubereiten, um wieder eine Vier zu erzielen.*

# Station 1: Erlebter Lernerfolg                117

Bei der Setzung einer „sozialen Bezugsnorm" hingegen sind der Leistungsstand der Klasse und die Vorgabe des Curriculums der Schule maßgeblich für Erfolgsmaßstab und Zielsetzung. Damit jedoch wird ein schwacher Schüler immer wieder Misserfolge in dem betreffenden Fach erleben und berechtigte Zweifel haben, sein Ziel bei den gegebenen Fähigkeiten durch eigene Anstrengung erreichen zu können.

> *Spielen wir einmal das Szenario mit Anita und Bernd durch, nun unter Verwendung einer sozialen Bezugsnorm: Anita sieht ihre Arbeit noch als Erfolg, erklärt sich dies durch ihre Fähigkeit, legt eine Wiederholung dieses Ergebnisses als Ziel fest und glaubt, dass sie ihre Anstrengung nicht zu erhöhen braucht. Bernd hingegen sieht seinen Vierer als Misserfolg, denn der liegt ja unter dem Schnitt der Klasse. Er glaubt, dass seine Fähigkeiten nicht für das reichen, was er als Erfolg werten darf, und dass deshalb Anstrengung seine Aussichten nicht verbessert. Beide lassen in ihrem Arbeitsverhalten nach und nutzen ihre Leistungspotenziale nicht aus.*

Natürlich wurde dieses Szenario etwas idealtypisiert beschrieben, eben um die Auswirkungen einer individuellen gegenüber einer sozialen Bezugsnormsetzung zu veranschaulichen, die nach der Theorie zu erwarten sind. Jedoch können diese Erwartungen durch Förderexperimente bestätigt werden, die tatsächlich sehr ermutigende Effekte für die Verwendung der individuellen Bezugsnorm nachweisen:

Nachdem Schüler und Schülerinnen im Gebrauch der individuellen Bezugsnorm trainiert wurden, nahm ihre Misserfolgsfurcht ab und sie wählten realistischere Zielsetzungen. Teilweise nahm auch ihre Erfolgszuversicht sogar zu, wobei die Teilnahme und das Engagement der unterrichtenden Lehrer verstärkend wirkten.[50]

Als einige Lehrer in einer Klasse ihren Unterricht an individuellen Bewertungsnormen ausrichteten, waren im Vergleich zu einer Klasse, in der dieselben Lehrer entsprechend einer sozialen Bezugsnorm vorgingen, einige der vermuteten Effekte nachweisbar: Nach gewissen Anfangsschwierigkeiten bei den schwächeren und bei den stärkeren Schülern stieg bei allen

---

[50] Rheinberg, F. & Günther, A.: Ein Unterrichtsbeispiel zum lehrplanabgestimmten Einsatz individueller Bezugsnormen. In: Rheinberg, F. & Krug, S. (Hrsg.): Motivationsförderung im Schulalltag. Göttingen, Hogrefe, 1999

Schülern das Unterrichtsinteresse an und ebenso der Mut zur Mitarbeit, überdies sogar die Mitarbeit selbst und auch die Leistungsergebnisse in LernleistungstestS. Auch wurden die Lehrer als gerechter in ihren Beurteilungen erlebt.[51]

**Dürfen Lehrer überhaupt eine individuelle Bezugsnorm verwenden?**
Lehrerinnen und Lehrer könnten nun beschließen, ausschließlich die individuelle Bezugsnorm zu verwenden. Wie schön wäre dies – gäbe es da nicht ein Dilemma zu bedenken, das ihnen nur allzu bekannt ist. Blicken wir zunächst auf das Geschehen in der Schulklasse, wenn die unterschiedlichen Bezugnormen verwendet werden:

Angenommen, die Lehrer entscheiden sich, durchgängig eine soziale Bezugsnorm anzuwenden. Sie bemühen sich also bei der Stellung von Aufgaben um „Angebotsgleichheit"[52]: Alle Schüler der Klasse bekommen die gleichen Aufgaben vorgelegt. – Dies führt dann freilich dazu, dass die guten Schüler/innen häufig mit für sie leichten und die schwächeren Schüler/innen häufig mit für sie schweren Aufgaben befasst sind. Dementsprechend können die Lehrer/innen beobachten, dass die erste Schülergruppe die Aufgaben häufig bewältigt und die zweite Gruppe häufiger scheitert. Dies kann sie darin bestärken, die Ursachen für die Leistungserfolge stärker auf die individuellen Fähigkeiten der Schüler und Schülerinnen zurückzuführen. Auch die Schüler werden in dieser Ursachenzuschreibung bestätigt.

Demgegenüber werden Lehrer/innen mit einer individuellen Bezugsnormorientierung eher Aufgaben mit individuell angepasstem Schwierigkeitsgrad stellen und somit bei allen Schüler/innen wechselnden Erfolg beobachten: Einmal schaffen die Schüler/innen die Aufgaben, das andere Mal nicht – und dies hängt bei der gegebenen erreichbaren Aufgabenstellung tatsächlich von der individuellen Anstrengung ab. Dies erleben dann auch die Lehrer und die Schüler und sie werden damit nun nicht nur in ihrer entsprechenden Ursachenzuschreibung bestätigt, sondern können zugleich auch die individuelle Bezugsnormsetzung als wirksam einschätzen: Das Lernziel ist mit Anstrengung erreichbar, wenn individuell erreichbare Ziele gesetzt werden.

---

[51] Krug, S. & Lecybyl, R. (1999): Die Veränderung von Einstellung, Mitarbeit und Lernleistung im Verlauf einer bezugsnormspezifischen Motivations-Interpretation. In: Ebd.

[52] Rheinberg, F.: Trainings auf der Basis eines Kognitiven Motivationsmodells. In: Rheinberg, F. & Krug, S. (Hrsg.): Motivationsförderung im Schulalltag. Göttingen, Hogrefe, 1999, S. 36–53

## Station 1: Erlebter Lernerfolg

Die Überzeugungen, von denen die Lehrer und Schüler ausgehen, werden also selbst zur Ursache von Ereignissen, die dann diese Überzeugungen bestätigen. Wenn dies gelingt, erschaffen sich die Beteiligten ihre eigene Wirklichkeit im Sinne einer selbsterfüllenden Prophezeiung.

Mit diesen Überlegungen könnte die Anwendung der individuellen Bezugsnorm die Methode der Wahl sein – wäre da nicht das bereits angesprochene Dilemma: Für die soziale Bezugsnormsetzung gibt es ja gute Gründe, sonst gäbe es sie nicht. Die Aufgabe der Lehrer/innen besteht ja bekanntlich auch darin, die Leistungsstandards für bestimmte Klassenstufen und Schulformen anzustreben und zu gewährleisten. Diese Standards müssen die Schüler/innen erfüllen, um die Versetzung und dann auch den Schulabschluss zu erreichen.[53]

Welche Lösungsansätze stehen für dieses Dilemma zur Verfügung? – Den Auftrag für die soziale Bezugsnorm zurückweisen? Oder: Auf die pädagogischen Vorteile der individuellen Bezugsnorm verzichten?

Der erste Weg ist wohl nicht möglich, der zweite aber ist nicht unbedingt nötig. Ein dritter Weg, dem Lehrerinnen und Lehrer in ihrer Unterrichtspraxis begehen, besteht nämlich darin, den beiden Bezugsnormen ihren je eigenen Geltungsbereich zuzuweisen:

Dabei werden kurzfristige und längerfristige Zielsetzungen voneinander unterschieden: Aktuell werden die Vorgaben jeweils auf den individuellen Lernfortschritt eines jeden Schülers bezogen – der nächste Lernschritt soll durch motivierten Lerneinsatz erreichbar sein. Die längerfristige Zielsetzung, etwa das Erreichen des Klassenziels, braucht nicht unentwegt angemahnt werden, auch wenn dies dem Druck einer intuitiven Logik entsprechen mag. Motivational könnte dies nämlich durchaus erdrückend wirken, wenn der Stand der Klasse für eine Schülerin in einem Fach noch nicht in Sichtweite ist.

Die Befürchtung, dass sich die Anforderungen der Klasse vielleicht langfristig wirklich als unerreichbar erweisen, könnte in Form einer „mentalen Auffangposition" (s. S. 155) aufgefangen werden. Tatsächlich blieben dann ja immer noch die Möglichkeiten der äußeren Differenzierung: Klassenwiederholung oder Schulformwechsel. Auch dann kann ein lohnenswerter Schulabschluss angezielt werden – mit neu aufgebauter Lernmotivation.

---

[53] Genau genommen handelt es sich dabei um eine „sachliche Bezugsnorm", die nämlich die curricularen Anforderungen beinhaltet. Da diese sachliche Bezugsnorm aber gleichartige Auswirkungen hat wie die soziale Bezugsnorm, soll auf diesen Unterschied nicht näher eingegangen werden.

Einstweilen aber kann die Aufmerksamkeit auf die individuelle Bezugsnormorientierung gerichtet werden: Wie können die weiteren Lernschritte für den einzelnen Schüler geplant und aufgebaut werden, welche Aufgabenstellung ist als nächste erreichbar?

Wenn dieser dritte Weg bei der Bezugsnormorientierung ausgebaut werden soll, dann können die Strategien aus dem Handblatt des nächsten Abschnittes genutzt werden.

# 23   Mein nächstes Lernziel

## 23.1  Handblatt zu den pädagogischen Strategien und zur Übung

▓ **Ziele:** Strategien für Lehrer/innen und Eltern: Planung des pädagogischen Vorgehens bei ergänzender (also nicht: ausschließlicher) Nutzung der individuellen Bezugsnorm (Benennung nachfolgend). Übung für Schüler/innen: Erleben und Einüben der individuellen Bezugsnormnutzung

▓ **Material:** Übung „Mein nächstes Lernziel"

▓ **Dauer:** Strategien und Übung unterrichtsbegleitend

▓ **Durchführung der Strategien:**

Für das pädagogische Vorgehen können folgende Gesichtspunkte genutzt werden:

1. *Begleitende Erwartungshaltung:* Die Lehrerin/der Lehrer hegt insgesamt ein Bild von den Schüler/innen, dass diese mit ihren vorhandenen guten Fähigkeiten kontinuierliche weitere Lernfortschritte aufweisen werden. Auch wenn diese Lernfortschritte individuell unterschiedlich sein mögen, so können sie doch größer sein, als es die Schüler zunächst selbst vermuten mögen, weil sich auf Dauer die Motivation und das Lernverhalten stabilisieren können. Gelegentliche Misserfolge bieten Anlass, die Zielsetzung und die Motivierung für die nächste Lernetappe neu zu überdenken, aber sie legen nicht die Folgerung nahe, an den Lernpotenzialen der Schüler/innen zu zweifeln. Dieses Bild des Lehrers übermittelt sich den Schülern und wird zu deren eigenem Bild.

2. *Erfolgseinschätzung und Erfolgsrückmeldung:* Ein individueller Lernfortschritt in der vorigen Lernetappe (der den Lernmöglichkeiten dieses Schülers in dieser Lernetappe mit dessen gegebenem Vorwissen und Fähigkeiten entspricht) wird als Leistungserfolg angesehen; der Schüler bekommt eine Rückmeldung über diesen Lernfortschritt und wird gelobt. Das Ausbleiben eines individuellen Lernfortschrittes in der vorigen Lern-

## Station 1: Erlebter Lernerfolg

etappe oder ein Lernfortschritt, der stark hinter den Erwartungen zurückbleibt, wird (gemessen am Vorwissen und an den Fähigkeiten des Schülers) als *Misserfolg* angesehen; der Schüler bekommt eine Rückmeldung darüber, wird aber nicht getadelt.

3. *Ursachenzuschreibungen:* Die Ursachenzuschreibungen folgen dem Ziel, das Vertrauen der Schüler/innen in ihre eigenen Fähigkeiten und eigene Tüchtigkeit zu unterstützen. Sie sollen sich die Lösung der Aufgaben zutrauen und davon ausgehen, dass sie ihren Lernfortschritt wesentlich mit beeinflussen können durch das Ausmaß ihrer eigenen Anstrengung – eine Auffassung, die bei der Anwendung einer individuellen Bezugsnorm realisierbar ist.

4. *Leistungserfolge* werden begründet durch die Tüchtigkeit der Schüler/innen und die eingesetzte Anstrengung.

5. *Misserfolge* werden durch zu geringen Einsatz begründet oder auch, falls der Einsatz gegeben war, auch durch äußere Faktoren, die änderbar sind, wie eine ungeeignete Auswahl von Mitteln oder Festlegung von Zielen. Jedenfalls wird die notwendige Fähigkeit nicht in Frage gestellt, sondern weiterhin vorausgesetzt. Es wird deutlich, dass diese Fähigkeit beim nächsten Mal mit geeignetem Einsatz wieder zum Erfolg führen kann.

6. *Zielfestlegung für künftige Aufgabe:* Die Aufgabenstellung folgt dem *Ziel*, die Schüler/innen nicht zu unter- oder zu überfordern. Deshalb werden die Aufgaben jeweils einen Schwierigkeitsgrad aufweisen, der für den betreffenden Schüler im mittleren Bereich liegt, also durch Anstrengung erreichbar ist.

Nach einem Erfolg kann die nächste Aufgabeneinheit danach ausgewählt werden, dass die Komplexität oder Schwierigkeit gesteigert, eine neue Anwendung ermöglicht oder auch die Routiniertheit durch weiteres Üben gesteigert oder eine neue Stoffeinheit gegeben wird.

Nach einem *Misserfolg* werden zusätzliche Hilfen und/oder zusätzliche Zeit gegeben oder die Aufgabenstellung wird in kürzere Teilschritte eingeteilt.

**Teil II: Lernmotivation und Lernklima**

■ **Durchführung der Übung:**

1. Der Lehrer/die Lehrerin erklärt die Vorteile der individuellen Bezugsnormsetzung in einer Form, die für die Schüler/innen altersgemäß ist: Ziel ist durch Anstrengung erreichbar, Erfolg hängt von Anstrengung ab, alle Schüler sollen sich Fähigkeiten zutrauen, solche Ziele zu erreichen, die ihrem derzeitigen Lernstand entsprechen, Misserfolg soll nicht entmutigen, sondern zu neuer Zielsetzung führen.

2. Der Lehrer/die Lehrerin benennt verschiedene Zielsetzungsmöglichkeiten für den aktuellen Lernstoff, die gleich in Einzelarbeit angestrebt werden können: breites Spektrum, damit für alle etwas Erreichbares enthalten ist.

3. Alle Schüler/innen sollen sich nun eine Zielsetzung auf einem Blatt notieren, die ihnen erreichbar erscheint.

4. Nach der Einzelarbeit erklärt der Lehrer/die Lehrerin, dass nun einige ihr Ziel erreicht haben, andere nicht. Im ersten Fall sollen sich die Schüler/innen ihren Erfolg klar machen und ein neues weiterführendes Ziel festlegen; im zweiten Fall sollen sie sich nicht entmutigen lassen und jetzt ein erreichbares Ziel festlegen. Der Lehrer/die Lehrerin bespricht in allgemeiner Form Möglichkeiten neuer Zielfestlegungen bei diesem Stoff.

5. Nun bekommen die Schüler/innen den Bogen „Mein nächstes Lernziel" (S. xx) und füllen diesen aus; wenn sie darüber mit dem Lehrer/der Lehrerin sprechen wollen, können sie sich melden; er/sie kommt dann während des Ausfüllens zu den betreffenden Schüler/innen zum Einzelgespräch

6. Klassengespräch über die Erfahrungen der Schüler/innen mit der individuellen Erfolgsbeurteilung und Zielfestlegung: Wie kommen sie damit zurecht (Ermutigung zur Experimentierfreudigkeit, um dies zu lernen); wie wirkt sich das auf die eigene Arbeitsfreude aus?

7. Die vorangegangenen Schritte können in mehreren Sequenzen wiederholt werden – beim ersten Mal vielleicht in direkter Abfolge und später dann gelegentlich erneut zur Auffrischung.

■ *Variationen für die Übung:*

*Beim Elternabend:* Um die Eltern mit dem Vorgehen vertraut zu machen, kann das Prinzip erklärt werden; die Eltern können den Bogen für ein Gedankenexperiment ausfüllen, bezogen etwa auf ein individuelles Hobby (dort erreichte Ziele und nächste Ziele); Diskussion: Plausibilität eines solchen pädagogischen Vorgehens (dabei Kombination mit sozialer Bezugnorm) und Möglichkeiten, dies im Elternhaus umzusetzen

# Station 1: Erlebter Lernerfolg                                    123

*Weiteres Übungsmaterial und Kombination mit anderen Methoden:* Die Materialien „Kommentierungen beurteilen" (S. 144) und „Kommentierungen
entwerfen" (S. 147) enthalten Übungen zur erreichbaren Zielfestlegung in
Verbindung mit günstigen Ursachenerklärungen für Leistungserfolge. Das
Handblatt „Mentale Auffangposition einrichten" (S. 157) kann ergänzend
helfen, die soziale Bezugnorm zu berücksichtigen, ohne sie allzu sehr fürchten zu müssen.

## 23.2 Übungsmaterial

---

**Mein nächstes Lernziel**

Versuche, deinen Erfolg in der letzten Lernetappe Schritt für Schritt selbst
einzuschätzen und anschließend dein Ziel für die nächste Etappe festzulegen.

**Schritt 1:**

In der letzten Etappe habe ich mein vorher gesetztes Lernziel
erreicht.

A  Ja (Wie schön! Gehe bitte zu Schritt 3.)

B  Nein (Das macht nichts! Gehe bitte zu Schritt 2.)

**Schritt 2:**

Ich kann dasselbe Ziel bei der nächsten Etappe erreichen, wenn ich
mich bemühe.

A  Ich brauche erst noch weitere Informationen oder mehr Übung.
   (Überlege bitte, was als nächstes Ziel geeignet wäre, und notiere
   das als Ziel bei Schritt 3.)

B  Ja. (Trage bitte das Ziel jetzt bei Schritt 3 ein.)

**Schritt 3:**

Bei der nächsten Etappe will ich versuchen, das folgende Ziel zu
erreichen:

_____

_____

---

# Station 2: Folgen des Lernerfolgs

## 24 Selbstbestimmung beim Lernen

### 24.1 Hintergrundwissen

> *Beim Elternsprechtag suchen Sie die Eltern eines Schülers auf. In einer gemeinsamen Bestandsaufnahme sind Sie sich bald mit den Eltern einig: Der Schüler hat Leistungsmöglichkeiten, die er derzeit nicht ausschöpfen kann. Denn seine Leistungen sind sehr mäßig. Kaum erstaunlich, da er öfters die Hausaufgaben nicht macht und Klassenarbeiten selten vorbereitet. Die Eltern haben schon viel ausprobiert: Belohnungen für gutes Arbeiten oder auch Hausarrest im gegenteiligen Fall. Jetzt suchen sie Ihren Rat.*

In dieser Beratungssituation könnten Sie – den Eltern zuliebe – im ersten Moment versucht sein, deren Erziehungsphilosophie beraterisch entgegenzukommen. Die Eltern aber wollen vielleicht die eigenen Sanktionierungsversuche noch perfektionieren, mit besten Motiven, weil ihnen nämlich die Leistungsentfaltung des Sohnes am Herzen liegt. Belohnungsprogramme werden ja traditionell nicht eben selten propagiert, um Schüler zum Lernen zu bringen. Möglicherweise aber haben Sie Zweifel an dieser Strategie – insbesondere wenn Sie an den „Korrumpierungseffekt" denken, von dem Sie nun den Eltern erzählen könnten.

Dieser Effekt wurde an Lernenden vom Vorschulalter bis hin zum Erwachsenenalter nachgewiesen. Er besteht darin, dass Tätigkeiten, die von anderen durch Belohnungen kontrolliert werden, in der Folge paradoxerweise das Interesse an der Tätigkeit selbst häufig mindern können. Beispielsweise gingen Vorschulkinder, die Preise (in Form einer belobigenden Urkunde) für ihre Malaktivitäten bekommen hatten, in der Folge seltener solchen Malaktivitäten nach als Kinder einer anderen Gruppe, in der das Malen ohne Belohnung blieb.[54]

---

[54] Lepper, M., Greene, D. & Nisbert, R.: Undermining children's intrinsic interest with extrinsic rewards: A test of the overjustification hypothesis. In: Journal of Personality and Social Psychology, 28/1973, S. 129–137

## Station 2: Folgen des Lernerfolgs                                            125

Wenn Menschen Freude an einer Tätigkeit selbst haben, wird dies als „intrinsische" Motivation bezeichnet. Insoweit hingegen die Bereitschaft zu einer Tätigkeit auf die Folgen dieser Tätigkeit abzielt, ist die Motivation „extrinsisch"[55]. Der Korrumpierungseffekt stellt uns also vor die Frage, wie wir verhindern können, dass die extrinsische die intrinsische Motivierung stört.

Wenn es sich ganz so verhielte, dann würde uns dies allerdings für unsere Förderungsziele nichts Gutes verheißen: Sind denn nicht externale Anreize ein ganz zentraler Bestandteil unserer Gesellschaft und dann auch der Schule? Beispielsweise entscheiden doch Benotungen darüber, ob eine bestimmte Schulstufe erreicht wird, ob dann ein darauf folgender Schulabschluss und später auch eine Berufsausbildung oder ein Studium zugänglich sind. Deshalb stellt sich die Frage, wie es vermieden werden kann, dass extrinsische Anreize die intrinsische Motivation unterminieren. Schließen extrinsische und intrinsische Motivierung einander aus, oder zeigt nicht doch die Praxiserfahrung in der Schule, dass sich auch beides miteinander verbinden lässt – zum Wohl der Schüler/innen und der Lehrer/innen?

Eine versöhnliche Orientierung gegenüber dieser Fragestellung eröffnet die **Selbstbestimmungstheorie der Motivation**[56]: Menschen sind danach durch drei Grundbedürfnisse geprägt: dem Bedürfnis nach Kompetenz oder Wirksamkeit, dem Bedürfnis nach Autonomie und Selbstbestimmung und dem Bedürfnis nach sozialer Eingebundenheit. Während intrinsische Motivierung vor allem durch die beiden erstgenannten Bedürfnisse beeinflusst ist, sind extrinsisch motivierte Verhaltensweisen in ihrer Entwicklung mit allen drei Grundbedürfnissen verbunden.

Das Grundbedürfnis nach sozialer Eingebundenheit kann deshalb einen Prozess unterstützen, der die extrinsische Motivierung konstruktiv mit der intrinsischen verbindet. So mögen die Schüler/innen sich in den ersten Jahren ihrer Schullaufbahn noch wegen ihrer sozialen Verbundenheit mit Lehrern und Eltern durch deren Zielorientierungen bestimmen lassen. Im Laufe der Zeit aber können sie dann diese Ziele durchaus verinnerlichen. Damit aber sind auch die ehemals extrinsischen Zielsetzungen in die Eigenkontrolle und Selbstbestimmung der Schüler/innen übergegangen. Sie streben

---

[55] Zu dieser Unterscheidung der intrinsischen gegenüber der extrinsischen Motivation gibt es mehrere unterschiedliche Konzeptvorschläge, die letztlich alle mit der Frage zu tun haben, wie der Korrumpierungseffekt „geheilt" werden kann. Für unsere Förderzwecke mag aber die hier gewählte Definition nützlich und übersichtlich sein.

[56] Deci, E. & Ryan, R.: Die Selbstbestimmungstheorie der Motivation und ihre Bedeutung für die Pädagogik. In: Zeitschrift für Pädagogik, 2/1993, S. 224–237

**126**                                         **Teil II: Lernmotivation und Lernklima**

in voller innerer Überzeugung nun selbst ihren eigenen Erfolg an; der Korrumpierungseffekt ist „geheilt".

Das Leitprinzip der Selbstbestimmung beim Lernen hat eine lange Tradition in Pädagogik und Psychologie. Demnach ist der Wunsch, sich als Verursacher von Veränderungen in der eigenen Umwelt zu erleben, also auf diese Umwelt einwirken zu können, ein grundlegendes Bedürfnis des Menschen.[57] Schüler/innen haben den Wunsch, sich nicht wie Bauern auf dem Schachbrett hin und her geschoben zu fühlen („feeling like a pawn"), sondern sie wollen sich als Verursacher fühlen („the feeling, to be an origin"). DeCharms hat ein eigenes Trainingsprogramm für Schulklassen vorgelegt, um die „Verursacher-Motivation" und das Lernklima zu unterstützen.[58]

Wer diese Freude an der selbst gesteuerten Verursachung erlebt, wird nun auch leichter intrinsisch motiviert bei einer Tätigkeit sein, das heißt, diese Tätigkeit als in sich selbst interessant und befriedigend erleben. Demgegenüber könnte das Gefühl, unter Fremdkontrolle zu stehen, dann wohl auch eher eine extrinsische Motivierung unterstützen, die also durch äußere Belohnungen gespeist wird wie Zensuren, das Lob von Lehrern und Eltern und dergleichen. Intrinsische Motivierung begünstigte bei Förderexperimenten eine tiefere Auseinandersetzung mit dem Lernstoff, beispielsweise beim Textlernen[59], und letztlich bessere Schulleistungen[60].

Die Selbstbestimmungstheorie der Motivation nimmt an, dass die Verinnerlichung von äußeren Zielsetzungen in vier Stufen erfolgt, an deren Beginn ein hohes Maß an Fremdkontrolle steht und an deren Ende die Selbstbestimmung erreicht ist:

1. Die erste Stufe ist die *externale Regulation:* Die Verhaltensweisen werden durch Lohn und Strafe von außen reguliert, das Verhalten ist nicht freiwillig, sondern rein von außen gesteuert.

2. Bei der Stufe der *introjizierten Regulation* hat die Person zwar die Verhaltenssteuerung insoweit nach innen verlagert, dass sie etwas tut, „weil

---

[57] DeCharms, R.: Personal causation. New York, Academic press, 1968

[58] DeCharms, R.: Ein schulisches Trainingsprogramm zum Erleben eigener Verursachung. In: Edelstein, W. & Hopf, D. (Hrsg.): Bedingungen des Bildungsprozesses. Stuttgart, Klett, 1973, S. 60–78

[59] Schiefele, U. & Schreyer, I.: Intrinsische Lernmotivation und Lernen. In: Zeitschrift für pädagogische Psychologie, 8/1994, S. 1–14

[60] Grolnick, W., Ryan, R. & Deci, E.: The inner resources for school achievement: Motivational mediators of children's perceptions of their parents. In: Journal of Educational Psychology, 83/1991, S. 508–517

## Station 2: Folgen des Lernerfolgs 127

man das tut", aber das Verhalten entspricht nicht den eigenen Wertvorstellungen.

3. Wenn das Verhalten in der Folge persönlich als wichtig angesehen wird und den eigenen Werten und Zielen entspricht, dann ist das Stadium der *identifizierten Regulation* erreicht. Beispielsweise wäre ein Schüler in diesem Stadium angekommen, wenn er für die Schule lernen würde und dabei den Schulabschluss als wichtige Vorraussetzung akzeptieren würde, damit er sein darauf folgendes Ziel erreichen kann, nämlich eine Berufsausbildung zu beginnen. Dies wäre schon eine ganz andere Begründung als die, dass seine Eltern und Lehrer den Abschluss von ihm erwarten (externale Regulierung).

4. Die *integrierte Regulation* schließlich ist erreicht, wenn die Person die Wertvorstellungen und Ziele einer Handlung ganz in ihr Selbst integriert hat. Im Beispiel würde jetzt das Arbeiten für den Schulabschluss durchaus in innerlichen Einklang zu bringen sein, mit der Zielsetzung, bestimmten Freizeitaktivitäten nachzugehen oder eben auch, auf diese einmal zugunsten des Lernerfolges zu verzichten; beides würde als Teil des eigenen Selbstverständnisses akzeptiert werden.

Wenn eine ursprünglich von außen kommende Zielsetzung in dieser letzten Phase nun ganz für unseren Schüler zum eigenen Ziel geworden ist, dann geht es natürlich immer noch um eine äußere Folge: Im Beispiel dient das Lernen eben dem Erreichen des Abschlusses. Demgegenüber wird eine intrinsisch motivierte Handlung als in sich selbst bereichernd erlebt. Beide Handlungen haben aber nun miteinander gemeinsam, dass sie als selbstbestimmtes Handeln erlebt werden.

Wie lässt sich nach der Selbstbestimmungstheorie das Lernen pädagogisch fördern? Materielle Belohnungen, Strafandrohungen, Termindruck, aufgezwungene Ziele und besondere Auszeichnungen können als eher kontrollierend erlebt werden und deshalb intrinsische Motivation zerstören. Hingegen können das Angebot von Wahlmöglichkeiten und geäußerte Anerkennung als autonomiefördernd wahrgenommen werden. Erwachsene, die für die Schüler/innen bedeutsam sind, können deren Selbstbestimmung unterstützen und ihre Entwicklung mit persönlicher Anteilnahme begleiten.

Wie wir solche Perspektiven nutzen können, dazu haben Lehrer ihre je eigenen pädagogischen Förderansätze. Und auch das folgende Handblatt soll noch einige Überlegungen beisteuern. Möglicherweise jedenfalls hat auch der Schüler im Beispiel die Ziele seiner Eltern schon so weit internalisiert, dass er durchaus selbst gern seinen Leistungserfolg erleben will.

*Sie wollen nun den Eltern Ihre eigenen Ideen verfügbar machen, wie dem Sohn zu Hause geholfen werden kann. Noch gibt es ja gute Perspektiven ...*

## 25   Selbstbestimmung unterstützen

### 25.1  Handblatt zum pädagogischen Vorgehen

▨ **Ziele:** Förderung der intrinsischen Motivation und der Übernahme von Selbstverantwortung beim Lernen durch Freiräume und anteilnehmende Ermutigung für Selbststeuerung

▨ **Material:** Benennung einiger Perspektiven in diesem Handblatt

▨ **Dauer:** unterrichtsbegleitend

▨ **Durchführung:**

1. Wenn derzeit die intrinsische Motivation gering ausgeprägt ist, etwa angesichts erlebter Misserfolge und geringer Erfolgszuversicht, dann können zunächst extrinsische Motivierungsstrategien angewendet werden, damit ein initiales Lernverhalten entsteht, das dann später intrinsisch getragen werden kann: an frühere (Teil-)Erfolge erinnern, erreichbare Ziele setzen, ermutigen, Hilfen anbieten und erste Lernerfolge anerkennend bestätigen.

2. Danach lässt sich die Verinnerlichung zunächst externaler Ziele unterstützen: Den Schüler/innen wird zugebilligt, dass sie Wahlmöglichkeiten haben für ihr Lernverhalten (aber auch gute Aussichten, wenn sie selbst den Erfolg anstreben); zugleich wird indirekt „unterstellt", dass sie selbst den Erfolg wollen und Freude am Lernen haben können. Die lobende Rückmeldung hat viel stärker den Tenor „Du hast deine Fähigkeiten beim Lernen gut genutzt" als „Du bist den Anweisungen des Lehrers gut gefolgt".

   Dies kann begleitend selbst dann geschehen, wenn es für die Lehrerin unvermeidlich ist, auch extrinsische Konsequenzen zu setzen, etwa beim Benoten. Dabei müssen Lehrer/innen die Rolle des/der Beurteilenden von der des anteilnehmenden Lernhelfers trennen, um das Letztere nicht durch Ersteres zu beeinträchtigen. Also: Bei einer guten Benotung kann sich die Lehrerin/der Lehrer anteilnehmend mit den Schülern und Schülerinnen freuen, bei einer schlechten Note kann sie die Zuversicht ausdrücken, dass mit Weiterentwicklung des Lernverhaltens neue Erfolge erreicht werden können.

## Station 2: Folgen des Lernerfolgs                                    129

3. Bei der Einführung von Lernstoffen kann das eigene Interesse des/der Lehrenden an diesem Stoff verdeutlicht werden. Darin stecken ja sicher spannende Fragestellungen, und diese zu ergründen hat einen eigenen Nutzen auch unabhängig von Benotungen. Auf dieser Linie kann auch die Neugiermotivation angeregt werden: durch spannende Ausgangsfragestellungen und Gedankenexperimente, die vielleicht einen persönlichen Bezug für die Schüler aufweisen. Etwa: Darstellung der Lebensbedingungen in der Steinzeit; wenn die Schüler damals gelebt hätten (Kleidung, Wohnsituation, Nahrungsbeschaffung, Sozialleben), wie hätten sie dann ihr Leben gestalten wollen?[61]

4. Selbstregulatives, entdeckendes Lernen unterstützen. Beispielsituation aus der Mathematik: Welche Summe ergibt sich, wenn die Zahlen 1 bis 100 addiert werden; wie kann dies mit möglichst wenig Rechenaufwand ermittelt werden? – Gruppenarbeit: Welche Strategien erfinden die Gruppen: alle sammeln und würdigen; dann erst die Lösung der berühmten Mathematiker vorstellen.

5. Fluss-Erleben[62] unterstützen: Für die Aufgabenstellung im letzten Beispiel kann eine Atmosphäre unterstützt werden, in der die Schülerinnen sich keine Sorgen über ihre Leistung machen – jedenfalls zeitweise; es macht Spaß, gemeinsam selbstvergessen über die Lösung nachzudenken und Schritt für Schritt fortzuschreiten.

*Weiteres Übungsmaterial und Kombination mit anderen Methoden*

- Die Materialien „Kommentierungen beurteilen" und „Kommentierungen entwerfen" (S. 144–147) enthalten Übungen zur erreichbaren Zielfestlegung in Verbindung mit günstigen Ursachenerklärungen für Leistungserfolge.
- Die Übung „Mein nächstes Lernziel" (S. 119) unterstützt eigenverantwortliche Zielfestlegungen beim Lernen.
- Die Übungen zum „Flow-Erleben" (S. 169–177) fördern die Freude an der Lerntätigkeit selbst und zielen damit ebenfalls auf die intrinsische Motivierung.

---

[61] Beispiel aus: Mietzel, G.: Pädagogische Psychologie des Lehrens und Lernens. Göttingen, Hogrefe, 1998, S. 354 ff.

[62] Csikszentmihalyi, M.: Flow – The Psychology of Happiness. New York, Harper & Row, 1992

# Station 3: Vorteilhafte Ursachenerklärung

## 26 Reattributionstraining

### 26.1 Handblatt zum Methodeneinsatz

■ **Wie sehen günstige Ursachenzuschreibungen für eigene Leistungserfolge und Misserfolge aus?**

Schüler/innen können sich ihre Leistungserfolge ebenso wie ihre Misserfolge jeweils in einer Art und Weise erklären, die ihre Lernmotivation stützt und schützt. Wie solche vorteilhaften Erklärungsmuster aussehen, haben wir uns im Eingangskapitel ja schon vor Augen geführt. Es lohnt sich indessen, sich dies noch etwas näher anzuschauen.

Welche Arten von Ursachenerklärungen sind überhaupt bei alledem zu berücksichtigen? – Bei der Beantwortung dieser Frage hilft uns die so genannte „Vier-Felder-Tafel" von Weiner weiter.[63]

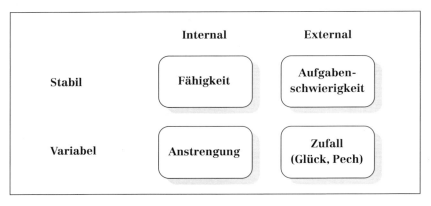

*Abbildung 11: Kausalattribuierungen für Leistungsergebnisse nach Stabilität und Verortung*

Demnach kommen stabile und auch variable, also veränderliche Ursachen in Frage und dann Ursachen, die auf die eigene Person zurückgeführt werden (internal) und solche, die als außerhalb der Person liegend (external) gesehen werden.

---

[63] Weiner, B.: Theorien der Motivation. Stuttgart, Klett, 1970

## Station 3: Vorteilhafte Ursachenerklärung 131

Internal und stabil ist die eigene Fähigkeit: Sie gehört zur eigenen Person und bleibt überdauernd erhalten. Internal und variabel ist die eigene Anstrengung. Sie liegt ebenfalls in der eigenen Person, ist aber variabel: Ein Schüler hat vielleicht vor der letzten Arbeit kaum etwas getan, kann sich aber jetzt auf eine intensivere Vorbereitung umstellen.

Die Aufgabenschwierigkeit liegt außerhalb der eigenen Person und sie bleibt bei einer gegebenen Aufgabe gleich, also handelt es sich um eine externale und stabile Ursache des Leistungsergebnisses. Glück und Pech wiederum können wechseln, sind also external und variabel.

Welche Erklärungsmuster sollten Schüler/innen nun verwenden – beispielsweise für das Ergebnis der letzten Arbeit, wenn sie sich gerade in der Vorbereitung für die nächste Arbeit befinden? – Es entspricht dem logischen Verständnis und ebenso den Forschungsergebnissen, dass für Erfolge internale Erklärungen am vorteilhaftesten sind, für Misserfolge hingegen variable Erklärungen. Bei diesen günstigen Erklärungsmustern kann nun noch unterschieden werden, inwieweit sie denn selbstwertförderlich wirken (unterstützt positives Selbstbild in Station 4) oder andererseits auch motivationsförderlich (unterstützt Erfolgszuversicht in Station 4). Diese Wirkungsweise von Ursachenerklärungen wurde ebenfalls in einer Tafel veranschaulicht:

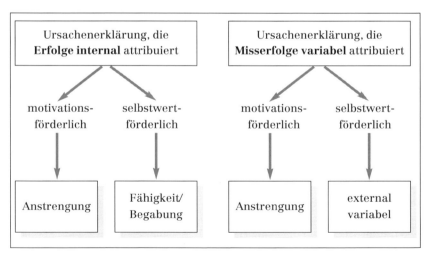

*Abbildung 12: Erklärungsmustereffekte für Selbstwert und Motivation (nach Ziegler, A. & Schober, B.: Theoretische Grundlagen und praktische Anwendungen von Reattributionstrainings. Regensburg, Roderer 2001)*

Für unsere Schüler/innen ist es also motivationsförderlich, sich die gelungenen Anteile der letzten Arbeit durch eigene Anstrengung zu erklären. Denn so ist ja zu hoffen, dass eine neuerliche Anstrengung für die kommende Arbeit Erfolg versprechend ist. Dazu kommt: Wenn der vorherige Erfolg auch auf die eigenen Fähigkeiten zurückzuführen ist, dann stärkt dies auch das Bewusstsein, über eben solche Fähigkeiten zu verfügen, ist also selbstwertförderlich.

Nun könnten aber unsere Schüler/innen auf diese Erklärungsmuster verzichten und stattdessen ihren Erfolg auf externale Faktoren zurückführen („Glück gehabt!", „Arbeit war leicht!"). Damit jedoch würden sie die Gelegenheit verschenken, den Erfolg für die eigene Motivation zu nutzen.

Sehr fragwürdig wäre es jedoch, den eigenen Erfolg ausschließlich auf die eigene Fähigkeit zu beziehen. Das wäre nun zweifellos gut für den Selbstwert. Aber: Warum sollte sich eine Schülerin noch anstrengen, wenn bereits die Fähigkeit den Erfolg garantiert?

Wie verarbeiten unsere Schüler/innen – auch das gehört zum Lernen – einen Misserfolg? Mangelnde Fähigkeit wäre eine fatale Erklärung; sie würde den Selbstwert schädigen. Auch der Gedanke, dass dieses Fach auf Dauer einfach zu schwer ist, hilft nicht weiter. Denn Anstrengung wäre dann ja aussichtslos. Da gibt es eine vorteilhaftere Erklärung: Lag es an mangelnder Anstrengung, dann könnte ja künftige Anstrengung bei der nächsten Klassenarbeit doch noch zum Erfolg führen. Diese Erklärung ist also durchaus motivationsfördernd. Soll nun zudem noch der Selbstwert geschützt werden nach einem Misserfolg, dann dürfen auch unglückliche Umstände (also: external variable Gründe) mit zur Erklärung herangezogen werden. Denn diese haben nichts mit der eigenen Fähigkeit zu tun.

**Wie können Schüler/innen die günstigen Ursachenerklärungen am besten nutzen? – Der Teilerfolg und das Realitätsproblem**
Die plausible Antwort auf diese Frage könnte lauten: „Indem sie sich die genannten günstigen Erklärungsmuster zu Eigen machen und diese dann regelmäßig nutzen!" Das mag stimmen, jedoch seien noch zwei spezielle Gesichtspunkte angemerkt:

Der erste kann die Erklärungsmuster sogar noch wirksamer gestalten. Er betrifft die Situation eines Teilerfolgs: Als Beispiel gegeben sei ein Schüler, der in der letzten Mathematikarbeit ein „mangelhaft" hinnehmen musste. Nur eine von fünf Aufgaben hat er gelöst. Gerade diese eine Aufgabe kann er aber als Erfolg verbuchen und sich dementsprechend erklären: Immerhin

## Station 3: Vorteilhafte Ursachenerklärung                        133

hat er sich hier um das Verständnis bemüht, im Unterricht oder auch bei der
Vorbereitung auf die Arbeit. Für die misslungenen Aufgaben mag er dann
variable Erklärungsmuster verwenden, von denen wir uns nach dem Konzept aus dem vorigen Abschnitt einige ersinnen könnten ... Entscheidend ist:
Unser Schüler kann jedenfalls einen kleinen Teil der letzten Arbeit als Erfolg
verstehen, was ihm die neuerliche Motivierung leichter machen wird, als
würde er nur die misslungenen Teile der Arbeit sehen.

Der zweite Gesichtspunkt ist problematischer, verhilft aber zu einem Lösungsansatz: Ursachenerklärungen sollen realistisch sein. Nur dann nämlich werden diese Erklärungsmuster den Erlebnissen der Schüler/innen
standhalten können: Wer beispielsweise immer wieder nur Misserfolge ern-
tet, wird wohl auf Dauer den Glauben verlieren, mit den gegebenen Fähigkeiten durch Anstrengung noch zum Erfolg gelangen zu können.

Dass sich auch in einer solchen Situation die lernmotivational günstigen
Ursachenerklärungen als realistisch erweisen können, dafür gibt es glückli-
cherweise ein Mittel. Dieses Mittel ist die Verwendung einer individuellen
Bezugsnorm bei der Einschätzung, inwieweit das letzte Leistungsergebnis
erfolgreich war (vgl. entsprechendes Handblatt an Station 1, S. 115) und wie
das Ziel für die kommende Aufgabe gesetzt werden sollte.

Nach diesem Maßstab nämlich wäre der eigene Lernfortschritt entscheidend und auch die künftige Lernzielsetzung würde sich daran orientieren:
Nach einem „ungenügend" könnte ein „mangelhaft" als Fortschritt und damit als einstweiliger Erfolg gelten. Und das würde nun den Blick für ein
Lernziel eröffnen, das bei der nächsten Aufgabe auch erreichbar ist. Da dieses Lernziel nun auch tatsächlich durch Anstrengung erreichbar ist, entspricht das günstigste Erklärungsmuster der erlebten Realität: Der Erfolg
hängt von der eigenen Anstrengung ab.

Dieses Prinzip der „Passung"[64] kann in Verbindung mit allen weiteren
Formen geeigneter Unterstützung für die Motivation und das Lernverhalten
mittelfristig dem Schüler helfen, wieder zum Lernstand der Klasse aufzu-
schließen, wenn das seinen zuvor nicht vollständig genutzten Leistungspotenzialen entspricht. Sollte sich aber dann doch erweisen, dass eine Über-
forderungssituation dauerhaft bestehen bleibt, dann sind freilich Formen
der äußeren Differenzierung notwendig wie Klassenwiederholung oder

---

[64] Heckhausen: Die Interaktion der Sozialisationsvariablen in der Genese des Leistungsmotivs. In: Graumann, C.F. (Hrsg.): Handbuch der Psychologie, Bd. 7/2. Göttingen,
Hogrefe, 1972, S. 955–1019

Schulformwechsel. Damit wäre zunächst zwar ein Misserfolgserlebnis zu verarbeiten. Danach jedoch können Möglichkeiten erneuerter Motivierung eröffnet werden, weil nun künftige Erfolgserlebnisse erleichtert werden.

**Welche Methoden sind geeignet, günstige Ursachenzuschreibungen bei Schüler/innen zu unterstützen?**

Wenn die vorteilhaften Effekte von Reattributionstrainings für Schüler und Schülerinnen untersucht und dann auch in Experimenten nachgewiesen wurden, so wurden zumeist zwei Arten von Methoden [65] verwendet:

Bei den *Modellierungstechniken* können die Schüler/innen ein Modell beobachten, das günstige Attributionen für eigene Erfolge oder Misserfolge verwendet. Solche Modelle können Mitschüler oder andere angesehene Personen sein, die über ihre eigenen Erfahrungen mit Ursachenzuschreibungen berichten. Dies kann auch durch Medien vermittelt werden, also als Video- oder als Filmvorführung. Beispielsweise erzählt eine Schülerin, wie sie zunächst sich einen eigenen Misserfolg ungünstig erklärt, dann aber doch zu einer anderen Haltung kommt, indem sie sich sagt: „Es liegt doch nicht daran, dass ich das nicht kann, denn ich habe gute Fähigkeiten, wenn ich mich anstrenge, kann es doch wieder klappen."

Bei den *Kommentierungstechniken* werden die mündlichen und schriftlichen Leistungen von Schülern durch die Lehrerin in günstiger Weise attribuiert. Sie kann beispielsweise unter eine Klassenarbeit schreiben: „Obwohl deine Note nicht ausreichend ist, zeigen einige Abschnitte deiner Arbeit, dass du mit diesem Stoff eigentlich gut umgehen kannst. Wenn du in deiner Vorbereitung mehr Kenntnisse erworben hättest, wären dir die anderen Abschnitte bestimmt auch gelungen." Zudem können Lehrer bestimmte mündliche Beiträge der Schüler fördernd kommentieren.

Eine dritte Methode stammt nicht aus der Attributionsforschung, sondern aus der Schulberatungspraxis: Sie besteht in einer *Selbstbestärkung*, die helfen soll, positive Gefühle, die in Erinnerung an frühere Leistungserfolge erlebt werden können, auf neue Leistungsziele zu „übertragen". (Das Handblatt „Selbstbestärkung", S. 159, dazu zielt freilich zudem auch auf die direkte Unterstützung des positiven Selbstbildes und ist deshalb im nächsten Kapitel zu finden.)

---

[65] Eine Übersicht über Forschungsberichte zu Modellierungs- und Kommentierungstechniken und Vorschläge zur Anwendung solcher Methoden in der Schule bei: Ziegler, A. & Schober, B.: Theoretische Grundlagen und praktische Anwendungen von Reattributionstrainings. Roderer, Regensburg, 2001

Station 3: Vorteilhafte Ursachenerklärung　　　　　　　　　　　　**135**

**Wie können die Methoden dieses Kapitels praktisch angewendet werden?**

In welcher Form die Methoden genutzt werden sollen, darüber werden Lehrer je nach ihren eigenen pädagogischen Überzeugungen und Stilen entscheiden und dazu noch eigene Methoden verwenden wollen. Angesprochen sei hier freilich eine der Möglichkeiten zur Planung: Obwohl die Methoden auch jede einzeln für sich in einer Klasse genutzt werden können, ergeben sie im Verbund eine Gestalt, die das Kombinieren der Methoden nahe legt, etwa in dieser Reihenfolge:

1. Begonnen wird mit einer Bestandsaufnahme: Die Schüler/innen beantworten den Fragebogen „Ursachen gut erklären", S. 135.
2. Danach kann der Sketch „Beim nächsten Mal klappt es?" (S. 140) aufgeführt werden und die Inhalte sowie die künftigen Perspektiven werden im Klassengespräch mit den Schülern diskutiert.
3. Begleitend zu diesen Vorgehensschritten kann der Lehrer günstige Kommentierungstechniken (S. 143 ff.) verwenden – mündlich in der Unterrichtssituation und schriftlich bei schriftlichen Leistungsprodukten der Schülerinnen wie Klassenarbeiten oder Hausaufgaben.
4. Die „Selbstbestärkung" (S. 158) kann den Abschluss bilden.

# 27　Ursachen gut erklären

## 27.1 Handblatt zum Fragebogen: Bestandsaufnahme, Rückmeldung, Klassengespräch

▨ **Ziele:** eine Orientierung gewinnen über bestehende Erklärungsmuster; Gedankenexperimente anregen für günstige Erklärungsmuster und solche unterstützen

▨ **Material:** Fragebogen „Ursachen gut erklären"; Wandzeitung (Packpapier) sowie Filzstifte oder: Tafel und Kreide

▨ **Dauer:** eine Schulstunde

▨ **Durchführung:**

1. Sinngemäße Instruktion: Manchmal sind wir beim Lernen erfolgreich, manchmal auch nicht; wie können wir uns das so erklären, dass wir die Freude am Lernen behalten?; dazu ein Gedankenexperiment und ein Gespräch; bitte den Fragebogen ausfüllen; dieser wird nicht persönlich ausgewertet, sondern soll nur ein Gedankenexperiment anregen.
2. Fragebogen verteilen und ausfüllen lassen.

## Teil II: Lernmotivation und Lernklima

3. Der Lehrer hat auf der Wandzeitung oder auf der Tafel jede Frage mit einem Stichwort notiert (etwa bei Frage 1: „Klassenarbeit gelungen") und daneben 5 Kästen mit den Spaltenüberschriften 1 bis 5 aufgezeichnet.
4. Die Schüler/innen tragen jetzt ihre Antworten auf jede Frage per Strich in die Kästen ein.
5. Anhand der Strichlisten sehen nun alle die Häufigkeitsverteilungen und damit die Antworttendenzen in der Klasse.
6. Klassengespräch anhand der Antworttendenzen: Der Lehrer bringt dabei ein, wie sich die Schüler/innen am vorteilhaftesten eigene Erfolge und Misserfolge erklären können.
7. Dabei kann der Lehrer von der Tabelle auf Seite 137 ausgehen, die zeigt, bei welchen Antwortvorschlägen jeweils eine Zustimmung oder eine Ablehnung vorteilhaft ist.

*Variation:* Statt aller vier Fragen des Fragbogens können auch nur zwei Fragen verwendet werden, wobei jeweils eine Erfolgssituation und eine Misserfolgssituation thematisiert sein sollte (also dann entweder die Fragen 1 und 2 oder die Fragen 3 und 4).

*Verbund mit anderen Methoden:*
Geeignet sind alle Methoden dieser Station.

*Hinweise:* Beim Klassengespräch sollte auf bereits bestehende günstige Erklärungsmuster bestätigend eingegangen werden. Die Tendenz des Gespräches ist dann nicht Tadel für ungünstige Muster, sondern Ermutigung für künftige vorteilhaftere Muster.

*Hintergrundwissen:* Reattributionstraining, Handblatt zum Methodeneinsatz

# Station 3: Vorteilhafte Ursachenerklärung 137

## 27.2 Hintergrundwissen zum Fragebogen

| Frage im Fragebogen | Vorteilhaft wäre: Zustimmung/Ablehnung |
|---|---|
| **1 und 3: Erfolgssituationen** **Erklärungsmuster:** | |
| a) Weil ich gut arbeiten und nachdenken kann. | Zustimmung: stützt Fähigkeitszuschreibung (also selbstwertfördernd) |
| b) Weil ich mir Mühe gegeben habe, gut zu arbeiten. | Zustimmung: stützt Anstrengungszuschreibung (also motivationsfördernd) |
| c) Weil ich an diesem Tag Glück gehabt habe. | c) und d): Ablehnung: untergraben als außerhalb der eigenen Person liegende (externale) Zuschreibungen die internalen Zuschreibungen von a) und b) |
| d) Weil die Arbeit (der Lernstoff) ziemlich leicht war. | |
| **2 und 4: Misserfolgssituationen** **Erklärungsmuster:** | |
| a) Weil ich nicht gut arbeiten und nachdenken kann. | Ablehnung: unterminiert das Konzept der eigenen Fähigkeiten |
| b) Weil ich mir zu wenig Mühe gegeben habe. | Zustimmung (wenn plausibel aufgrund geringerer Anstrengung): stützt Motivation, also künftige Anstrengung |
| c) Weil ich an diesem Tag Pech gehabt habe. | Zustimmung (wenn nicht Begründung b) dadurch fälschlich verhindert wird): kann Selbstwert schützen |
| d) Weil die Arbeit (der Lernstoff) ziemlich schwer war. | Ablehnung (wenn als stabil empfunden), weil motivationsschädlich: Anstrengung nicht aussichtsreich |

## 27.3 Fragebogen zum Erfolgserleben

### Wie erlebst du deine Erfolge?

Wie erklärst du dir bestimmte Leistungen?
Die Fragen bestehen meistens aus einer Feststellung, die auf der
linken Seite steht, und einem Antwortkasten, der rechts steht.
Dort sollst du immer eintragen, inwieweit die Feststellung deiner
Meinung entspricht – mit einer Zahl nach folgender Zuordnung:

5 = stimmt genau
4 = stimmt eher
3 = stimmt zur Hälfte
2 = stimmt eher nicht
1 = stimmt gar nicht

Ein Beispiel:
1. Wenn mir beim Lernen etwas gut gelingt,
   dann liegt das daran, dass ...

| | |
|---|---|
| a) ich mir das gewünscht habe. | 2 |
| b) ich mir Mühe dabei gegeben habe. | 5 |

Hier wurde bei a) eine 2 eingetragen:
Der Betreffende meint also mit dieser Antwort: Es liegt eher
nicht daran, dass er sich das gewünscht hat, wenn ihm etwas
beim Lernen gut gelingt.

Bei b) wurde eine 5 eingetragen.
Diesmal meint der Betreffende also: Es liegt genau daran,
dass er sich Mühe gegeben hat, wenn ihm beim Lernen etwas
gut gelingt.

## Station 3: Vorteilhafte Ursachenerklärung 139

| Wie erlebst du deine Erfolge? | | | |
|---|---|---|---|
| 1.  Die Klassenarbeit ist mir gut gelungen, weil ... (bitte jede Begründung a) bis d) einzeln einstufen!) | Fach 1 | Fach 2 | Fach 3 |
| a)  ich gut arbeiten und nachdenken kann. | | | |
| b)  ich mir Mühe gegeben habe, gut zu arbeiten. | | | |
| c)  ich an diesem Tag Glück gehabt habe. | | | |
| d)  die Arbeit ziemlich leicht war. | | | |
| 2.  Die Klassenarbeit ist nicht so gut gelungen, weil ... (bitte jede Begründung a) bis d) einzeln einstufen!) | Fach 1 | Fach 2 | Fach 3 |
| a)  ich nicht gut arbeiten und nachdenken kann. | | | |
| b)  ich mir zu wenig Mühe gegeben habe. | | | |
| c)  ich an diesem Tag Pech gehabt habe. | | | |
| d)  die Arbeit ziemlich schwer war. | | | |
| 3.  Der Lehrer hat mich für gute mündliche Leistungen gelobt, weil ... (bitte jede Begründung a) bis d) einzeln einstufen!) | Fach 1 | Fach 2 | Fach 3 |
| a)  ich gut arbeiten und nachdenken kann. | | | |
| b)  ich mir Mühe gegeben habe, gut zu arbeiten. | | | |
| c)  ich an diesem Tag Glück gehabt habe. | | | |
| d)  der Lernstoff ziemlich leicht war. | | | |
| 4.  Manchmal sage ich im Unterricht etwas Falsches, weil ... (bitte jede Begründung a) bis d) einzeln einstufen!) | Fach 1 | Fach 2 | Fach 3 |
| a)  ich nicht gut arbeiten und nachdenken kann. | | | |
| b)  ich mir wenig Mühe gegeben habe, gut zu arbeiten. | | | |
| c)  ich an diesem Tag Pech gehabt habe. | | | |
| d)  der Lernstoff ziemlich schwierig war. | | | |

# 28 Beim nächsten Mal klappt es!

## 28.1 Handblatt zum Sketch

▪ **Ziele:** Ein modellhaftes Verhalten inszenieren, an dem günstige Erklärungsmuster für eigene Leistungsergebnisse und die Strategie der erreichbaren Zielsetzung verdeutlicht werden. Gespräch darüber anregen.

▪ **Dauer:** ca. eine Schulstunde

▪ **Material:** „Beim nächsten Mal klappt es!" – Sketch

▪ **Durchführung:**

*Raumanordnung:* Beim Sketch: Spielende sitzen im Kreis vor oder inmitten der Klasse. Bei Dreiergruppen: kein Umräumen; Schüler sprechen mit benachbarten Schülern.

1. Die Lehrerin kündigt den Sketch an und bittet drei Schüler/innen, ihn vorzutragen. Unter denen, die sich dafür melden, wählt sie eher solche aus, die beliebt sind (gute Modelle) und die vielleicht mittlere Leistungen haben und deshalb bei diesem Thema nicht allzu befangen sind.

2. Regieanweisungen etwa bei Teil I: „Die Schüler gehen mutig auf die Sache zu!"; bei Teil II: „Jetzt sind die Schüler ganz gut drauf!"

3. Die Spielenden lesen den Text im Stillen durch und tragen ihn dann mit verteilten Rollen vor; sie lesen dabei vom Blatt ab.

4. Klassengespräch mit Themen wie: Was ist aufgefallen? Ist das eine gute Art, mit Erfolg und Misserfolg umzugehen?

5. Falls das Gespräch bei diesem ungewohnten Thema zunächst nicht recht in Gang kommen will, kann vielleicht vorher ein kurzer Austausch in Dreiergruppen erfolgen.

Die Lehrerin erläutert vorteilhafte Erklärungsmuster.

▪ *Hinweise:* Ein Modell soll nach den Wirkprinzipien des Modelllernens zwei Voraussetzungen erfüllen: Es soll über Eigenschaften verfügen, die dazu einladen, sich mit dem Modell zu identifizieren; zudem soll es mit seinen vorgestellten Strategien erfolgreich sein.

▪ *Variation:* Der Lehrer kann auch eigene „Modelle" gestalten: Kurzvortrag über eigene Erklärungsmuster; kurzer Aufsatz, in dem eine Schülerin anekdotisch über günstige Erklärungsmuster berichtet; Videoband oder DVD mit einem Modell.

▪ *Verbund mit anderen Methoden:* Geeignet sind alle Methoden dieser Station.

▪ *Hintergrundwissen:* „Reattributionstraining – Handblatt zum Methodeneinsatz", S. 131

Station 3: Vorteilhafte Ursachenerklärung 141

## 28.2 Sketch: Anleitung

**Beim nächsten Mal klappt es!**

Dies ist ein Sketch.

Sprecht ab, wer die Rolle von Schüler oder Schülerin A, B oder C übernimmt. Bitte lies den Text einmal still durch und lies deine Rolle dann vom Blatt ab.

*Teil I*

A: Oh je, oh je, die Klassenarbeit!

B: Tja ... mit meiner Note bin ich auch nicht zufrieden!

C: Ich hätte mir auch ein besseres Ergebnis gewünscht. Ich frage mich schon, ob ich das nie mehr besser hinkriegen kann.

A: Na ja, das hat ja bei uns allen auch schon mal besser geklappt. Also können wir das auch wieder mal besser machen.

C: Ja, wenn man einen schlechten Tag erwischt, geht es eben nicht so gut. Aber warum sollte es dann beim nächsten Mal besser klappen? Das könnte doch wieder so laufen wie jetzt.

B: Also: Gut im Denken sind wir doch alle. Wenn wir uns jetzt vornehmen, eine ganz gute Arbeit zu schreiben, dann geht's vielleicht.

C: Aber bitte, wir brauchen uns ja nicht zu viel auf einmal vornehmen, was die Note betrifft. Notfalls darf es auch wieder nicht so gut laufen. Aber wir können jedenfalls was dafür tun, dass wir gute Chancen haben.

A: Ja, wenn wir eine gute Vorbereitung für die nächste Arbeit machen! Aber das ist ja vielleicht ein großer Aufwand.

B: Nicht unbedingt. Wir können ja dann mal planen, wie wir das am besten machen können.

C: Also, dann gehen wir Schritt für Schritt vor, und schauen, dass wir so weit kommen, wie es halt geht.

**A:** Dann merken wir auch bei jedem Schritt, dass wir schon etwas weiter sind. Dann hat man auch mehr Lust auf den nächsten Schritt.

**B:** Jedenfalls werden die Aussichten dann besser sein als beim letzten Mal.

*Teil II*

**C:** Puh! Glück gehabt! Das lief wirklich besser als beim letzten Mal.

**B:** Ja, bei mir auch! Aber wieso „Glück gehabt"? Immerhin haben wir diesmal gezielter gearbeitet.

**A:** Genau! Das haben wir diesmal besser aufgebaut mit der Vorbereitung. Ich hatte dabei auch ein besseres Gefühl diesmal – schon während der Vorbereitung.

**B:** Bei mir war es gar nicht viel mehr Zeit bei der Vorbereitung. Aber weil ich mich besser gefühlt habe und Schritt für Schritt vorgegangen bin, habe ich die Zeit auch besser genutzt.

**C:** Also: Bei mir war es auch mehr Vorbereitung, aber dazu hatte ich diesmal auch mehr Lust, weil ich dachte, das kann auch was bringen.

**A:** Aber die ganze Vorbereitung war besser. Aber dass wir weiter gekommen sind als letztes Mal – das zeigt doch auch, dass wir das im Prinzip gut können.

**C:** Ja, schon! Das haben wir ja kapiert, direkt nachdem wir die letzte Arbeit zurückbekommen hatten.

**A:** Das ist ja auch eine vernünftige Erklärung für das, was wir gut hinkriegen: Wir haben einfach auch die Fähigkeiten dafür.

**B:** Und deshalb haben wir auch auf Dauer gute Chancen, mit dem Stoff zurechtzukommen, wenn wir uns dafür anstrengen.

*(Vorhang)*

Station 3: Vorteilhafte Ursachenerklärung                                    **143**

# 29    Kommentierungsmethoden erschließen

## 29.1  Handblatt zu den Übungen und zur Planungsliste

▪ **Ziele:** *Bei den Übungen*: Reflektieren und Einüben von Kommentierungsmethoden, die motivationsförderlich und selbstwert-förderlich wirken und
zugleich erreichbare Zielsetzungen unterstützen. *Bei der Planungsliste*: Planungsschritte für die Anwendung von Kommentierungsmethoden kennen
lernen und für das eigene Vorgehen nutzen.

▪ **Dauer:** jeweils entsprechend des selbst gewählten Vorgehens

▪ **Material:** *Übungen* in „Kommentierungen beurteilen" und „Kommentierungen entwerfen" (S. 144 u. 147) (Kopiervorlage für Papiere oder in Ausschnitten auch für Overhead-Folien); *Planungsliste* in „Kommentierungsanwendungen planen" (ebenfalls als Kopiervorlage für Papiere oder in
Ausschnitten auch für Overhead-Folien, S. 154)

▪ **Durchführung der Übungen:**

  ▪ *In Einzellektüre*: Abschnitt mit dem Hintergrundwissen lesen, Übungsmaterial sichten und reflektieren

  ▪ *In Lehrergruppen*: Einführungsreferat aus dem Hintergrundwissen
  (hier: Tafel mit den motivationsförderlichen und den selbstwert-förder-
  lichen Erklärungsmustern) durch einen Moderator oder einen Teilnehmer; Übungsbeispiele auf Overhead-Folie zeigen oder als Kopie aus der
  Vorlage verteilen; zu jedem Übungsbeispiel kurze Reflexionsphase in
  Einzelarbeit, dann Gruppendiskussion, bei größeren Gruppen teilweise
  auch Kleingruppenarbeit (je drei bis fünf Teilnehmer), abschließend
  Diskussion über Anwendungsmöglichkeiten

  ▪ *Bei Elternabenden*: Vorgehen wie in Lehrergruppen, aber möglicherweise ausführlicheres Gespräch, inwieweit die vorgeschlagenen Erklärungsmuster mit den je eigenen Erziehungs-überzeugungen vereinbar sind.

▪ **Durchführung bei der Planungsliste:**

  ▪ *In Einzelplanung*: Eigenes Vorgehen anhand der Hinweise in „Kommentierungsanwendungen planen" festlegen

  ▪ *In Lehrer/innen- und Elterngruppen*: Im Anschluss an Übungen Schritte
  der Planungsliste vortragen durch eine Lehrerin oder eine Teilnehme-
  rin (Papier verteilen oder Overhead-Folie darbieten, beides aus Kopiervorlage „Kommentierungsanwendungen planen", S. 154); dazu sollte
  aus dem Hintergrundwissen die Tafel mit den günstigen Erklärungsmustern gezeigt werden.

## Variationen:

- Einzellektüre für Lehrer/Lehrerinnen: Übungen durchgehen und Planungsschritte zur Anwendung überlegen; dasselbe kann auch in Lehrergruppen erfolgen.
- Die Übungen und die Planungsliste können auch von Lehrer/innen bei Elternabenden verwendet werden, um die Eltern mit den Kommentierungsmethoden vertraut zu machen.
- Einzelne Übungen mögen sich auch für Schüler/innen eignen, als Ergänzung zu anderen Methoden dieser Station.
- *Hintergrundwissen:* „Reattributionstraining – Handblatt zum Methodeneinsatz", S. 130

## 30    Kommentierungen beurteilen

### 30.1  Übungsmaterial:
### Ausgangssituationen und mögliche Lösungsansätze

Im Folgenden sollen Sie einige Kommentierungen bezüglich ihrer Eignung innerhalb eines Reattributionstrainings beurteilen. Dazu wird jeweils zunächst eine Ausgangssituation beschrieben und sodann werden einige Kommentierungen zitiert, die darauf erfolgen könnten.

Sie sollen jede dieser Kommentierungen dahingehend beurteilen, ob sie

a) selbstwertfördernd ist,

b) motivationsfördernd ist und

c) eine realistische Zielorientierung für künftige Aufgabenstellungen unterstützt.

Eine hilfreiche Kommentierung sollte möglichst nicht im Widerspruch zu diesen Zielen stehen. Bei diesen Einstufungen können Sie sich an der Abbildung „Wirkungen von Kommentierungen" orientieren. Dabei ist freilich jeweils noch zu berücksichtigen, dass eine Kommentierung eine Leistung direkt oder indirekt als einen Erfolg oder als einen Misserfolg ansprechen kann. Manche Kommentierungen enthalten auch beide Einstufungen, etwa wenn ein Teil einer Klassenarbeit als gelungen und ein anderer Teil als noch nicht gelungen eingestuft wird.

## Station 3: Vorteilhafte Ursachenerklärung 145

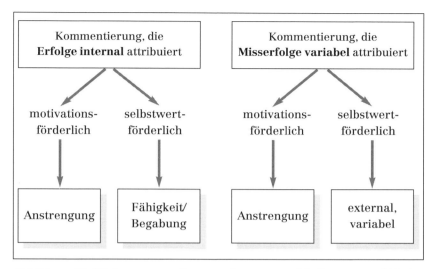

*Abbildung 13: Wirkungen von Kommentierungen auf Selbstwert und Motivation (nach Ziegler/Schober 2001, a.a.O.)*

Nach jeder Ausgangssituation und den dazugehörigen Kommentierungen finden Sie dann die Lösungsansätze, von denen beim Entwurf der Ausgangssituationen im letzten Abschnitt ausgegangen wurde. Weil die Stimmigkeit letztlich Ihrem eigenen fachlichen Urteil überlassen bleiben soll, werden diese Entwürfe lediglich als „Gedachte Lösungs-Ansätze" bezeichnet.

### Ausgangssituation 1

*Ein Schüler der 7. Klasse hat ein „Mangelhaft" in der Mathematikarbeit. Allerdings ist die Arbeit etwas besser ausgefallen als die letzte Arbeit, denn diesmal hat er einige Aufgaben im ersten Teil richtig, bei einigen anderen scheint dort der Ansatz zu stimmen, aber dann hat er sich „verheddert"; im zweiten Teil ist die erste Aufgabe vom Ansatz her richtig, bricht dann aber ab. Sie wollen schriftlich in der Arbeit kommentieren.*

Beurteilen Sie bitte die folgenden (schriftlichen) Kommentierungen unter der Klassenarbeit.

a) „Du hast dir Mühe gegeben, aber es hat leider nicht für ein ‚ausreichend' gereicht."

**Die Kommentierung ...**

ist selbstwertförderlich . . . . . . . . . . . . . . . . . . ☐ ja  ☐ teilweise  ☐ nein

ist motivationsförderlich  . . . . . . . . . . . . . . . . ☐ ja  ☐ teilweise  ☐ nein

unterstützt erreichbare Zielorientierung? . . . . ☐ ja  ☐ teilweise  ☐ nein

ist für diesen Schüler geeignet? . . . . . . . . . . . . ☐ ja  ☐ teilweise  ☐ nein

Begründung:

b) „Die Arbeit zeigt einige gute Ansätze; mit etwas mehr Glück kann es beim nächsten Mal besser gehen."

**Die Kommentierung ...**

ist selbstwertförderlich . . . . . . . . . . . . . . . . . . ☐ ja  ☐ teilweise  ☐ nein

ist motivationsförderlich  . . . . . . . . . . . . . . . . ☐ ja  ☐ teilweise  ☐ nein

unterstützt erreichbare Zielorientierung? . . . . ☐ ja  ☐ teilweise  ☐ nein

ist für diesen Schüler geeignet? . . . . . . . . . . . . ☐ ja  ☐ teilweise  ☐ nein

Begründung: _____

c) „Ein Fortschritt gegenüber der letzten Arbeit: Bei den Aufgaben x, y und z hast du gezeigt, dass du die richtigen Ansätze (und teilweise auch die Lösung) finden kannst. Wenn du durch Üben noch mehr Sicherheit in den Lösungswegen gewinnst, kannst du bei der nächsten Arbeit eine weitere Steigerung hinkriegen."

**Die Kommentierung ...**

ist selbstwertförderlich . . . . . . . . . . . . . . . . . . ☐ ja  ☐ teilweise  ☐ nein

ist motivationsförderlich  . . . . . . . . . . . . . . . . ☐ ja  ☐ teilweise  ☐ nein

unterstützt erreichbare Zielorientierung? . . . . ☐ ja  ☐ teilweise  ☐ nein

ist für diesen Schüler geeignet? . . . . . . . . . . . . ☐ ja  ☐ teilweise  ☐ nein

Begründung: _____

**Lösungsansätze**

a) Die Kommentierung ist motivationsschädlich, weil die Anstrengung angesprochen wird; für den Selbstwert ist keine Angabe zu finden,

# Station 3: Vorteilhafte Ursachenerklärung                147

auch keine Begründung, warum es nicht gereicht hat. Es ergibt sich keine neue Zielorientierung

b) Vielleicht ein wenig selbstwertförderlich, falls der Schüler die „guten Ansätze" auf seine eigenen Fähigkeiten beziehen will; Zuschreibung „mit etwas Glück beim nächsten Mal" schützt möglicherweise den Selbstwert, wenn dadurch Pech als Ursache für den jetzigen Misserfolg gesehen wird; nicht motivationsförderlich, weil Anstrengung – und ebenso Zielorientierung – nicht angesprochen wird.

c) Selbstwertförderlich, weil das Können angesprochen wird, motivationsförderlich, weil Üben als Möglichkeit für weitere Leistungssteigerung benannt wird; individuelle Bezugsnorm bei der Erfolgs-Bewertung; Zielorientierung: weitere Leistungssteigerung.

## 31 Kommentierungen entwerfen

### 31.1 Übungsmaterial: Ausgangssituationen und mögliche Lösungsansätze

**Ausgangssituation 2**

*Eine Schülerin mit zumeist ausreichenden Leistungen in diesem Fach sagt bei der Freiarbeit an einer Mathematikaufgabe spontan halblaut: „Oh je, das werd' ich wohl nie kapieren!"*

Kommentieren Sie mündlich.

(a) „Du hast bestimmt noch gute Chancen, das zu verstehen, wenn du es weiter probierst." (Sie gehen eventuell zu der Schülerin, um Hilfestellungen anzubieten.)

Die Kommentierung ...

| | | | |
|---|---|---|---|
| ist selbstwertförderlich . . . . . . . . . . . . . . . . . . | ☐ ja | ☐ teilweise | ☐ nein |
| ist motivationsförderlich . . . . . . . . . . . . . . . . | ☐ ja | ☐ teilweise | ☐ nein |
| unterstützt erreichbare Zielorientierung? . . . . | ☐ ja | ☐ teilweise | ☐ nein |
| ist für diesen Schüler geeignet? . . . . . . . . . . . | ☐ ja | ☐ teilweise | ☐ nein |

Begründung:

b) „Mach dir nichts draus! Vielleicht kannst du eine andere Aufgabe besser verstehen.

**Die Kommentierung ...**

ist selbstwertförderlich .................... □ ja  □ teilweise  □ nein

ist motivationsförderlich ................. □ ja  □ teilweise  □ nein

unterstützt erreichbare Zielorientierung? .... □ ja  □ teilweise  □ nein

ist für diesen Schüler geeignet? ............. □ ja  □ teilweise  □ nein

Begründung:


c) „Wer kann ihr helfen?" (zur Klasse)


**Die Kommentierung ...**

ist selbstwertförderlich .................... □ ja  □ teilweise  □ nein

ist motivationsförderlich ................. □ ja  □ teilweise  □ nein

unterstützt erreichbare Zielorientierung? .... □ ja  □ teilweise  □ nein

ist für diesen Schüler geeignet? ............. □ ja  □ teilweise  □ nein

Begründung: _____

**Lösungsansätze**

a) Die Kommentierung spricht indirekt die Fähigkeiten an („Chancen, zu verstehen"), ist also, jedenfalls teilweise, selbstwertförderlich und ermuntert auch die Motivation; Zielorientierung bei der geäußerten Ratlosigkeit (oder doch nur ein Selbstwert-Problem?) vielleicht etwas zu pauschal („weiter probieren"), was aber durch das Anbieten von Hilfestellungen verbessert werden kann.

b) Tröstend, aber indirekt bestätigend für die selbstwertschädliche Zuschreibung der Schülerin, deshalb selbstwertschädigend; nicht motivationsfördernd, weil keine Anstrengungs-Zuschreibung für Misserfolg gegeben wird.

c) Gut für das Lernklima in der Klasse, weil gegenseitige Hilfestellung initiiert wird; selbstwert- und motivationsförderlich allerdings allenfalls nur sehr indirekt, weil die Schülerin sich natürlich nun denken könnte, wenn ihr jemand helfen soll, macht das nur Sinn, wenn sie selbst über die notwendigen Fähigkeiten verfügt und die Aufgabe dann mit Anstrengung lösen kann.

# Station 3: Vorteilhafte Ursachenerklärung 149

## Ausgangssituation 3

*Ein Schüler, dem Sie in Deutsch durchaus eine 2 zutrauen, bekommt einen Aufsatz mit einer 3 zurück. Er hat relativ früh abgegeben und im Vergleich zu seinen üblichen Standards relativ wenig geschrieben, auch wenn die Arbeit gute Ideenansätze enthält.*

Schreiben Sie eine Kommentierung unter die Arbeit.

a) Leider zu früh abgegeben, aber immerhin erzielst du mit dieser Arbeit ein „befriedigend".

**Die Kommentierung ...**

ist selbstwertförderlich . . . . . . . . . . . . . . . . . . . □ ja   □ teilweise   □ nein
ist motivationsförderlich   . . . . . . . . . . . . . . . . □ ja   □ teilweise   □ nein
unterstützt erreichbare Zielorientierung? . . . . □ ja   □ teilweise   □ nein
ist für diesen Schüler geeignet? . . . . . . . . . . . . □ ja   □ teilweise   □ nein

Begründung:

b) Die Arbeit enthält gute Denkansätze, die vermuten lassen, dass du ein noch besseres Ergebnis erreicht hättest, wenn du das Begonnene noch weiter ausgeführt hättest.

**Die Kommentierung ...**

ist selbstwertförderlich . . . . . . . . . . . . . . . . . . . □ ja   □ teilweise   □ nein
ist motivationsförderlich   . . . . . . . . . . . . . . . . □ ja   □ teilweise   □ nein
unterstützt erreichbare Zielorientierung? . . . . □ ja   □ teilweise   □ nein
ist für diesen Schüler geeignet? . . . . . . . . . . . . □ ja   □ teilweise   □ nein

Begründung: _____

c) Wenn du deine Ideen noch weiter ausgeführt hättest, wäre ein „gut" erreichbar gewesen.

**Die Kommentierung ...**

ist selbstwertförderlich . . . . . . . . . . . . . . . . . . . □ ja   □ teilweise   □ nein
ist motivationsförderlich   . . . . . . . . . . . . . . . . □ ja   □ teilweise   □ nein
unterstützt erreichbare Zielorientierung? . . . . □ ja   □ teilweise   □ nein

**150**                    Teil II: Lernmotivation und Lernklima

---

ist für diesen Schüler geeignet? . . . . . . . . . . . . □ ja  □ teilweise  □ nein

Begründung:

**Lösungsansätze**

a) Eher indirekte Ansprache für Selbstwert und Motivation: Der Schüler
   müsste sich dazu denken, dass frühes Abgeben Entfaltung von Fähigkeit und Anstrengung verhindert hat; Zielorientierung ist etwas unklar:
   „befriedigend" wird gewürdigt, aber heißt dies, dass es das Ziel bleiben
   soll, wenn eine 2 erreichbar wäre?

b) Selbstwertförderliche Kommentierung („gute Denkansätze"); motivationsförderlich, insoweit für ein nicht erreichtes Ergebnis (eine 2) die
   mangelnde Anstrengung zugeschrieben wird; andererseits wird indirekt ein Maßstab angeboten, wo dies schon als Erfolg gewertet wird
   („ein noch besseres Ergebnis"); Zielorientierung für Steigerung ohne
   genaue Festlegung.

c) Motivationsförderlich, aber nicht selbstwertförderlich; Arbeit wird als
   Misserfolg eingestuft; eher eine Kommentierung für einen Schüler mit
   hohem Selbstwert und niedrigem Leistungsmotiv.

---

**Ausgangssituation 4**

*Eine Schülerin kann beim Abfragen zu Beginn der Englisch-Stunde fast
alle Vokabeln. Üblicherweise kann sie immer nur einen geringeren Teil der
Vokabeln.*

**Sie wollen mündlich kommentieren.**

a) Das kannst du aber gut!

**Die Kommentierung ...**

ist selbstwertförderlich . . . . . . . . . . . . . . . . . . □ ja  □ teilweise  □ nein
ist motivationsförderlich  . . . . . . . . . . . . . . . □ ja  □ teilweise  □ nein
unterstützt erreichbare Zielorientierung? . . . . □ ja  □ teilweise  □ nein
ist für diesen Schüler geeignet? . . . . . . . . . . . . □ ja  □ teilweise  □ nein

Begründung:

# Station 3: Vorteilhafte Ursachenerklärung          151

**b) Das ist ja wesentlich besser als beim letzten Mal.**

**Die Kommentierung ...**

| | | | |
|---|---|---|---|
| ist selbstwertförderlich ................... | □ ja | □ teilweise | □ nein |
| ist motivationsförderlich ................ | □ ja | □ teilweise | □ nein |
| unterstützt erreichbare Zielorientierung? .... | □ ja | □ teilweise | □ nein |
| ist für diesen Schüler geeignet? ............. | □ ja | □ teilweise | □ nein |

Begründung:

**c) Die Vokabeln hast du gut gelernt. Du kannst es, wenn du dich vorbereitest!**

**Die Kommentierung ...**

| | | | |
|---|---|---|---|
| ist selbstwertförderlich ................... | □ ja | □ teilweise | □ nein |
| ist motivationsförderlich ................ | □ ja | □ teilweise | □ nein |
| unterstützt erreichbare Zielorientierung? .... | □ ja | □ teilweise | □ nein |
| ist für diesen Schüler geeignet? ............. | □ ja | □ teilweise | □ nein |

Begründung:

**Lösungsansätze**

a) Ausschließlich selbstwertfördernde Kommentierung; da die Schülerin zuletzt selten die Vokabeln gelernt hat, erscheint aber auch ein motivationsfördernder Kommentar sinnvoll.

b) Spricht den Lernerfolg bei Zugrundelegung einer individuellen Bezugsnorm an; keine Ursachenzuschreibung, also keine Förderung von Selbstwert und Motivation.

c) Selbstwertförderlich und motivationsförderlich; eher indirekte Zielorientierung: Vorbereitung und Lernen.

---

**Ausgangssituation 5**

*Eine Schülerin gibt in der Geschichts-Stunde eine intelligente Antwort, die zum Stoffgebiet passt, aber leider nicht zu der eben von Ihnen gestellten Frage, sondern erst zum nächsten Punkt, zu dem Ihre Frage hinführen sollte.*

## Teil II: Lernmotivation und Lernklima

**Sie wollen mündlich kommentieren.**

a) Du kannst dich offenbar gut in diesen Stoff hineindenken. Jetzt braucht es aber noch einen Schritt, um zu dem zu kommen, was du angesprochen hast. Lass uns diesen Schritt erst anschauen und danach kommen wir darauf zurück. Wer kann diesen Schritt benennen?

**Die Kommentierung ...**

ist selbstwertförderlich . . . . . . . . . . . . . . . . . . □ ja □ teilweise □ nein

ist motivationsförderlich . . . . . . . . . . . . . . . . □ ja □ teilweise □ nein

unterstützt erreichbare Zielorientierung? . . . . □ ja □ teilweise □ nein

ist für diesen Schüler geeignet? . . . . . . . . . . . . □ ja □ teilweise □ nein

Begründung: _____

b) Das passt jetzt noch nicht! Die Antwort kannst du später aber noch geben.

**Die Kommentierung ...**

ist selbstwertförderlich . . . . . . . . . . . . . . . . . . □ ja □ teilweise □ nein

ist motivationsförderlich . . . . . . . . . . . . . . . . □ ja □ teilweise □ nein

unterstützt erreichbare Zielorientierung? . . . . □ ja □ teilweise □ nein

ist für diesen Schüler geeignet? . . . . . . . . . . . . □ ja □ teilweise □ nein

Begründung: _____

c) Leider hast du jetzt einen Schritt in deinen Gedanken ausgelassen. Denk noch einmal über die Frage nach!

**Die Kommentierung ...**

ist selbstwertförderlich . . . . . . . . . . . . . . . . . . □ ja □ teilweise □ nein

ist motivationsförderlich . . . . . . . . . . . . . . . . □ ja □ teilweise □ nein

unterstützt erreichbare Zielorientierung? . . . . □ ja □ teilweise □ nein

ist für diesen Schüler geeignet? . . . . . . . . . . . . □ ja □ teilweise □ nein

Begründung: _____

# Station 3: Vorteilhafte Ursachenerklärung            153

**Lösungsansätze**

Dies ist eine Situation, in der Lehrer durchaus in Zielkonflikte geraten können, wenn sie nämlich einerseits die offensichtlich in ihrem Lernprozess der Klasse voraneilenden Schülerin nicht ausbremsen und so vielleicht demotivieren wollen, und wenn sie andererseits die anderen Schüler bei deren Lernprozess begleiten wollen.

a) Selbstwertförderlich und motivationsförderlich durch neue Zielorientierung (den vorherigen Schritt nachzuholen); dabei Versuch die ganze Klasse einzubeziehen; (Was denken Sie, wäre dies eventuell zu ergänzen durch Lernzieldifferenzierung bei den Hausaufgaben oder der Freiarbeit, um zu schauen, ob die Schülerin schon weiterführende Lernziele erreichen kann? Oder, anders gefragt: Welche zusätzlichen Informationen würden Sie haben wollen, um eine solche Frage zu entscheiden?)

b) Anders als die vorige Kommentierung ordnet diese den Beitrag der Schülerin ausschließlich als Misserfolg ein, gibt aber eine motivationsfördernde Perspektive, freilich keine nähere Zielorientierung.

c) Eine klare Zielorientierung, aber keine klare Ursachen-Zuschreibung; vielleicht indirekt motivationsfördernd.

# 32 Kommentierungsanwendungen planen

## 32.1 Handblatt mit Planungsliste

■ **Eigene „innere" Kommentierungen überdenken**
Welche Erklärungsmuster sind uns selbst zu Eigen? – Gibt es den Anlass und die Möglichkeit, diese weiterzuentwickeln, ohne dass wir unsere Kommentierungen dann für unrealistisch halten?

■ **Kommentierungen „maßschneidern"**
Sollten für eine bestimmte Schülerin die Kommentierungen derzeit stärker selbstwertförderlich oder stärker motivationsförderlich ausgelegt sein (anklingen sollte beides)? – Außerdem: Welche Zielfestlegung für den nächsten Lernschritt ist aktuell für einen bestimmten Schüler erreichbar?

■ **Geeignete Ausgangssituationen auswählen**
Welche Ausgangssituationen sind für eine Schülerin passend? – In welchen Zusammenhängen kann eine Aufmunterung hilfreich sein?

1. Ausgangssituationen zu Hause
   ■ Bei spontanen Äußerungen des Schülers über seine Ergebnisse oder seine künftigen Aussichten in bestimmten Leistungsbereichen
   ■ Bei den Hausaufgaben
   ■ Bei der Klassenarbeitsvorbereitung
2. Ausgangssituationen in der Schulklasse
   ■ Mündliche Kommentierungen bei spontanen Äußerungen der Schülerin oder als Reaktion auf mündliche Mitarbeit, Hausaufgaben oder Klassenarbeit
   ■ Schriftliche Kommentierungen unter einer Hausaufgabe, einem Test oder einer Klassenarbeit

■ **Kommentierungen dosieren**
   ■ Knappheit und Klarheit: so knapp, dass die Kommentierung noch überschaubar ist, so ausführlich, dass sie noch verständlich ist
   ■ Mäßig, aber regelmäßig: anfangs ruhig wiederholen
   ■ Übertragen: seltener, wenn die Muster von den Schülern verinnerlicht sind
   ■ Zuverlässigkeit – es sollte klar bleiben: Aus der Sicht der Lehrerinnen und Eltern treffen die Muster immer noch auf die Schülerin zu.
   ■ Taktgefühl: Gute Kommentierungen drücken Wohlwollen für Erfolge der Schüler aus und Zuversicht bei Misserfolgen, jedoch keine allzu mitleidsvolle Betonung besonderer Förderbedürftigkeit.
   ■ Teilhabe: Alle in der Familie oder in der Schulklasse werden einbezogen.

# Station 4: Positives Selbstbild und Erfolgszuversicht

## 33  Die mentale Auffangposition

### 33.1  Hintergrundwissen

> *Jetzt in der zweiten Hälfte des Schuljahres hat sich für eine Schülerin die Situation ungünstig entwickelt: In Englisch und Mathematik steht sie zwischen Vier und Fünf, in Geografie und Geschichte glatt mangelhaft. Nächste Woche schreibt sie eine Mathematikarbeit – aber „die wird sowieso eine Fünf!". Sie traut sich nichts mehr zu, will aber das Schuljahr unbedingt noch schaffen, denn „Sitzenbleiben wäre eine Katastrophe!" – jetzt hat unsere Schülerin Angst vor der Arbeit und kann sich kaum auf die Vorbereitung konzentrieren. Wie können Eltern und Lehrer helfen?*

Unsere Schülerin befindet sich leider im Misserfolgszyklus und zeigt alle Merkmale der „erlernten Hilflosigkeit"[66]: Nach anfänglichen Misserfolgen kommt es zu fortschreitender Entmutigung, Setzung von Lernzielen mit zu geringer oder zu hoher Schwierigkeit und erlahmtem Arbeitsverhalten und dann zu weiterem Misserfolg – ein Zustand, der sich höchst ungünstig immer weiter verfestigt.

Die Leistungsängste stören nun schon die Vorbereitung für die kommende Klassenarbeit. Von dieser aber – so könnte nun die Schülerin, und vielleicht auch die Eltern, glauben – hängt aber alles ab: Ein „mangelhaft" bedeutet Sitzenbleiben, dann wird es wohl noch schlimmer: Sie wird von der Schule müssen, keine Ausbildung machen können. Diese Befürchtungen lassen sich noch weiter konstruieren: Wahrscheinlich wird sie nie eine Arbeit bekommen und letztendlich unter einer Brücke schlafen müssen.

Die letztgenannte Vorstellung ist nun vielleicht doch übertrieben genug, um den Betroffenen zu verdeutlichen, dass es sich bei dieser düsteren Perspektive um eine mentale Konstruktion handelt. Diese freilich kann wie eine selbsterfüllende Prophezeiung wirken, falls sie nämlich gerade selbst so lähmend für alle Lösungsanstrengungen wirkt, dass die befürchteten Ereignisse eintreten.

---

[66] Seligmann, E.L.P.: Erlernte Hilflosigkeit (4. Aufl.). Weinheim, Psychologie Verlags Union, 1992

Aber: Wenn uns das nicht zu „magisch" klingt, können wir uns jetzt auch sagen, dass Dämonen, die erkannt und benannt worden sind, doch sehr viel von ihrer Macht verlieren. Wir können uns nämlich nun eine andere, alternative mentale Konstruktion einrichten, mit der die Befürchtungen entschärft und die Energien wieder für Lösungsbestrebungen freigesetzt werden können.

Diese alternative Konstruktion ist die „mentale Auffangposition":

Zunächst einmal kann sich die Schülerin – und dies gilt auch für deren Unterstützer – die Erlaubnis geben, dass die kommende Arbeit schief laufen darf. Vielleicht ist dann die Versetzung immer noch zu schaffen – und falls nicht, könnten neue Wege gefunden werden, auf denen dann auch neuer Erfolg möglich sein wird: Klassenwiederholung oder eine andere Schulform mit ebenfalls wertvollen Möglichkeiten des Schulabschlusses.

Diese Erlaubnis mag zunächst paradox wirken: Darf denn etwas erlaubt werden, was möglichst nicht geschehen soll? Entscheidend ist aber, dass mit dieser Erlaubnis auf die Kontrolle verzichtet wird über Ereignisse, die nicht vollständig kontrollierbar sind. Dies bindet nur Energien, die jetzt dringend benötigt werden, um bestehende Chancen doch noch mit Erfolg nutzen zu können:

Wenn die Schülerin nämlich – soweit gewünscht mit elterlicher Hilfe – analysiert, was in der Arbeit drankommen kann, dann werden die Vorbereitungsschritte überschaubarer. Dazu kann auch das Handblatt „Klassenarbeiten vorbereiten" hinzugezogen werden.

Was vorher wie ein unbezwingbarer Berg wirkte, mag nun wie eine Wanderung erscheinen, die in mehreren Etappen bewältigt werden kann. Dabei werden erreichbare Teilziele festgelegt und mit jeder erreichten Etappe steigt die Sicherheit, eine gute Wegstrecke bewältigen zu können. Am Ende kann die Schülerin mit einem guten Gefühl in die Arbeit gehen: Sie hat das Mögliche getan; sie wird wohl immer noch aufgeregt sein, aber dies braucht sie nicht zu beunruhigen und zu lähmen, es kann die Leistung sogar unterstützen.

Dies also ist die Grundidee der mentalen Auffangposition: Das drohende Ereignis wird mit geringerer Wahrscheinlichkeit eintreten, wenn es eintreten darf. Und die Chancen, dass doch stattdessen das gewünschte Ziel erreicht wird, steigen wieder an, weil dafür wieder Energie frei wird.

Das Handblatt im nächsten Abschnitt enthält die Vorgehensschritte zum Einrichten einer mentalen Auffangposition.

Station 4: Positives Selbstbild und Erfolgszuversicht                              157

# 34    Mentale Auffangposition einrichten

## 34.1  Handblatt zur mentalen Planung und Beratung

▪ **Ziele:** Beenden fortgesetzter Misserfolgsbefürchtungen, die das Lernverhalten lähmen; Freisetzen von seelischer Energie für Lösungsbemühungen;
mentales Umschalten vom Misserfolgszyklus zum Erfolgszyklus

▪ **Dauer:** Begleitend zur häuslichen und schulischen Unterstützung und Beratung, auch: unterrichtsbegleitend

▪ **Material:** Schrittfolge in diesem Handblatt

▪ **Anwendung**: Beratung der Lehrer für die Eltern: Elternsprechtag und Elternabend; häusliche Beratung der Eltern für ihre eigenen Kinder; im Unterricht für die Klasse (etwa bei Klassenarbeitsvorbereitung)

▪ **Durchführung**: Die Lehrerin kann bei den genannten Varianten die mentale Auffangposition vorstellen und den jeweiligen Adressaten in geeigneter
Form nahe bringen.

Zur mentalen Auffangposition gehören folgende Fragen/Schritte:

1. Was geschieht, wenn der Ernstfall eintritt? Wir machen uns klar, was
   überhaupt passieren kann und welche Folgen wir dann befürchten.
2. Was können wir dann tun? Wir entwerfen „Plan B", nämlich was wir dann
   tun können, um doch noch einen gangbaren Weg zu finden.
3. Wie wahrscheinlich ist der Ernstfall überhaupt? Wir schätzen dies neu ein
   und stellen wahrscheinlich fest, dass wir dies in unseren Befürchtungen
   zunächst zu bedrohlich eingeschätzt haben.
4. Wie leben wir mit dem, was nicht zu kontrollieren ist? – Wir beschließen,
   uns eine „Erlaubnis" zu erteilen: Für den Fall, dass sich der Ernstfall wirklich als unvermeidlich erweisen sollte, werden wir ihn hinnehmen können. Wir verabschieden uns von der Angst vor dem Ernstfall.

Was können wir tun, um unser wirkliches Ziel doch noch zu erreichen? – Wir
entwickeln „Plan A": Wir analysieren die Schritte, die notwendig und
brauchbar sind, um das von uns gewünschte Ziel noch zu erreichen. Dabei
setzen wir uns realistische Teilziele und beschließen, unser Erfolgserleben
jeweils nur von der Ankunft an einer Etappenstation abhängig zu machen.
Danach erst starten wir jeweils zur nächsten Etappe.

▪ *Wichtige Hinweise:* Die mentale Auffangposition passt für die Situation, in
der ein gewisses Maß an Verzweiflung und Hilflosigkeit eingetreten ist. Falls
aber gerade realistische Zuversicht vorherrscht, soll diese selbstverständlich bestärkt werden. Die aktuell gegebene mentale Situation wird in Schulklassen und auch in Elterngruppen vermutlich unterschiedlich sein. Die Auf-

fangposition sollte also in jedem Fall zusammen mit der Unterstützung von Zuversicht vermittelt werden. Der Stellenwert, dass dies nur in bestimmten Situationen gebraucht wird, kann dabei deutlich gemacht werden.

- *Hintergrundwissen*: „Die mentale Auffangposition" (S. 155)
- *Kombination mit anderen Methoden:*
  - „Individuelle Bezugsnorm nutzen – Handblatt" (S. 115) mit Anhaltspunkten für einen individuell angepassten Lernschrittaufbau
  - „Selbstbestärkung" (S. 158), um Zuversicht aufzubauen
  - „Klassenarbeit vorbereiten – Handblatt" (S. 178)

# 35  Selbstbestärkung

## 35.1  Hintergrundwissen

Leistungsergebnisse – sagen wir: die Note in einer Klassenarbeit – rufen in uns Gefühle hervor: Wenn wir Erfolge auf unsere eigene Tüchtigkeit und unsere Anstrengung beziehen – also eine motivational günstige Ursachenerklärung wählen –, dann empfinden wir *Stolz*; andererseits können wir nach Misserfolg *Beschämung* empfinden – und zwar dann, wenn wir ihn uns ungünstigerweise durch einen Mangel an eigenen Fähigkeiten erklären. Dies erscheint plausibel und so wurde es auch erforscht.[67]

Dies hat nun aber noch Folgen für die Zukunft: Wenn wir uns nämlich beim nächsten Mal wieder in der Vorbereitung auf eine Leistungssituation – sagen wir: auf die nächste Klassenarbeit – befinden, dann können nämlich die Gefühle angesichts des letzten Ergebnisses noch wirksam sein: Unser Stolz kann ein Gefühl von Zuversicht unterstützen, die nächste Arbeit zu schaffen. Und Schamgefühl könnte zu einem erhöhten Angstpegel gegenüber Klassenarbeiten führen, was mit einer Meidungstendenz einhergehen könnte.

Eine Ursachenerklärung für Erfolge und Misserfolge, die jeweils für die Lernmotivation günstig ist (vgl. „Handblatt zum Reattributionstraining", S. 130), wird nun auch eher zu motivations-günstigen Gefühlslagen führen. Dies ist aber bei Schülern nicht generell und immer der Fall. Deshalb soll die emotionale Selbstbestärkung hoffnungsorientierte Begleitgefühle der Lernmotivation aus vergangenen Erfolgssituationen aktivieren und für eine künftige Anforderung nutzen.

---

67 Weiner, B., Russel, D. & Lerman, D.: The cognition-emotion process in achievement-related contexts. In: Journal of Personality and Social psychology, 37/1979, S. 1211–1220

# Station 4: Positives Selbstbild und Erfolgszuversicht 159

Dies ist eine Prozedur, die wir möglicherweise in unserem Alltag gedanklich selbst durchführen: Wir erinnern uns an frühere Leistungserfolge und beziehen dieses Gefühl dann auf kommende Aufgaben, um uns selbst zu bestärken, dass wir wieder erfolgreich sein können. Vermutlich finden dabei Prozesse des klassischen Konditionierens statt: Positive Gefühlsanteile werden nun auch bei dem Gedanken an die künftige, verbesserte Leistungssituation wirksam.

Das Vorgehen, das im nächsten Abschnitt geschildert wird, versucht diesen genannten Prozess in einem mehrschrittigen Vorgehen zu unterstützen und den Schüler/innen für ihre Arbeitsvorbereitungen zugänglich zu machen.

## 35.2 Handblatt mit mentaler Übung

- **Ziele**: Positives Selbstbild und Erfolgszuversicht mental unterstützen
- **Material**: Instruktion in diesem Handblatt
- **Dauer**: unterrichtsbegleitend
- **Durchführung**:

Das Vorgehen wird im folgenden Abschnitt in Form einer Instruktion an die Schüler beschrieben. Bei der Anwendung mag freilich der Lehrer seine eigenen Formulierungen gebrauchen – da die Instruktion nicht vorgelesen werden sollte –, wobei die einzelnen Schritte enthalten sein sollen.

1. Wir alle haben in Leistungssituationen schon Misserfolge erlebt, aber auch Erfolge. Es ist überhaupt nicht schlimm, dass mal etwas nicht gut geklappt hat. Aber wenn etwas gut geklappt hat in einer Leistungssituation, dann kann uns das für künftige Aufgaben Zuversicht geben.

2. Wenn wir uns eine Situation vorstellen, wo etwas nicht so gut geklappt hat, dann haben wir manchmal dabei ein unangenehmes Gefühl. Aber das brauchen wir jetzt nicht vertiefen.

3. Schöner ist es, sich eine Situation vorzustellen, wo etwas gut geklappt hat. Erinnert euch nun bitte an eine Situation, in der ihr eine gute Leistung hingekriegt habt. Wo ihr nun beispielsweise eine Lernaufgabe gut verstanden habt oder einen guten mündlichen Beitrag im Unterricht eingebracht habt, oder eine Klassenarbeit ein Ergebnis gebracht hat, mit dem ihr zufrieden wart.

4. Stellt euch jetzt eine solche Situation vor (ca. 20 Sekunden Pause).

5. Welche Gefühle empfinden wir in einer solchen Situation? – (Sammeln)

6. Wenn wir Erfolg haben, dann empfinden wir Freude oder Stolz darüber oder andere gute Gefühle. Dabei können wir uns klar machen: Solche Er-

folge zeigen, dass wir die Fähigkeiten haben, Erfolge zu erzielen, wenn wir uns anstrengen.

7. Erinnert euch jetzt noch einmal an eine solche Situation, macht euch klar: Dies bestätigt, dass ihr etwas könnt und dass ihr für euch diesen Erfolg auch eingesetzt habt. Wenn ihr ein gutes Gefühl bei dieser Erinnerung wahrnehmt, dann fasst euch mit der linken Hand an euer rechtes Handgelenk (ca. 20 Sekunden warten).

8. So, jetzt habt ihr euch ein eigenes Zeichen für dieses gute Gefühl gesetzt: Dieses Fassen an das eigene Handgelenk kann euch an gute Gefühle erinnern, die ihr habt, wenn euch etwas gut gelungen ist.

9. Wenn wir an künftige Aufgaben denken, sind wir wahrscheinlich noch nicht so ganz sicher, ob das auch klappen wird. Vielleicht haben wir sogar ein etwas mulmiges Gefühl, weil da natürlich noch eine gewisse Ungewissheit sein könnte. Andererseits können wir aber auch dafür eine Zuversicht entwickeln: Wir setzen uns ein erreichbares Ziel und gehen mit Zuversicht und Energie darauf zu.

10. Jetzt stellt euch eine Aufgabe vor, die künftig auf euch zukommen wird (ca. 20 Sekunden warten).

11. Und jetzt nehmt eure Stärke und euer gutes Gefühl, das ihr hattet, als euch etwas gut gelungen ist, für diese neue Aufgabe mit. Stellt euch die neue Aufgabe vor und stellt euch auch vor, wie ihr Eure Stärke aus dem früheren Erfolg mitnehmt für diese neue Aufgabe (wenige Sekunden Pause). Fasst jetzt an euer Handgelenk, um diese Stärke mitzunehmen.

12. (Anschließend kann ein Sammeln von erfolgreich erlebten Leistungssituationen und ein Bestärken durch die Lehrerin folgen: Wir sollten uns durch Misserfolge nicht entmutigen lassen. Die werden wir immer einmal wieder erleben. Aber dann können wir uns sagen, dass wir trotzdem gute Fähigkeiten haben, und wenn wir uns anstrengen, können wir auch immer wieder Erfolge haben. Und die sind wichtiger für uns, weil sie unsere Zuversicht bestärken).

▨ *Varianten*: Einzelarbeit mit Selbstinstruktion; passt auch für andere Personen und Leistungsbereiche

▨ *Hintergrundwissen*: „Selbstbestärkung – Handblatt"

▨ *Kombination mit anderen Methoden*: auch im Anschluss an „Mentale Auffangposition" (S. 155); „Individuelle Bezugsnorm nutzen" (S. 115); „Klassenarbeit vorbereiten" (S. 178)

# Station 5: Erreichbare Zielsetzung

Um an erreichbaren Zielsetzungen zu arbeiten, eignen sich die bereits vorgestellten Methoden „Individuelle Bezugsnorm setzen" (S. 115) sowie „Mein nächstes Lernziel" (S. 120).

# Station 6: Stetes und effektives Arbeitsverhalten

## 36    Flow beim Lernen

### 36.1  Hintergrundwissen

**Wie erleben wir den Flow?**

> *Versetzen Sie sich bitte in Ihren Gedanken in folgende Situation: Sie sind gerade bei einer Tätigkeit, der Sie Ihre ganze Aufmerksamkeit schenken. Sie gehen ganz hellwach in dieser Tätigkeit auf, denken nicht an die Vergangenheit oder die Zukunft und erleben, dass Sie alles gut steuern können. Was für ein angenehmes und freudvolles Erleben: Alles läuft gut, ein Schritt folgt auf den anderen, alles ist gut „im Fluss".*

Wenn Ihnen nun nach diesem Gedankenexperiment Situationen und Tätigkeiten in den Sinn kommen, die mit derartigen Erinnerungen verbunden sind, dann kennen Sie den „Flow" aus Ihrem eigenen Erleben.

Beschrieben und erforscht hat dieses Flusserleben der amerikanische Psychologe Mihaly Csikszentmihalyi[68]: Als er Künstler zu ihrem kreativen Schaffen befragte, stellte sich überraschenderweise heraus, dass deren Interesse an ihren eigenen Werken stark nachließ, wenn diese erst einmal fertig gestellt waren. Die Erklärung für dieses Phänomen fand sich darin, dass der Schaffensprozess *selbst,* und nicht so sehr dessen Ergebnis, diese Künstler eine Faszination erleben ließ – eben den Flow.

---

48 Csikszentmihalyi, M.: Beyond Boredom and Anxiety. San Fancisco, Jossey-Bass, 1975
   Oder:  Flow – The Psychology of Happiness. New York, Harper & Row, 1992

Nun gehört es ja zu diesem Konzept, dass Flow keineswegs nur bei aus-gefallenen und besonders spezialisierten Tätigkeiten erlebt werden kann, wie eben bei der Ausübung von Kunst oder auch Extremsportarten. Tatsächlich soll Flow bei vielen Tätigkeiten entstehen können bis hin zu Routinetätigkeiten. Folgerichtig schlägt Csikszentmihalyi auch vor, das eigene „Selbst" so zu entwickeln, dass immer mehr Tätigkeiten ein Flow-Erleben vermitteln können.

Dann ist Flow mit seiner freudvollen Getragenheit als eine Art der intrinsischen Motivation natürlich als Motor für jegliche Form der Lernförderung von großem Interesse. Zu fragen ist also: Was ist Flow, wie entsteht er, durch welche Bedingungen kann er unterstützt werden, wie können unsere Schüler und wir ihn beim Lernen erleben?

Bevor wir dieser Frage weiter nachgehen, führen wir uns die Komponenten des Flow vor Augen:

1. *Verschmelzen von Handlung und Bewusstsein*
   Der Handelnde ist sich nur noch der Handlung, nicht aber mehr seiner selbst bewusst. Er empfindet sich selbst und sein Handeln als Einheit. Der Schachspieler fühlt sich eins mit den Kraftfeldern auf dem Brett. Der Radrennfahrer erlebt sich als Bestandteil einer Maschine.

2. *Konzentration der Aufmerksamkeit auf die Aufgabe*
   Die Aufmerksamkeit ist ganz auf die Aufgabe und die ausgeführte Tätigkeit gerichtet und gilt dabei nur der Gegenwart.

3. *Selbstvergessenheit*
   Das Selbst benötigt keine Aufmerksamkeit. Es braucht nicht geschützt oder verteidigt werden, da es als intakt empfunden wird. Selbstzweifel und Ängste sind vergessen. Dabei werden innere seelische und gedankliche Vorgänge wahrgenommen, aber eben nicht das Selbst als steuernde Instanz.

4. *Kontrolle über Handlung und Umwelt*
   Die handelnde Person fühlt sich kraftvoll und leistungsfähig im Bewusstsein, die Situation und ihr eigenes Handeln unter Kontrolle zu haben.

5. *Autotelisches Erlebnis*
   Diese Flow-Komponente ergibt sich aus den anderen Komponenten: Ein autotelisches Erlebnis ist eine Sache, die wir um ihrer selbst willen tun. Das bedeutet, dass es sich um Tätigkeiten handelt, die eigentlich kein äußeres Ziel bräuchten, weil sie ihr Ziel in sich tragen und in sich befriedigend sind (auto = selbst, telos = Ziel). Flow ist ein Erleben, das so reizvoll ist, dass wir gewillt sind, es immer wieder herbeizuführen.

# Station 6: Stetes und effektives Arbeitsverhalten                163

### 6. Micro-Flow und Tiefer Flow

Als in einer Untersuchung[69] Personen aus verschiedenen Berufen befragt wurden, berichteten fast alle, dass sie Flow auch selbst erleben. Dabei ließ sich einerseits ein starkes Erleben („Tiefer Flow") und andererseits auch ein nur schwächer und/oder kurzfristiger anhaltendes Erleben von Flow („Micro-Flow") unterscheiden. Nun kann noch betrachtet werden, welche Arten des Erlebens bei diesen beiden Formen des Flow am häufigsten genannt wurden.

Arten des Erlebens beim Micro-Flow:

- Die Konzentration kommt ohne Anstrengung von selbst.
- Es bestehen keine Zweifel an der eigenen Fähigkeit.
- Ein Schritt geht flüssig in den anderen über.

Erweitertes Erleben beim Tiefen Flow:

- Leben ganz im Augenblick; Vergangenheit und Zukunft sind kaum bewusst.
- Vergessen, was um einen herum geschieht.
- Vergessen der Zeit, kein Gefühl mehr, wie lange man schon dabei ist.
- Selbstvergessenheit: ganz in der Tätigkeit aufgehen.

Genau die Fragen, die zu diesen sieben Erlebnisformen von Mikro-Flow und Tiefem Flow gehören, können wir also verwenden, wenn wir mit Schülern, Eltern oder auch im Kollegenkreis uns das eigene Flow-Erleben vergegenwärtigen wollen. Deshalb wurden diese Fragen für den Fragebogen „Alles im Fluss" verwendet.

Der eigendynamische Charakter von Flow und das Wachstum des Selbst-
Flow haben in der Beschreibung von Csikszentmihalyi einen eigendynamischen Charakter. Bei dieser Eigendynamik wirken verschiedene Instanzen des Bewusstseins zusammen:

- *Bewusstsein*

  Das Bewusstsein selbst enthält die Gedanken und Vorstellungen, die durch unsere Bestrebungen und Absichten, Wünsche und Triebe bestimmt sind. Allerdings hat das Bewusstsein eine begrenzte Verarbeitungskapazität von etwa 126 Bits pro Sekunde.

---

[69] Thiel, D. & Kopf, M.: Merkmale des Flow-Erlebens. Diplomarbeit. Psychologisches Institut der Universität Heidelberg, 1989. Zitiert nach: Rheinberg, F.: Flow-Erleben, Freude an riskantem Sport und andere „unvernünftige" Motivationen. In: Heckhausen, & H. Kuhl, J.: Enzyklopädie der Psychologie, Bd. 4, Motivation, Volition & Handlung. Göttingen, Hogrefe, 1995

- *Aufmerksamkeit*
  Die Aufmerksamkeit ist die seelische Energie, die entscheidet, was in unser Bewusstsein dringt.
- *Das Selbst*
  Wer ist die Instanz, die entscheidet, worauf die Aufmerksamkeit gerichtet wird? Diese Instanz ist das „Selbst" als einer der Bestandteile des Bewusstseins. Es ist die Summe der Inhalte des Bewusstseins und dabei insbesondere die Struktur der Ziele dieses Bewusstseins und es steuert die Aufmerksamkeit. Da wiederum die Inhalte des Bewusstseins durch die Aufmerksamkeit bestimmt werden, handelt es sich um ein sich selbst tragendes System: Aufmerksamkeit formt das Selbst und wird wiederum durch dieses geformt.
- *Psychische Störung*
  Eine psychische Störung („Disorder") oder so genannte Entropie (Knappheit, Stillstand) entsteht, wenn das Selbst mit Informationen konfrontiert wird, die seinen Orientierungen und Zielen widersprechen. Dies bedeutet nämlich, dass die Aufmerksamkeit gezwungen wird, sich mit unerwünschten Objekten oder Hindernissen auseinander zu setzen, und diese Energie steht dann dem Selbst nicht mehr zur Verfügung. Beispiel: ein Fabrikarbeiter, dessen Auto kaputt ist und der sich damit innerlich am Fließband auseinander setzt und schlechter arbeitet. Diese Bedrohung des Selbst mindert die Effektivität dieses Arbeiters. Dauert diese Erfahrung an, kann sie das Selbst bis zu einem Grad schwächen, dass es nicht länger über genug Energie für seine Aufmerksamkeit verfügt und seine Ziele nicht mehr verfolgen kann.
- *Flow*
  Mit diesen Begrifflichkeiten und dem daraus erdachten System kann jetzt auch die Funktionsweise von Flow erklärt werden: Flow ist genau die entgegengesetzte Erfahrung zu psychischer Entropie und wird deshalb auch als Negentropie (Negativ-Entropie) bezeichnet: Wenn die Information, die in das Bewusstsein kommt, mit dessen Zielen und Absichten übereinstimmt, fließt die Energie nahezu mühelos. Es besteht kein Grund, sich Sorgen zu machen, aber falls wir doch über uns selbst nachdenken, ermutigt uns die folgende Vergewisserung: „Du machst es richtig!" Jetzt benötigt unser Selbst keine Energie zu seiner Verteidigung gegen beunruhigende oder gar bedrohliche Gedanken. Im Zustand des Flow erreichen wir unser höchstes Leistungsniveau.

## Station 6: Stetes und effektives Arbeitsverhalten 165

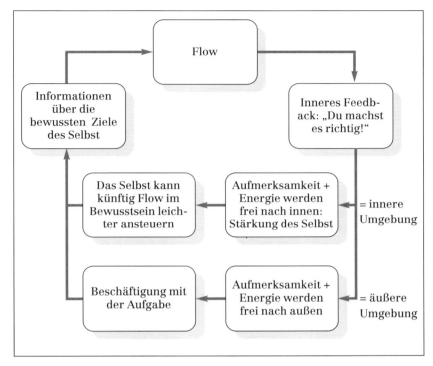

*Abbildung 13: Flow als eigendynamischer Kreislauf*

Diese Beschreibung von Cszikszentmihalyi können wir uns nun auch bildlich verdeutlichen.
Wenn die Informationen in unserem Bewusstsein zu unseren Zielen passen, wenn ein Schritt auf den anderen folgt, so wie wir es uns wünschen, dann erleben wir Flow. Nun können wir uns sagen: „Du machst es richtig!"
Dies hat nun in zweierlei Hinsicht gute Auswirkungen:
Auf die Aufgabe bezogen (äußere Umgebung) ist unsere Aufmerksamkeit frei für die Aufgabe. Wir können diese weiterhin gut lösen und dies steht in Einklang mit unseren Zielen, wodurch unser Fluss-Erleben noch mehr unterstützt wird. Damit ist der äußere Kreislauf geschlossen.
Zugleich wird auch unser Selbst gestärkt – noch über diese gegenwärtige Aufgabe hinausreichend (innere Umgebung): Unser Selbst wird nämlich darin bestätigt, wie es Flow auch künftig ansteuern kann. Auch dies stimmt mit unseren Zielen überein und erleichtert das Flow-Erleben. In diesem Sin-

ne begünstigt Flow dann das Wachstum des Selbst. Das Fluss-Erleben kann so kultiviert und auf immer mehr Tätigkeitsbereiche ausgedehnt werden.

**Leistungsfördernde Wirkung des Flow**

Dass Flow die Konzentrationsleistung steigert, wurde sogar auf physiologischen Ebene aufgewiesen: Die Schüler und Studenten, die nach eigenen Berichten häufiger Flow erlebten, zeigten auch stärkere Ausprägungen bestimmter Messwerte der Hirnströme.[70]

Auch für die leistungsfördernde Wirkung des Fluss-Erlebens liegen Belege vor: In einer Studie zeigte sich, dass viele Schüler ein Lieblingsfach hatten, das ihnen genauso viel Vergnügen bereitete wie die Ausübung ihrer beliebtesten Freizeitaktivitäten. In diesem Fach waren die Schüler intrinsisch motiviert. Sie empfanden die Beschäftigung mit dem Fach selbst als anregend und waren nicht etwa in erster Linie an guten Noten oder Belobigungen interessiert. Für dieses Fach verwendeten sie dann auch in den folgenden vier Jahren mehr Zeit und erzielten zudem bessere Noten als andere Schüler, die nicht intrinsisch motiviert waren, aber über gleich gute Fähigkeiten verfügt hatten.[71] Diese Studie bestätigt also die plausible Annahme, dass Flow für schulisches Lernen von großem Nutzen sein kann.

### Fördernde Bedingungen für Flow

Wenn wir uns jetzt noch weiter der Zielvorstellung nähern wollen, wie Flow gefördert werden kann, stellt sich die Frage: Was sind die Bedingungen, die das Fluss-Erleben begünstigen?

Wenn es darum geht, sich günstige Bedingungen für das Entstehen von Flow zu schaffen, so kann zunächst von zwei zentralen Voraussetzungen ausgegangen werden, die notwendig sind, aber nicht immer hinreichend. Hinzu kommen dann nämlich noch bestimmte Persönlichkeitsmerkmale, die mitbestimmen, inwieweit Flow erlebt werden kann. Da Persönlichkeitsveränderungen aber eher ein mittelfristiges Vorhaben darstellen, können jedenfalls jederzeit ergänzende Sicht- und Handlungsweisen genannt werden, mit denen wir jederzeit beginnen können, unseren Flow zu begünstigen.

---

[70] Hamilton, J., Haier, R. & Buchsbaum, M.: Intrinsic enjoyment and boredom coping scales: Validation with personality evoked potential and attention measures. In: Personality individual differences, 5/1984, S. 183–193

[71] Csikszentmihalyi, M. & Schiefele, U.: Die Qualität des Erlebens und der Prozess des Lernens. Zeitschrift für Pädagogik, 19/1993, S. 207–222

## Station 6: Stetes und effektives Arbeitsverhalten

Nach Cszikszentmihalyi sind die beiden zentralen Bedingungen:
1. **Balance zwischen Anforderungen und Fähigkeiten**
   Diese Balance muss im Erleben des Handelnden entstehen. Wenn die Anforderungen einer Tätigkeit deutlich unter den Fähigkeiten liegen, ist die Tätigkeit bestenfalls entspannend, wahrscheinlich aber langweilig. Wenn die Anforderungen unsere Fähigkeiten übersteigen, entsteht Angst. Eine Handlung, die geringe Anforderungen stellt und bei der wir nur über geringe Fähigkeiten verfügen, erzeugt Teilnahmslosigkeit. Und nur wenn die Anforderung als hoch erlebt wird und auch die eigene Fähigkeit als überdurchschnittlich erlebt wird, entsteht Flow.

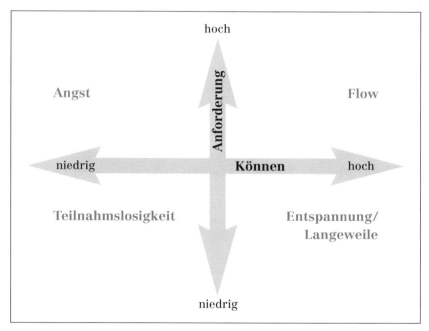

*Abbildung 14: Verhältnis von Fähigkeit zu Anforderung und Erleben von Tätigkeiten*

Dies kann bedeuten, dass im Verlauf eines Lernprozesses immer neue Zielsetzungen notwendig sind, weil zunehmend schwierigere Aufgaben bewältigt werden können. Und zudem werden Personen mit unterschiedlichen Fähigkeiten in einem Tätigkeitsbereich unterschiedliche Anforderungen benötigen, die ihren jeweiligen Fähigkeitsniveaus entsprechen.

## 2. Klarheit der Aufgabenstruktur: klare Ziele und eindeutige Rückmeldungen

Die Zielsetzung muss für unsere Schüler/innen klar sein und weit gehend akzeptiert sein. Wenn erst Überlegungen anzustellen sind, welche Zielsetzung sinnvoll ist, wird die Aufmerksamkeit auf anderen Ebenen beansprucht und steht nicht mehr für die eigentliche Tätigkeit zur Verfügung. Aus demselben Grunde ist es notwendig, dass die Handlung eine eindeutige Rückmeldung ermöglicht: Es muss überschaubar sein, welche Handlungsschritte möglich sind und die Folgen des eigenen Handelns müssen klar erkennbar sein. Auch hier würde Unklarheit den Flow unterbrechen, weil erst Klarheit über die Bewertung der eigenen Handlungen und über deren Ergebnisse erlangt werden müsste.

Diese Bedingung soll gewährleisten, dass die Handlung nicht unterbrochen werden muss und dass die verfügbare Aufmerksamkeit ganz auf die Handlung gerichtet werden kann.

Diese beiden Bedingungen werden freilich selten bei einer Tätigkeit von vornherein erfüllt sein. Die Bedeutung dieser Bedingungen liegt demnach darin, sie bei der Vorbereitung von Tätigkeiten und bei der Planung des Lernens hinreichend zu berücksichtigen. Neben diesen beiden planerischen Akten, nämlich die Balance zu finden zwischen Anforderung und Fähigkeit, sinnvolle Ziele festzulegen und Feedback zu nutzen, kann noch weiteres zur Unterstützung des Flow-Erlebens getan werden:

- Sich ganz auf die Aufgabe und auf die Gegenwart konzentrieren, also sich innerlich entfernen von Überlegungen über die äußeren Folgen der Tätigkeit (etwa: Benotung) und sich befreien von lähmenden Zweifeln über die eigene Fähigkeit.
- Kontrolle über das Vorgehen auszuüben, aber keine Aufmerksamkeit für Kontrollversuche in den Bereichen verwenden, wo keine Kontrolle möglich ist.
- Sich darauf konzentrieren, die Tätigkeit als vergnüglich zu empfinden.

Um Flow in Gang zu bringen, brauchen unsere Schüler/innen als „Anfangsinvestition" ein substanzielles Maß an Disziplin und Arbeitsaufwand. Aber dafür bekommen sie durch das Flow-Erleben und durch ihre Weiterentwicklung ein tiefes Gefühl der Befriedigung.

### Die Sinngestalt von Flow im Erfolgszyklus

Vergegenwärtigen wir uns doch einmal die Bedingungen für das Fluss-Erleben im Zusammenhang mit jenen begünstigenden Bedingungen, die in an-

Station 6: Stetes und effektives Arbeitsverhalten 169

deren Motivationsmodellen benannt wurden und die deshalb im Erfolgs-Zyklus berücksichtigt wurden: Dann freilich fügt sich alles zusammen! Eben das, was zum Flow verhilft, gilt ja auch in der Gesamtdynamik der Stationen als besonders förderlich und fördernswert:

Das positive Selbstbild der eigenen Fähigkeiten entspricht beim Flow dem Selbst, das nicht durch Zweifel am eigenen Vermögen geschwächt wird. Das Erleben: „Du machst es richtig!" passt vorzüglich zur Erfolgszuversicht. Und wenn beim Flow die hohen Anforderungen der Aufgabe den eigenen Fähigkeiten entsprechen, dann handelt es sich wohl um eine erreichbare Zielsetzung.

# 37    Alles im Fluss

## 37.1  Handblatt zur Übung und zu den Fragebögen

▦ **Ziele**: Schüler/innen (Eltern, Kollegen) mit dem Konzept des Flow inhaltlich vertraut machen; Zugang zum eigenen Fluss-Erleben erleichtern durch Erinnern an eigenes früheres (Fragebogen) oder aktuelles (Übung) Erleben; Übertragung auf das Lernen unterstützen; jeweils begünstigende Bedingungen für den Flow beim Lernen erkennen helfen

▦ **Material**: Übung als Experiment zum eigenen Flow-Erleben (Kopiervorlage für jeden Teilnehmer); Fragebögen: zu den Tätigkeiten, bei denen Flow erlebt wird („Alles im Fluss – Tätigkeiten"); zur Einstufung, inwieweit dort oder bei der Übung bestimmte Formen des Flusserlebens auftreten („Alles im Fluss – Einstufungen"); und zu den dabei jeweils persönlich begünstigenden Bedingungen („Alles im Fluss – Bedingungen"/jeweils als Kopiervorlage für jede Teilnehmer/in); Wandzeitung (Packpapier) und Filzstifte oder: Tafel und Kreide

▦ **Dauer**: Übung mit Fragebogen „Tätigkeiten": 1 Schulstunde; mit Fragebogen „Tätigkeiten" mit „Einstufungen" und „Bedingungen": 1 Schulstunde

▦ **Durchführung der Übung:**

1. Gruppen von je vier Teilnehmern bilden (wenn es nicht aufgeht auch teilweise Dreier- oder Vierergruppen); *Raumanordnung*: Bei der Übung sollte jede Vierergruppe einen eigenen Tisch haben.

2. Bearbeitungshinweis geben: Hier sind einige ungewöhnliche, interessante Rätselaufgaben (ergänzend: Hat nichts mit den Schulfächern zu tun; keine Beurteilung); Teilnehmer sollen die Anweisung zu jeder Aufgabe

durchlesen, miteinander darüber sprechen und gemeinsam lösen (bei jeder Aufgabe einzeln ansagen); Zeitvorgaben: Aufgabe 1): 5 Minuten, 2): 3 Minuten, 3): 4 Minuten, 4): 10 Minuten

3. Jetzt zunächst Auflösung des Zahlenwahl-Spiels (Aufgabe 4): Jede Gruppe sagt ihre Antwort; der Mittelwert aller Antworten wird durch 2 geteilt (Sekundarstufe I) bzw. durch 3 geteilt (Sekundarstufe II); Sieger: die Gruppe, deren Lösung diesem Kennwert am nächsten gelegen hat; alle Gruppen ihre Überlegungen kurz mitteilen lassen und sie dafür loben

4. Auswertung der Übung erfolgt dann erst nach der Anwendung des Fragebogens „Einstufungen" (siehe dort)

5. Eigentlich sollte Aufgabe 4 mit hohen Anforderungen und Tüftel-Charakteristik Flow erzeugen, hingegen Aufgabe 1 mit geringen Anforderungen und Aufgabe 3 als Routinetätigkeit eher Langeweile, Aufgabe 2 mit nur geringen Aussichten auf Lösbarkeit eher Stress; aber Vorsicht: dies wird auch von den jeweiligen Vorkenntnissen und individuellen Lösungsprozessen abhängen, und entscheidend ist das Erleben der Teilnehmer; letztlich wird sich bei der Auswertung klären, inwieweit bei jeder Aufgabe Flow entstanden ist.

6. Die Lösung von Aufgabe 2 ist: c).

■ **Durchführung der Fragebögen:**

1. Nach der Übung wird der Fragebogen „Einstufungen" von jedem Teilnehmer ausgefüllt (die Tätigkeiten 1 bis 4 werden dabei jeweils auf die entsprechenden Aufgaben bezogen).

2. Die Lehrerin/Moderatorin hat auf der Wandzeitung oder der Tafel eine Tabelle eingezeichnet, die dem Fragebogen „Einstufungen" gleicht (Fragen nur mit Nummer und Stichwort bezeichnen); Teilnehmer melden sich für jede Frage und Tätigkeit, ob sie ein Kreuz dort gemacht haben; so kann der Lehrer schnell die Anzahl der Kreuze eintragen und für jede Aufgabe ermitteln, inwieweit Flow in der Klasse/Gruppe erlebt wurde.

3. Eine zweite Moderationssequenz – die auch ohne die erste Sequenz möglich ist – kann darin bestehen, nun den Fragebogen „Tätigkeiten" ausfüllen zu lassen, gefolgt erneut von dem Fragebogen „Einstufungen", die jetzt freilich auf die Tätigkeiten bezogen werden, die jeweils vom Teilnehmer auf dem vorigen Fragebogen notiert wurden; diesmal erfolgt keine Auswertung an der Tafel, sondern ein kurzes Meinungsbild: Gibt es Tätigkeiten, bei denen Formen des Flows erlebt werden (eventuell einige Beispiele nennen lassen).

# Station 6: Stetes und effektives Arbeitsverhalten 171

4. Im Anschluss an die erste oder die zweite Moderationssequenz jeweils eine Erklärung des Flowkonzepts durch die Lehrerin/Moderatorin (einige Aspekte aus dem „Hintergrundwissen", das später auch als Papier verteilt werden kann); danach Diskussion.

5. Schließlich kann noch der Fragebogen „Bedingungen" von den Teilnehmer/innen ausgefüllt werden; danach erfolgt keine individuelle Auswertung, wohl aber ein Gruppengespräch mit Zusammentragen von begünstigenden Bedingungen für Flow beim eigenen Lernen.

■ *Hinweise*: Gut ist eine lockere, spielorientierte Atmosphäre; das ganze Erleben der Teilnehmer soll von Zweifeln befreit sein, ob man nun mit seinen Lösungen, Erfahrungen und Ansichten richtig oder falsch liegt; damit kann diese Selbstexploration und ebenso die Diskussion ihrerseits von Flow beflügelt werden.

## 37.2 Übung mit einigen merkwürdigen Aufgaben zum Nachdenken (Klasse 5–7)

---

**Merkwürdige Aufgaben zum Grübeln**

**Aufgabe 1**

---

a) Rechnet bitte aus:

| | | | |
|---|---|---|---|
| $1 + 2 =$ | $5 - 3 =$ | $5 \times 5 =$ | $12 : 2 =$ |
| $3 \times 4 =$ | $7 + 2 =$ | $22 - 1 =$ | $17 + 3 =$ |

---

b) Übersetzt bitte ins Deutsche:

The ball is round. Please, give me that ball!

In the morning I go to school. After school I come home.

---

**Aufgabe 2**

---

Lest bitte diesen Witz und sprecht darüber in eurer Gruppe.

Ihr habt 3 Minuten Zeit.

„Auf keinen Fall dürft ihr Tiere küssen.", sagt der Lehrer mit düsterer Stimme, „dadurch könnten Krankheiten übertragen werden und das kann sehr gefährlich sein!"
Daraufhin meldet sich Karin: „Oh, dazu kann ich aber ein Beispiel erzählen: Meine Tante Anna hat nämlich jeden Tag, morgens, mittags und abends, ihren Papagei geküsst."
Der Lehrer: „Ja und dann? Was ist daraus geworden?"
Darauf Karin: „Letzten Sonntag ist das Tier eingegangen!"

## Aufgabe 3

Streicht bitte jedes zweite Wort des folgenden Textes durch!

Wozu denn soll heute das andererseits eigentlich wieso gut wofür sein mittwochs, wenn Freunde wir immerzu jedes schöne zweite oder Wort uns durchstreichen tun? Wir jedenfalls könnten ohnehin doch ebenfalls genauso immerhin jedes oder dritte überhaupt Wort Euch durchstreichen jetzt – oder doch vielleicht andererseits auch manchmal gar so keines von, nicht so wahr Ollie?

## Aufgabe 4

Ihr sollt bitte in eurer Gruppe eine beliebige Zahl zwischen 0 und 100 auswählen. Die anderen Gruppen bekommen ebenfalls diese Aufgabe. Am Ende wird der Durchschnitt der Zahlen aus allen Gruppen gebildet. Die Hälfte dieser Durchschnittszahl soll geraten werden. Gewonnen hat also die Gruppe, deren Zahl der Hälfte dieser Durchschnittszahl am nächsten kommt.

Wenn alle Gruppen im Durchschnitt also die Zahl 50 getippt haben und ihr habt die Zahl 25 getippt, dann habt ihr genau richtig getippt, weil 25 die Hälfte von der Durchschnittszahl ist.

Ihr könnt also zusammen überlegen, wie die Durchschnittszahl sein könnte, und euch dann auf eine Zahl einigen. Ihr habt 10 Minuten Zeit – wenn ihr wollt auch etwas länger.

Falls ihr noch Fragen habt, gebt der Lehrerin/dem Lehrer ein Zeichen.

# Station 6: Stetes und effektives Arbeitsverhalten

### 37.3 Übung mit einigen merkwürdigen Aufgaben zum Nachdenken (ab Klasse 8/Werkstatt)

**Denkspiele**

**Aufgabe 1**

a) Rechne bitte aus:

| | | | |
|---|---|---|---|
| 1 + 2 = | 5 − 3 = | 5 x 5 = | 12 : 2 = |
| 3 x 4 = | 7 + 2 = | 22 − 1 = | 17 + 3 = |

b) Übersetze bitte ins Deutsche:

The ball is round. Please, give me that ball.

In the morning I go to school. After school I come home.

**Aufgabe 2**

Bekanntlich beschreibt die folgende Formel einen interessanten Sachverhalt.

$$\oint (X, \mu, \vartheta^2) = \frac{1}{\sqrt{2\Pi\vartheta^2}} \; e^{-\frac{X-\mu}{2\vartheta^2}}$$

Bitte diskutiert darüber, welchen der vier folgenden Sachverhalte die Formel beschreibt, und legt dann gemeinsam eure Entscheidung fest:

Die Formel beschreibt:
(a)  Die Angebot-Nachfrage-Relation
(b)  Das Bruttosozialprodukt
(c)  Die Standardnormalverteilung
(d)  Das Bevölkerungswachstum

## Aufgabe 3

Streiche bitte jetzt jedes zweite Wort des folgenden Textes durch!

Wozu denn soll heute das andererseits eigentlich wieso gut wofür sein mittwochs, wenn Freunde wir immerzu jedes schöne zweite oder Wort uns durchstreichen tun? Wir jedenfalls könnten ohnehin doch ebenfalls genauso immerhin jedes oder dritte überhaupt Wort Euch durchstreichen jetzt – oder doch vielleicht andererseits auch manchmal gar so keines von, nicht so wahr Ollie?

## Aufgabe 4

Wählt in eurer Gruppe eine beliebige Zahl zwischen 0 und 100 auswählen. Die anderen Gruppen bekommen ebenfalls diese Aufgabe. Am Ende wird der Durchschnitt der Zahlen aus allen Gruppen gebildet. Geraten werden soll die Zahl, die 2/3 dieses Durchschnittswertes entspricht. Gewonnen hat dann also die Gruppe, deren ausgewählte Zahl dieser Zahl (von 2/3 der Durchschnittswertes) am nächsten kommt.

Beispiel: Wenn alle Gruppen im Durchschnitt also die Zahl 50 getippt haben und eure Gruppe hat die Zahl 33 1/3 getippt, dann habt ihr genau richtig getippt, weil 33 1/3 genau 2/3 von der Durchschnittszahl ist.
Ihr könnt also zusammen überlegen, wie die Durchschnittszahl sein könnte, und euch dann auf eine Tipp einigen. Ihr habt 10 Minuten Zeit – wenn ihr wollt auch etwas länger.

Station 6: Stetes und effektives Arbeitsverhalten 175

## 38.1 Alles im Fluss – Tätigkeiten

### 38.1 Fragebogen

**Was macht Spass?**

Es gibt für jeden von uns Tätigkeiten, die wir gern ausüben, bei denen uns die Konzentration leicht fällt, wo wir nicht viel nachdenken, ob wir das nun gut können, und die sozusagen flüssig vorangehen. Solche Tätigkeiten können etwa in den Bereichen des Spiels, des Sports oder auch des handwerklichen oder des geistigen Arbeitens angesiedelt sein.

Benenne bitte auf diesem Bogen einige solcher Tätigkeiten, die du gerne ausübst, mit ein paar Stichworten. Der Bogen bleibt anschließend bei dir, denn der Fragebogen soll nur für deine eigenen Überlegungen über solche Tätigkeiten dienen. Soweit du magst, kannst du anschließend in unserem Gespräch darüber etwas mitteilen.

Einige Tätigkeiten, die ich gern ausübe:

1. _____

2. _____

3. _____

4. _____

5. _____

6. _____

# 39 Alles im Fluss – Einstufungen

## 39.1 Fragebogen[72]

**Wie erlebst du Tätigkeiten?**

Kreuze bitte bei jeder der Tätigkeiten an, ob du dabei eines der genannten Erlebnisse hast.

Wenn es also beispielsweise bei Tätigkeit 1 zutrifft, dass du dich nicht willentlich konzentrieren musst, dann mache bitte ein Kreuz in dem Kästchen für Tätigkeit 1 bei Frage 1. In entsprechender Weise kannst du Kreuze bei den übrigen Kästchen einzeichnen.

Der Bogen bleibt anschließend bei dir, denn der Fragebogen soll nur für deine eigenen Überlegungen dienen. Soweit du magst, kannst du anschließend etwas in unserem Gespräch darüber mitteilen.

| Frage | Tätig-keit 1 | Tätig-keit 2 | Tätig-keit 3 | ... |
|---|---|---|---|---|
| 1. Ich muss mich nicht willentlich konzentrieren – die Konzentration kommt von selbst. | | | | |
| 2. Ich bin frei von Überlegungen, ob ich fähig genug für die Sache bin. | | | | |
| 3. Ein Schritt geht flüssig, fast automatisch in den anderen über. | | | | |
| 4. Ich lebe ganz im Augenblick; Vergangenheit und Zukunft sind mir kaum bewusst. | | | | |
| 5. Ich vergesse, was um mich herum geschieht. | | | | |
| 6. Ich vergesse die Zeit, habe kein Gefühl mehr, wie lange ich schon dabei bin. | | | | |
| 7. Ich erlebe nicht mehr deutlich, dass ich es bin, die/der etwas tut – ich gehe ganz in der Tätigkeit auf. | | | | |

---

[72] Fragen nach Thiel, D. & Kopf, M.: Merkmale des Flow-Erlebens. Diplomarbeit. Psychologisches Institut der Universität Heidelberg, 1989

Station 6: Stetes und effektives Arbeitsverhalten

# 40 Alles im Fluss – Bedingungen

## 40.1 Fragebogen

**Wann macht Lernen Spaß?**

Lernen und Arbeiten kann Spaß machen oder Freude bereiten. Allerdings müssen dazu die Bedingungen günstig sein. Einige davon können wir selbst beeinflussen. Zum anderen Teil können uns allerdings auch andere Personen dabei hilfreich sein (wie etwa Eltern, Mitschüler sowie Lehrerinnen und Lehrer).

Benenne nun bitte auf diesem Bogen einige Bedingungen, die für dich persönlich hilfreich sind. Der Bogen bleibt anschließend bei dir, denn der Fragebogen soll nur für deine eigenen Überlegungen dienen. Soweit du magst, kannst du anschließend etwas in unserem Gespräch darüber mitteilen.

Einige Bedingungen, die dafür sorgen, dass ich beim Lernen und Arbeiten Freude verspüre:

1. _____

2. _____

3. _____

4. _____

5. _____

## 41 Klassenarbeiten vorbereiten

### 41.1 Handblatt für Schüler/innen, Lehrer/innen sowie Eltern

Gibt es denn wirklich und wahrhaftig etwas Schöneres, als eine Klassenarbeit vorzubereiten?!? – Zugegeben: Dazu fällt uns allen wohl einiges ein! Und: Lohnt sich eine Klassenarbeitsvorbereitung überhaupt? Vielleicht kann man doch schon alles? Nun, jeder Stoff lässt sich vertiefen und die Arbeit gelingt noch besser. Oder: Ist sowieso so viel zu lernen, dass eh alles viel zu viel ist? Dann wirkt die Klassenarbeitsvorbereitung, wenn wir sie als Ganzes anschauen, vielleicht wie ein riesiger Berg: ausnehmend hoch und sehr mühsam zu besteigen! Wenn wir jedoch die Vorbereitung übersichtlich in einzelne Etappen aufteilen und sie anschließend aufs Neue anschauen, dann sehen wir, dass es sich gar nicht um einen Berg handelt, sondern um einen Weg, den wir Schritt für Schritt gehen können.

Mit jedem Schritt, den wir zurückgelegt haben, wird unsere Zuversicht größer, den ganzen Weg zu schaffen, also mit der Arbeit zurechtzukommen. Zugleich können die Vorbereitungen zunehmend als angenehm und interessant erlebt werden, denn es kann uns ja durchaus Freude bereiten, wenn unser Empfinden zunimmt, dass wir den Stoff beherrschen.

Die beste Einstimmung auf die Arbeit ist also zunächst einmal folgende: Wir müssen uns vor Augen führen, dass wir dank unserer guten Vorbereitung wirklich Chancen haben, das Ergebnis der Arbeit maßgeblich zu beeinflussen.

### ▫ Zeitplan

1. Für die Zeitorganisation gilt ein Leitsatz, der nur auf den ersten Blick widersprüchlich erscheinen mag: Je früher man anfängt, desto mehr Zeit kann man sparen! Das hängt damit zusammen, dass über mehrere Tage verteiltes Lernen zu besseren Behaltensleistungen führt als „massiertes" Lernen, also wenn der ganze Stoff am Tag vor der Klassenarbeit bearbeitet wird.

2. Wenn also der Stoffplan für die Arbeit festgelegt ist (wie, wird im nachfolgenden Abschnitt näher erläutert), dann kann ein angemessener Zeitplan über mehrere Tage aufgestellt werden, der genug Zeit lässt, die Arbeit in Ruhe vorzubereiten

3. Um rechtzeitig mit der Vorbereitung auf die Klassenarbeit zu beginnen, ist ein Terminkalender nützlich, in dem Klassenarbeitstermine frühzeitig vermerkt werden können. Er kann auch ansonsten hilfreich sein. So ein

**Station 6: Stetes und effektives Arbeitsverhalten**      **179**

Kalender kann zugleich auch als Hausaufgabenheft benutzt werden und für sonstige wichtige Termine, beispielsweise für Geburtstage von Freunden.

### Stoffplan

Zunächst gilt es herauszufinden, was genau gelernt werden muss, was für die Arbeit gebraucht wird:

1. *Was kommt dran?*

   Alle Angaben des Lehrers notieren, und zwar dann, wenn sie gerade gegeben werden (Genauigkeit!); notfalls auch Angaben von Mitschülern verwenden, möglichst mehrere fragen.

2. *In welcher Form wird die Klassenarbeit aufgebaut sein?*

   Auch hier sind Notizen hilfreich, beispielsweise in Englisch: Sind es Fragen zur Grammatik oder Übersetzung oder Fragen zu Texten, die durchgenommen werden?

3. *Nachfragen:*

   Die Schüler/innen sollten sich nicht scheuen, notfalls auch mehrfach nachzufragen, so lange, bis sie verstanden haben, was in der Arbeit drankommen wird.

Die Methoden können darauf abgestimmt werden, in welcher Form die Inhalte in der Arbeit gekonnt werden sollen. Dies wird jetzt für zwei Bereiche erklärt.

### Methodenplan zum Bereich Mathematik

a) *Aufgabentypen sammeln*

   In Mathematik können zunächst die Aufgabentypen gesammelt werden, die überhaupt Inhalt der Arbeit sein können. Dann kann sich der Schüler die Lösungswege anschauen, so wie er sie vielleicht noch anhand der Hausaufgaben im Heft findet, ansonsten aber auch im Buch in bestimmten Abschnitten.

b) *Rechenwege erkennen*

   Nun kann sich der Schüler diese Lösungswege klar machen und sie innerlich als eine Art Ablaufplan durchdenken. Falls Eltern beim Verständnis des Lösungsweges helfen, sollten sie sich zunächst den Lösungsweg vom Schüler erklären lassen. (Der während der eigenen Schulzeit Erlernte stimmt häufig nicht mehr mit der modernen Didaktik überein.) Wenn der Schüler den Eltern den Lösungsweg vollständig erklären kann, bis diese ihn verstanden haben, dann hat er auch ein sehr gutes Verständnis vom

**Lösungsweg.** Falls dies aber nicht gelingt, können sich beide gemeinsam die entsprechenden Erklärungen im Buch anschauen, bis sie die Lösungswege verstanden haben.

c) *Liste für jeden Lösungsweg erstellen*

Am besten macht sich der Schüler zum Abschluss dieser Vorbereitungsphase eine kurze Liste für jeden Lösungsweg, in der die einzelnen Schritte als Stichworte benannt werden. So hat er eine Übersicht für jeden Lösungsweg.

d) *Lösungswege einüben*

Jetzt nicht aufhören! Denn es lohnt sich, die Lösungswege an jeweils mehreren Aufgaben einzuüben, bis eine gewisse Routine dabei erreicht ist. Bei einzelnen Übungen kann sich der Schüler auch einmal „verheddern" und die Lösung gelingt dann zumindest zunächst nicht, obwohl der Weg doch gekonnt wird. Durch das mehrfache Üben entsteht aber so viel Routine und Gelassenheit, dass erstens in der Arbeit dieses „Verheddern" seltener vorkommen wird und dass zweitens, wenn dieses geschieht, der Schüler nicht die Ruhe und Übersicht verlieren wird, sondern bei der nächsten Aufgabe den Faden wieder aufnehmen kann.

e) *Lösungswege abgrenzen*

Jetzt sollte sich der Schüler noch einmal die Stichwortlisten zu den einzelnen Lösungswegen anschauen, die in der vorigen Phase angelegt wurden. Dabei kann sich auch die Unterschiede zwischen den Lösungswegen noch einmal klar machen. Das wird helfen, die Lösungswege in der Arbeit nicht zu verwechseln.

f) *Auffangposition*

Der Schüler sollte es sich selbst „erlauben", in der Arbeit Fehler zu machen. Es ist ein unrealistischer Anspruch, stets alles unter Kontrolle haben zu können. Von sich selbst absolute Perfektion zu erwarten, macht einen Menschen eher ängstlicher. Fehler sind zulässig, man kann sie ja durchaus durch andere Aufgaben ausgleichen.

g) *Selbstbestärkung*

Am Vorabend der Arbeit sollte der Schüler sich noch einmal vor Augen führen, dass er sich gut oder zumindest ausreichend vorbereitet hat. Auch kann die Erinnerung an vorhergehende Erfolge die Zuversicht stärken. So erhöhen sich die Aussichten, die eigenen Ziele zu erreichen, sofern diese angemessen gewählt sind. Sie sollten am bisherigen Lernverlauf orientiert sein: Die nächste Arbeit soll so gut wie möglich werden, muss aber kein bestimmtes Ergebnis erbringen.

## Station 6: Stetes und effektives Arbeitsverhalten          **181**

■ **Methodenplan zum Bereich Fremdsprache**

Die Orientierung erfolgt am Stoffplan: beispielsweise Grammatik einüben, Übersetzung üben mit zugehörigen Vokabeln.

Möglicherweise sollen aber auch schon Texte aus dem Unterricht beherrscht werden, weil dazu Fragen in der Arbeit in freier Textgestaltung zu beantworten sind. Für diesen Fall sei eine Klassenarbeitsvorbereitung empfohlen, die einzelne Vorgehenselemente der so genannten „Birkenbihl-Methode" des Sprachenlernens mit verwendet.[73]

Dabei wird von folgenden Leitideen ausgegangen: Wir lernen die Muttersprache in unserer natürlichen Umwelt anders als später Fremdsprachen. Beim Erwerb der Muttersprache lernen wir beispielsweise nicht Vokabelpaare (ein Wort in der Muttersprache, das dazugehörige Wort in der Fremdsprache), sondern wir können Bilder mit Worten verbinden: Jemand zeigt auf einen Ball und sagt dann „Ball". Außerdem lernen wir Sprache teilweise ganz unbewusst, weil wir sie sozusagen „nebenbei" hören. Gerade dies führt aber zu Automatisierungsprozessen, die das Lernen sehr erleichtern.

Die in der Birkenbihl-Methode vorgeschlagenen Lernelemente (Einbeziehung von Bildern und von automatisierten Prozessen) können durchaus auch in eine Klassenarbeitsvorbereitung für ein Fremdsprachenfach einbezogen werden und dafür können wir in folgenden Schritten vorgehen:

*a) Analyse des Stoffumfanges*

Welche Texte aus welchen Lektionen sind einzubeziehen?

*b) Aufgliederung des Textes in Fragen zum Text (alle zentralen Punkte umfassend)*

Möglicherweise hilfreich: Welche Fragen wurden bei den Hausaufgaben schon bearbeitet, welche Fragen sind im Buch in verschiedenen Übungen zum Text formuliert worden?

*c) Formulierung von Kurztexten zu den Fragen*

Diese Kurztexte sollen insgesamt einen deutlich geringeren Umfang haben als der Originaltext, sodass sie besser für die Vorbereitung geeignet sind. Denn die Texte, die in der Arbeit von den Schülern zu den Fragen formuliert werden, haben ja auch einen deutlich geringeren Umfang. Der Prozess des Exzerpierens und Verdichtens auf das Wesentliche wird also in die Vorbereitung verlegt und muss dann nicht erst in der Arbeit geleistet werden, was sehr viel aufwändiger ist. Bei der Formulierung der Tex-

---

[73] Vgl. Birkenbihl, V.: Sprachenlernen leicht gemacht. Landsberg, Moderne Verlagsgesellschaft, 2001

182                                    Teil II: Lernmotivation und Lernklima

te können Schüler/innen zusammenarbeiten oder auch Erwachsene hilfreich sein.

d) *Verstehen der Kurztexte*

Die Kurztexte werden vom Schüler dahingehend durchgegangen, ob er
jedes Wort versteht. Unbekannte Wörter werden in Deutsch dazuge-
schrieben. Falls der Text nicht gut verstanden wird, kann die deutsche
Übersetzung Wort für Wort darunter geschrieben werden.

e) *Tonbandkassette erstellen*

Die Texte werden vom Schüler oder helfenden Mitschülern oder Eltern auf
Band gesprochen (in gemächlichem Tempo).

f) *Texte bewusst hören*

Der Schüler hört nun die Texte mehrfach an und erzeugt dabei innere Bilder zu deren Inhalt: Wenn beispielsweise von Indianern die Rede ist, die
in einen Eisenbahnwaggon gestiegen sind, stellt sich der Schüler diese Indianer im Waggon vor.

g) *Texte unbewusst hören*

Später hört sich der Schüler die Texte mehrfach an, während er eigentlich
einer anderen Tätigkeit nachgeht, zum Beispiel irgendetwas im Zimmer
gestalten oder ein Spiel am Computer spielen. Dabei wird nicht bewusst
auf den Text geachtet.

h) *Texte üben*

Abschließend kann der Text in Bezug auf die Fragen noch mehrfach re-
produziert werden, sodass die Textbausteine vom Schüler auf bestimmte
Fragen hin beherrscht werden.

i) *Sinngehalt erfassen*

Begleitend zu den Schritten d) bis h) diskutiert der Schüler mit Mitschülern oder Eltern die Inhalte der Textbausteine auch in Beziehung zueinander, sodass diese eine „Sinngestalt" ergeben. Dadurch erfasst er den
zugrunde liegenden Sinn der Texte und kann diese mit ihrem Informati-
onsgehalt auch auf andere und neue Fragestellungen anwenden, nicht
nur auf jene, für die sie ursprünglich formuliert wurden.

j) *Auffangposition und Selbstbestärkung (wie bei der Mathematikvorberei-
tung, S. 179)*

### Mitwirkung der Eltern und Lehrer/innen bei der Vorbereitung

Schüler können ein hinreichendes Maß an Selbstbestimmung und Selbstverantwortung bei der Vorbereitung einfordern und übernehmen. Für ihre
Zielsetzung sollte im Vordergrund stehen, was sie selbst erreichen können

## Station 6: Stetes und effektives Arbeitsverhalten                    183

und wollen. Es geht nicht darum, den Eltern einen Gefallen zu tun, es geht um den eigenen Erfolg!

Die Eltern können sich als Ermutigende und als Ratgeber zur Verfügung stellen, lieber nicht als Kontrolleure, was für sie selbst und natürlich auch die Schüler/innen eher anstrengend als hilfreich wäre. Die Hilfestellungen sollten folglich vereinbarungsabhängig sein. Eltern können gute Ideen für die Methoden einbringen, auf Wahlmöglichkeiten hinweisen, Hilfen anbieten und diese gewähren, soweit gewünscht. Bei dieser Beratungsaufgabe ist den Eltern und auch den Schüler/innen eine individuelle Bezugsnorm hilfreich (vgl. Handblatt „Individuelle Bezugsnorm setzen", S. 115): Vorbereitet werden soll das, was beim derzeitigen Lernstand auch wirklich zu schaffen ist, eingeteilt in Etappen. Zu hohe Lernziele entmutigen und führen zu zu geringer Lernarbeit. Andererseits: Wenn ohne Vorbereitung schon ein brauchbares Ergebnis möglich ist, ergibt Vorbereitung vermutlich ein noch besseres. Auch dies wäre eine individuelle Bezugsnorm.

Eltern dürfen es sich selbst „erlauben", ihrem Kind jedes Ergebnis zu „erlauben", das nun bei der Klassenarbeit herauskommen kann (und notfalls, falls es schon stärkere Leistungsängste gibt, eine „mentale Auffangposition" einzurichten). Mit dieser Einstellung im Rücken kann nun jede Anstrengung, den Stoff zu bearbeiten, lobend und ermutigend unterstützt werden, sodass schließlich auch wirklich das zustande kommt, was praktisch möglich ist.

# Teil III

# Gesprächsmethoden

# Grundlagen

## 42 Gespräche professionell führen

### 42.1 Übersicht

Um Gespräche Ziel führend und Erfolg versprechend zu gestalten, ist es hilfreich, zunächst eigene Werthaltungen und Einstellungen betreffend Moderation und Beratung zu überdenken und festzulegen und sich zugleich über die Rolle und die Gestaltungsmöglichkeiten des Gesprächspartners klar zu werden. Diesem Teil des Buches ist ein Übungszenario vorangestellt, das Gelegenheit zu einer solchen Standortbestimmung gibt.

Natürlich sind keine besonderen Gesprächsmethoden notwendig, um die Methoden und Übungen dieser Sammlung zu nutzen. Wenn dennoch einige in das Buch aufgenommen wurden, so hat dies mit der Überlegung zu tun, dass solche Methoden für die Lehrer/innen bei bestimmten Anlässen und Gelegenheiten in der Schulklasse oder bei Gesprächen mit Schüler/innen und Eltern durchaus nützlich sein mögen. Einige Methoden können auch für die Schüler/innen hilfreich sein: insbesondere Feedback-Kontrakt, das Aktive Zuhören und die Ich-Botschaft.

Die Gesprächsmethoden sind unserem alltäglichen Gesprächsverhalten ähnlich genug, um gut verwendbar zu sein. Und andererseits sind sie in ihrer je eigenen Art typisch genug, um eine günstige Bandbreite des Gesprächsverhaltens zu unterstützen.

Näher beschrieben sind die Methoden in den folgenden Abschnitten dieses Kapitels. Für eine Übersicht seien sie wie folgt skizziert:

▪ *Feedback-Kontrakt*

Wenn in einer Gemeinschaft wie der Schulklasse häufiger Feedback gegeben wird – und dies ist in der Regel selbst dann der Fall, wenn nie über das Thema Feedback gesprochen wurde –, dann kann es hilfreich sein, faire Regeln miteinander zu vereinbaren, wie dieses Feedback erfolgen soll.

▪ *Aktives Zuhören*

Eine Methode, den Gesprächspartner dabei zu unterstützen, seine Sichtweise deutlich zu machen.

▪ *Ich-Botschaft*

Hier geht es hingegen darum, dem Partner die eigene Sicht und eigene Erlebnisweisen mitzuteilen, die durch Verhaltensweisen des Partners entstehen.

# Grundlagen 187

■ *Kontrollierter Dialog*
Eine Kombination von Aktivem Zuhören und Mitteilen der eigenen Sicht; in
dieser Form eher zum Einüben des flexiblen Wechsels zwischen den Ge-
sprächsformen gedacht.

■ *Reihum-Fragen*
Geeignet, wenn mehrere Gesprächspartner des Lehrers – zum Beispiel zwei
Eltern oder eine der Schülerinnen einer Gruppe – gleichermaßen zu Wort
kommen sollen.

■ *Zirkuläres Fragen*
Eine spezialisiertere Form der Gruppenbefragung

■ *Allparteiliches Makeln*
Mehrere Gesprächspartner werden vom Lehrer mit einer bestimmten Aufgabenstellung, die auf Kooperation zielt, miteinander ins Gespräch gebracht.

Einige Methoden dienen eher der Bestandsaufnahme: Wir wollen damit unsere Gesprächspartner darin unterstützen, ihre Sichtweisen mitzuteilen.
Andere wiederum helfen uns etwas darzulegen oder zu beraten; sie taugen
also zum Informationen-Geben. Beides kann jeweils mit einzelnen Ge-
sprächspartnern oder mit Gruppen geschehen.

Damit kommen wir zu der Einteilung in der nachfolgenden Tabelle, in der
freilich einige Methoden mehrfach zugeordnet sind, eben weil sie auch mehreren Zwecken entsprechen können. Nicht aufgenommen wurde der Kontrollierte Dialog, denn er ist eher eine reine Übungsmethode. Um die gesamte Bandbreite der Gesprächsführung in der Schule zu verdeutlichen
werden drei Methoden benannt, die in der hier vorliegenden Sammlung
nicht näher beschrieben werden, weil sie uns allen ganz vertraut sind: das
„Fragen-Stellen", das „Rat-Geben" und das „Sachverhalt mitteileilen". Dieser Sachverhalt kann etwa Informationen über das Schulleben oder auch
über Entscheidungen der Lehrerinnen und Lehrer betreffen.

|  |  | Gesprächspartner | |
|  |  | Einzelne | Gruppen |
| **Modus** | Bestandsaufnahme | Fragen-Stellen<br>Aktives Zuhören | Reihum-Fragen<br>Zirkuläres Fragen<br>Allparteiliches Makeln<br>Feedback-Kontrakt<br>(Aktives Zuhören) |
|  | Informationen-Geben | Rat-Geben<br>Sachverhalt mitteilen<br>Ich-Botschaft | Rat-Geben<br>Sachverhalt mitteilen<br>Allparteiliches Makeln<br>Feedback-Kontrakt<br>Ich-Botschaft |

# 43   Gesprächsmethoden üben und nutzen

## 43.1  Handblatt zum pädagogischen Vorgehen und zu den Übungen

▓ **Ziele:** Methoden mit ihren Anwendungsmöglichkeiten und -perspektiven kennen lernen, für das eigene Repertoire nach eigenen Prioritäten nutzen
▓ **Material:** Gesprächsmethoden aus verschiedenen Schulen psychologischer Beratung mit Quellenangaben in den jeweiligen Abschnitten; Ausgangssituationen als Übungsmaterial
▓ **Durchführung:**

1. *Methoden sichten*
   Einzellektüre oder Kurzvortrag (Methoden als Kopiervorlage für Overheadfolie), um sich jeweils die Struktur und Vorgehensweise zu verdeutlichen
2. *Eigene Bewertungen überlegen*
   Bei Einzellektüre allein, in Gruppen mit Diskussion: Liegt mir eine bestimmte Gesprächsform mehr oder weniger, wo habe ich andererseits Abneigungen, welche will ich eher verwenden?
3. *Methoden ausprobieren*
   In Einzellektüre als Gedankenexperiment, in Gruppen mit Rollenspielen (in Dreiergruppen: Zwei Teilnehmer üben, einer gibt Feedback; dann auch in der Gesamtgruppe mit Feedback durch ein „Reflecting Team"); beides anhand der Ausgangssituationen des Übungsmaterials oder mit selbst entworfenen Ausgangssituationen

# Grundlagen 189

*4. Methoden im Feld erproben*

Nun können die Methoden in bestimmten realen Situationen erprobt werden; Fragestellung etwa: Welche Methodenansätze haben sich für mich bei welchen Gelegenheiten bewährt?

▨ *Hinweise:* Die Methoden sollen nicht in einer laborhaften Reinkultur im eigenen Gesprächsverhalten zutage treten, sondern so genutzt werden, wie sie zum eigenen Gesprächsstil passen. Echtheit ist wichtiger als Methodentreue. Dies bedeutet auch für Gruppen: Das Feedback soll nicht korrigierend bewerten, sondern lösungsorientiert den bereits gelungenen Prozess ansprechen und alle Teilnehmer im selbst gewählten Entwicklungsprozess begleiten. Denn es geht ja nicht um richtiges oder falsches Gesprächsverhalten, sondern um den eigenen Weg. Deshalb auch sollte bei Gruppenübungen als Erstes ein Feedback-Kontrakt abgeschlossen werden.

▨ *Variationen*: Einzellektüre mit Gedankenexperimenten, kollegiale Gruppen; Schülergruppen (nur für Feedback-Kontrakt, Aktives Zuhören, Ich-Botschaft)

# Das Menschenbild in der Gesprächsführung

## 44 Wo soll es hingehen?

### 44.1 Handblatt zum Übungsszenario

▨ **Ziele:** Im Gedankenexperiment die eigene Auffassung von Beratung klären, mit Fragestellungen wie:
- In welchen Situationen haben wir als Lehrer gegenüber den Schülern und Eltern etwas zu entscheiden, in welchen sollten wir eher beraten?
- Wie gut können Schüler, Eltern, Klienten überhaupt *selbst* erkennen, welcher Weg für sie richtig ist?
- Beim Beraten: Inwieweit sollen wir Einfluss nehmen auf die Entscheidungen und Handlungen unserer Klienten oder andererseits deren Selbstregulation und Ressourcen vertrauen?

Es handelt sich also um Grundfragen von pädagogischer Orientierung, Beratung und ähnlichen Lebensbereichen.

▨ **Material**: Übungsszenario „Darf es etwas mehr sein …?"

▨ **Dauer**: Einzellektüre: individuell; Gruppenarbeit: ca. 60 bis 90 Minuten

**Teil III: Gesprächsmethoden**

▨ **Durchführung:**

*Individuelles Gedankenexperiment:*

1. Sie lesen das Übungsszenario allein durch und nehmen dabei zum Ausprobieren gedanklich jeweils eine X- und dann Y-Position ein,
2. um dann zu überlegen, welche Ihnen mehr zusagt, oder wie Ihre höchsteigene Position, also sozusagen die Z-Position, aussieht.
3. Vielleicht diskutieren Sie die Frage mit interessierten Mitmenschen.

**Übung für Lehrer-/Moderatoren-/Berater-Gruppe**

1. Vorbereitung: In den vier Ecken des Raumes werden Wandzeitungen ausgehängt: Die X- und die Y-Theorie über Klienten und das X- und das Y-Modell von Beratung, zwischen den beiden Letzteren auch: die Beschreibung der Situation von S (alle Wandzeitungen wie im Übungsszenario).
2. Die Teilnehmer werden vom Moderator aufgefordert, sich räumlich so nah zu den beiden Theorien über Klienten zu begeben, wie sie diesen auch nach ihrer Meinung nahe stehen.
3. Kleingruppendiskussion: Jeder kann mit seinen Nachbarn darüber sprechen, warum er diesen Platz gewählt hat (5 Minuten zum Aufwärmen für den nächsten Schritt).
4. Gesamtgruppe: Kurze Mitteilung von jedem zu derselben Fragestellung
5. Teilnehmer gehen jetzt zur anderen Seite des Raumes und ordnen sich den Modellen von Beratung nach ihrer eigenen Vorliebe zu,
6. machen kurz einige Angaben zu ihrem Beratungsbegriff
7. und diskutieren nun, wie sie bei der Beratung vorgehen würden.
8. Abschließend: Inwieweit wünscht jeder Teilnehmer Anteile vom X-Modell und Y-Modell in seinem Konzept? Künftige Perspektiven ...?

▨ *Hinweise*: Eine Erfahrung dieser Übung kann darin bestehen: Es gibt mehr Möglichkeiten, als jeder dachte.

▨ *Variationen*: Einzellektüre/Gedankenexperiment oder kollegiale Gruppenarbeit

▨ *Hintergrundwissen*: Da die hier verwendete X- und Y-Theorie bzw. verwendeten -Modelle eine gewisse Nähe zur X-Theorie und zur Y-Theorie von McGregor hat, kann das entsprechende Hintergrundwissen in Teil II, S. 194 hinzugezogen werden.

▨ *Verwandtschaft mit anderen Methoden*: Soll eine Diskussion über die Selbstgestaltungsmöglichkeiten von Schülern auch mit dieen selbst geführt werden, so können die Übungen „So gestalten/arbeiten wir gern"(S. 196, 197) verwendet werden.

# Das Menschenbild in der Gesprächsführung 191

## 44.2 Übungsszenario für Lehrer/innen zur Reflektion des je eigenen Bildes von Schüler/innen/Eltern und des je eigenen Begriffes von Instruktion/Pädagogischer Zielgebung/Beratung

*S. ist eine 16-jährige, intelligente und sportliche Schülerin aus der 10. Klasse der Gesamtschule. Sie könnte die Qualifikation für die Oberstufe schaffen und sollte dies nach Ansicht der beiden Klassenlehrer auch tun, ist allerdings in ihren Leistungen jetzt bis zur Mitte des Schuljahres deutlich abgefallen, sodass dieses Ziel doch in Gefahr ist.*

*S. ist im Auswahlkader der besten Kunstturnerinnen des Bundeslandes. Sie will gern die Schulzeit schnell beenden, um sich ganz auf das Turnen zu konzentrieren, damit sie in die nationale Spitzengruppe aufsteigen kann.*

*Ihre Trainerin ist auch für diesen Weg, aber ihre Eltern wollen unbedingt, dass sie in die Oberstufe geht.*

*Die Klassenlehrer haben S. empfohlen, zu ihnen zur Beratung zu kommen, womit S. auch einverstanden ist.*[74]

Sie haben beschlossen, diese Beratung wirklich ganz richtig durchzuführen. Nun befinden sich ja bekanntlich die einzigen Experten in unserer Galaxie, die für jeden Beratungsanlass das einzige genau Richtige und objektiv an der Realität orientierte beraterische Vorgehen kennen, auf dem Planeten Aporia.

Nachdem Sie dort Ihren Fall vorgetragen haben, sagt der lang- und weißhaarige, aber nur ein wenig verhutzelte 726-jährige Vorsitzende des „Rates der schonundnochundkünftigsowiesoimmerwährenden Weisheit" zu Ihnen:

„Ja, hä? ... wieso? ... war das nicht gestern oder wann?... wie denn jetzt? ... äh... ach so ... also: Das hängt natürlich ganz davon ab, wie die Klienten auf Ihrem Planeten beschaffen sind. Entsprechen die denn nun der X-Theorie oder der Y-Theorie – na los, was denn jetzt ?!?" Und dabei wühlt er in einem staubigen, trümmerartigen Haufen voller Steinbrocken auf seinem Tisch und reicht Ihnen dann auf einem Marmortäfelchen die folgende Übersicht:

---

[74] Ausgangssituation nach einer Grundidee von Günter Müller, Schulpsychologe.

| Theorien über Schüler/Eltern/Lehrer | |
|---|---|
| X-Theorie | Y-Theorie |
| ▪ Schüler wollen Leistungszielen ausweichen und Verhaltens- regeln verletzen. | ▪ Schüler wollen gute Leistungen erreichen und sozial integriert sein. |
| ▪ Schüler haben Defizite bei ihrer Weiterentwicklung. | ▪ Schüler haben Ressourcen für ihre Weiterentwicklung. |
| ▪ Eltern und Lehrer leiden unter Schwächen bei der Entwick- lungsunterstützung ihrer Kinder/Schüler. | ▪ Eltern und Lehrer verfügen über Stärken für die Entwick- lungsunterstützung ihrer Kinder/Schüler. |
| ▪ Schüler und Eltern weichen letztlich gerade den Orientierun- gen der beratenden Lehrer/in- nen aus, die am nützlichsten für sie wären. | ▪ Schüler und Eltern können letzt- lich selbst am besten entschei- den, welche Orientierungen von beratenden Lehrer/innen für sie nützlich sind. |

Sie denken über diese Theorien nach und sagen zum Vorsitzenden: „Also: Ich schätze, dass …"

„Gut, gut! Na bitte!", unterbricht Sie der Vorsitzende, „Da haben wir es ja schon! Dann ist auch Ihr Vorgehen klar. Das finden Sie jetzt nämlich hier!"

Und dabei drückt er Ihnen ein weiteres Marmortäfelchen in die Hand:

| Modelle von Beratung/pädagogischer Zielorientierung | |
|---|---|
| X-Modell | Y-Modell |
| ▪ Ich lege gute Ziele für meine Schüler fest. | ▪ Ich helfe meinen Schülern, sich über ihre Ziele klar zu werden. |
| ▪ Ich zeige den Schülern den rich- tigen Weg, der zu den guten Zie- len führt. | ▪ Ich zeige den Schülern Wege, die zur ihren Zielen führen könnten. |

# Das Menschenbild in der Gesprächsführung                    193

| | |
|---|---|
| ▪ Ich reflektiere mit den Schülern, welche Widerstände sie daran hindern, den richtigen Weg zu gehen. | ▪ Ich reflektiere mit den Schülern, welche Wege für sie gangbar und nützlich sein können. |
| ▪ Ich mache den Schülern deutlich, welche Schwächen sie ausgleichen müssen. | ▪ Ich mache den Schülern deutlich, welche Stärken ihnen zur Verfügung stehen. |

„Ja, schön und gut, vielen Dank auch!", sagen Sie (aufrichtig bemüht, ein wenig Begeisterung in Ihren Gesichtsausdruck zu legen). „Aber welche der beiden Theorien über Klienten stimmt denn nun mit der *Wirklichkeit* überein? Das muss ich doch überhaupt erst einmal wissen, damit ich das *richtige* Modell anwenden kann!"

„Also wirklich!", sagt der Vorsitzende und lächelt milde und leicht entrückt, während er aufsteht von seinem Stuhl mit der hohen Lehne, auf der nun allerlei geschnitzte Verzierungen sichtbar werden, und sich dann – seitwärts zur Tür tapsend – entfernt. „Diese Ratgeber von der Erde! Ich kenne doch Ihre Schüler gar nicht! – Das werden Sie schon selbst herausfinden! Und dann werden es die Schüler auch schon schaffen, zu Ihrem Modell zu passen! Entschuldigen Sie mich jetzt bitte. Wir müssen uns zur Beratung zurückziehen. Wir haben da noch eine weitere Anfrage von Ihrem Planeten. Es geht da um die mentale Orientierung einer Fußballmannschaft …"

## 45 Die Y-Theorie und die X-Theorie

### 45.1 Hintergrundwissen zu den Übungen „So wir arbeiten wir gern „", „So gestalten wir gern mit" und „So arbeiten Schüler gern"

Als Basisidee für die folgenden Übungen wurde eine Theorie von McGregor[75], die dieser für die Organisationsentwicklung erdacht hat, auf Schülerinnen und Schüler bezogen. Er hat zwei Menschenbilder unterschieden, von denen die Mitglieder in Organisationen ausgehen:

In der Perspektive der „X-Theorie" sind Menschen von Natur aus bequem und ohne Ehrgeiz und suchen deshalb Sicherheit und Ruhe und scheuen zudem Verantwortung. Sie bringen erst Arbeitsergebnisse hervor, wenn sie angewiesen, kontrolliert, gezwungen und mit Sanktionen bedroht werden.

Nach der „Y-Theorie" sind Menschen erfinderisch und voller Fantasie, wenn sie es sein dürfen. Der Wunsch nach körperlichem und geistigem Arbeitseinsatz entspricht demnach der Natur des Menschen ebenso wie der Wunsch nach Sport und Spiel. Menschen spornen sich selbst an, um Ziele zu erreichen, denen sie sich verpflichtet fühlen. Dabei können und wollen sie sich selbst kontrollieren und sind unter vernünftigen Bedingungen nicht nur bereit, Verantwortung und Aufgaben zu übernehmen, sondern sie suchen dies sogar.

Diese beiden Alltagstheorien X und Y beeinflussen nach McGregor den Kommunikationsstil von Team-Mitgliedern und Team-Leitern:

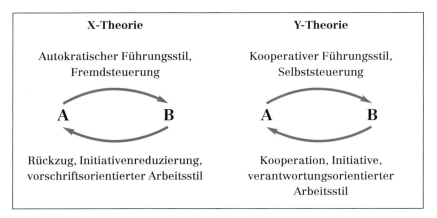

*Abbildung 15: Menschenbild, Führungsstil und Arbeitsstil*

---

[75] McGregor, D.: The Human Side of Enterprise. New York, 1962

# Das Menschenbild in der Gesprächsführung                                    195

Die X-Theorie steht in Zusammenhang mit einem autokratischen Führungsstil und dieser wiederum mit einem fremdgesteuerten und wenig initiativen Arbeitsstil der Teammitglieder bis hin zu Opposition und Verweigerung, wobei Führungsstil und Arbeitsstil wechselseitig verfestigend aufeinander einwirken.

Die Y-Theorie entspricht einem kooperativen Führungsstil, dem ein Arbeitsstil von Initiative, Aktivität, Selbstverantwortung und Selbstkontrolle gegenübersteht. Und auch hier unterstützen sich Führungsstil und Arbeitsstil gegenseitig.

Bei diesen beiden Theorien wirkt also das Prinzip der „selbsterfüllenden Prophezeiungen" (S. 62) – dies darf vermutet werden, obwohl dieses Prinzip erst später ausformuliert wurde[76]: Gerade die Verhaltensweisen der Mitmenschen werden hervorgerufen oder unterstützt, die man ihnen nach der eigenen Theorie schon zuvor zugeschrieben hatte.

## 45.2 Handblatt zu den Übungen und Fragebögen

▨ **Ziele:** Rollendiskussion bei Schüler/innen anregen, inwieweit diese sich selbst als leistungsfreudige Menschen („Wie wir gern arbeiten") und als verantwortliche Mitgestalter der Klassengemeinschaft („Wie wir gern mitgestalten") sehen wollen. Rollendiskussion bei Lehrer/innen einleiten, inwieweit sie den Schülerinnen eine solches Rollenverständnis zutrauen („Wie unsere Schüler gern arbeiten"). Dies als Gelegenheit für einen konstruktiven Rollendialog zwischen Lehrern und Schülern nutzen.

▨ **Material:** Fragebögen, Auswertungsblatt (Kopiervorlagen)

▨ **Dauer:** eine Schulstunde für eine Gruppe mit einem Fragebogen; zwei Schulstunden, wenn eine Schülergruppe und eine Lehrergruppe beide einen Fragebogen bearbeiten

▨ **Durchführung:**

1. Als Vorbereitung kann ein Fragebogen im Selbstversuch ausgewertet werden (entweder in den Schüler-Versionen oder in der Version für Lehrer und Eltern), um die eigenen Einstellungen und Entwicklungswünsche zu durchdenken.

2. Je nach Variante füllt jeder Teilnehmer einer Schüler- oder einer kollegialen Gruppe den jeweils passenden Fragebogen (in Einzelarbeit) aus.

---

[76] Vgl. Watzlawick, P.: Selbsterfüllende Prophezeiungen. In: Watzlawick, P. (Hrsg.): Die erfundene Wirklichkeit. Beiträge zum Konstruktivismus. München, 1985

**Teil III: Gesprächsmethoden**

3. und wertet diesen dann mit dem Auswertungsbogen selbst aus.
4. Dann erfragt die Lehrerin ein Meinungsbild durch einfaches Aufzeigen: Wer neigte eher zur X-, wer eher zur Y-Theorie?
5. Gruppengespräch mit Fragestellungen wie: Was spricht für jede der Theorien, welche Perspektiven ergeben sich daraus für die Zusammenarbeit von Lehrern und Schülern?

▪ *Hinweise:* Der Lehrer kann seine eigene Meinung dabei einbringen (auch etwas aus dem „Hintergrundwissen" vortragen), sollte aber zugleich Sorge tragen, dass alle Meinungen respektiert werden.

▪ *Variationen:* Schulklasse gemeinsam mit einer oder mehreren Lehrerinnen, kollegiale Gruppe; Eltern beim Elternabend

▪ *Kombination mit anderen Methoden:* Die Diskussion kann gut in eine spätere Kreativphase etwa in Form von „Brainstorming" mit Zurufabfrage und Lösungsverhandlung (S. 80) münden, etwa zur Frage: Wie wollen wir künftig in unserer Klasse miteinander bei der Klassenarbeitsvorbereitung (oder: Hausaufgabenbetreuung oder: in anderen Arbeitsbereichen) umgehen.

▪ *Zugehöriges Hintergrundwissen:* „Die Y-Theorie und die X-Theorie"

# 46 So arbeiten wir gern

## 46.1 Fragebogen für Schülerinnen und Schüler

**Wie wir gern arbeiten**

Wie Schülerinnen und Schüler sich beim Arbeiten am liebsten verhalten – das kann man unterschiedlich sehen. Der Zweck dieses Fragebogens ist es, sich über die eigene Sicht klar zu werden. Jeder kann den Fragebogen für sich selbst auswerten und danach bei sich behalten. Später können wir darüber miteinander sprechen. Kreuze bitte bei jeder Feststellung an, inwieweit sie deiner Meinung nach zutrifft.

| | 1<br>stimmt<br>gar<br>nicht | 2<br>stimmt<br>eher<br>nicht | 3<br>teils,<br>teils | 4<br>stimmt<br>eher | 5<br>stimmt<br>genau |
|---|---|---|---|---|---|
| 1. Schülerinnen und Schüler mögen geistiges Arbeiten. | | | | | |
| 2. Schülerinnen und Schüler wollen es möglichst bequem haben. | | | | | |

| | | | | | |
|---|---|---|---|---|---|
| 3. Schülerinnen und Schüler wollen für sich selbst Verantwortung haben. | | | | | |
| 4. Schülerinnen und Schüler arbeiten am besten, wenn sie viel kontrolliert werden. | | | | | |
| 5. Schülerinnen und Schüler verfügen prinzipiell über ein hohes Maß an Kreativität. | | | | | |
| 6. Schülerinnen und Schüler haben eine Abneigung gegen geistige Arbeit. | | | | | |
| 7. Schülerinnen und Schüler wollen gern in der Schule erfolgreich sein. | | | | | |
| 8. Wenn man Schülerinnen und Schüler selbst entscheiden lässt, machen sie nur das wenige, was sie interessiert. | | | | | |
| 9. Wenn Schülerinnen und Schüler viel eigene Gestaltungsfreiheiten haben, arbeiten sie besser und zufriedener. | | | | | |
| 10. Wenn Schülerinnen und Schüler viel eigene Gestaltungsfreiheiten haben, sind sie zwar zufriedener, arbeiten aber schlechter. | | | | | |
| Gesamtsumme | | | | | |

# 47 So gestalten wir gern mit

## 47.1 Fragebogen für Schülerinnen und Schüler

**Wie wir gern mitgestalten**

Können Schülerinnen und Schüler es eigentlich erfolgreich selbst bestimmen und festlegen, wie man in der Klasse fair miteinander umgeht und die Klassengemeinschaft gemeinsam gestaltet? Das kann man unterschiedlich sehen. Der Zweck dieses Fragebogens ist es, sich über die eigene Sicht klar zu werden. Jeder kann den Fragebogen für sich selbst auswerten und danach bei sich behalten. Später können wir darüber miteinander sprechen. Kreuze bitte bei jeder Feststellung an, inwieweit sie deiner Meinung nach zutrifft.

| | 1 stimmt gar nicht | 2 stimmt eher nicht | 3 teils, teils | 4 stimmt eher | 5 stimmt genau |
|---|---|---|---|---|---|
| 1. Schülerinnen und Schüler wollen, dass es in der Klasse fair und gerecht zugeht. | | | | | |
| 2. Schülerinnen und Schüler haben bei Auseinandersetzungen vor allem ihren eigenen Vorteil im Auge. | | | | | |
| 3. Schülerinnen und Schüler wollen Regeln für ein gutes Zusammenleben in der Klasse haben. | | | | | |
| 4. Schülerinnen und Schüler wollen über die Regeln für ein gutes Zusammenleben in der Klasse möglichst nicht nachdenken. | | | | | |
| 5. Schülerinnen und Schüler wollen selbst dafür sorgen, dass die Regeln für ein gutes Zusammenleben auch eingehalten werden. | | | | | |
| 6. Schülerinnen und Schüler wollen, dass die Lehrer festlegen, wie die Schüler miteinander umgehen. | | | | | |
| 7. Schülerinnen und Schüler haben gute Ideen, wie eine gute Klassengemeinschaft aussieht. | | | | | |
| 8. Schülerinnen und Schüler finden es altmodisch, über die Klassengemeinschaft nachzudenken. | | | | | |
| 9. Wenn Schülerinnen und Schüler viel Mitspracherecht haben, ist das gut für das Klassenleben. | | | | | |
| 10. Wenn Schülerinnen und Schüler viel Mitspracherecht für das Klassenleben haben, wird ihnen das schnell zu viel. | | | | | |
| Gesamtsumme | | | | | |

# Das Menschenbild in der Gesprächsführung — 199

## 48 So arbeiten Schüler gern

### 48.1 Fragebogen zum Menschenbild für Lehrer/innen und Eltern

**Wie unsere Schüler gern arbeiten**

Wie Schüler sich beim Arbeiten am liebsten verhalten – das kann man unterschiedlich sehen. Zweck dieses Fragebogens ist es, sich über die eigene Sicht klar zu werden. Jeder kann den Fragebogen für sich selbst auswerten und dann bei sich behalten. Später können wir darüber miteinander sprechen. Kreuzen Sie bitte bei jeder Feststellung an, inwieweit sie Ihrer Meinung nach zutrifft.

|  | 1 stimmt gar nicht | 2 stimmt eher nicht | 3 teils, teils | 4 stimmt eher | 5 stimmt genau |
|---|---|---|---|---|---|
| 1. Schülerinnen und Schüler mögen geistiges Arbeiten. |  |  |  |  |  |
| 2. Schülerinnen und Schüler wollen es möglichst bequem haben. |  |  |  |  |  |
| 3. Schülerinnen und Schüler wollen für sich selbst Verantwortung haben. |  |  |  |  |  |
| 4. Schülerinnen und Schüler arbeiten am besten, wenn sie viel kontrolliert werden. |  |  |  |  |  |
| 5. Schülerinnen und Schüler verfügen prinzipiell über ein hohes Maß an Kreativität. |  |  |  |  |  |
| 6. Schülerinnen und Schüler haben eine Abneigung gegen geistige Arbeit. |  |  |  |  |  |
| 7. Schülerinnen und Schüler wollen gern in der Schule erfolgreich sein. |  |  |  |  |  |
| 8. Wenn man Schülerinnen und Schüler selbst entscheiden lässt, machen sie nur das wenige, was sie interessiert. |  |  |  |  |  |
| 9. Wenn Schülerinnen und Schüler viele eigene Gestaltungsfreiheiten haben, arbeiten sie besser und zufriedener. |  |  |  |  |  |
| 10. Wenn Schüler viele eigene Gestaltungsfreiheiten haben, sind sie zwar zufriedener, arbeiten aber schlechter. |  |  |  |  |  |

| | | | | | |
|---|---|---|---|---|---|
| 11. Schülerinnen und Schüler identifizieren sich stärker mit Zielen, für die Belohnung und Anerkennung in Aussicht steht. | | | | | |
| 12. Schülerinnen und Schüler arbeiten lieber und effektiver nach konkreten Arbeitsanweisungen als eigengesteuert. | | | | | |
| 13. Schülerinnen und Schüler wollen, haben und entwickeln Initiative. | | | | | |
| 14. Verantwortung muss durch Druck und Kontrolle auf Schülerinnen und Schüler übertragen werden | | | | | |
| 15. Durch eingeräumte Gestaltungs -möglichkeiten wird die Arbeit von Schülerinnen und Schüler effektiver. | | | | | |
| 16. Nur unter Zwang passen sich Schülerinnen und Schüler in die Schul-Organisation ein. | | | | | |
| 17. Schülerinnen und Schüler, die von ihren Arbeitszielen überzeugt sind, brauchen wenig Kontrolle. | | | | | |
| 18. Schülerinnen und Schüler werden durch die Anstrengung geistiger Arbeit verdrossen. | | | | | |
| 19. Schülerinnen und Schüler verfügen über genug Vorstellungskraft, an der Organisation des Lernens in der Schulklasse mitzuwirken. | | | | | |
| 20. Durch eingeräumte Gestaltungsmöglichkeiten verzetteln sich Schülerinnen und Schüler in unwichtigen „Steckenpferd"-Arbeitsbereichen. | | | | | |
| 21. Die Bereitschaft, Verantwortung zu übernehmen, ist der Natur der Schülerinnen und Schüler angeboren. | | | | | |
| 22. Es erfordert umfassende Kontrolle, um Schülerinnen und Schüler zur Selbstdisziplin zu erziehen.. | | | | | |
| Gesamtsumme | | | | | |

# Das Menschenbild in der Gesprächsführung 201

## 48.2 Auswertung zu den Fragebögen

Die Auswertung der Fragebögen auf S. 196–199 kann helfen, sich die eigenen Meinungen zum angesprochenen Thema deutlich zu machen. Dazu wird nun die Summe der Punktwerte, die bei allen Fragen mit ungeraden Nummern stehen (also Frage 1, 3, 5, 7 usw.), errechnet. Davon wird dann wird die Summe aller markierten Werte bei den geraden Zahlen (also Frage 2, 4, 6 usw.) abgezogen.

| Summe der Punkte bei Fragen mit ungeraden Nummern | minus − | Summe der Punkte bei Fragen mit geraden Nummern | ergibt = | Gesamtergebnis |
|---|---|---|---|---|
|  |  |  |  |  |

Das Gesamtergebnis kann auch negative Zahlen enthalten. Es kann für die Fragebogen „So arbeiten wir gern" und „So gestalten wir gern mit" gemäß der folgenden Tabelle eingestuft werden:

| Punktzahl | Einstufung |
|---|---|
| 16 bis 20 | Volle Zustimmung zur Y-Theorie |
| 6 bis 15 | Eher Zustimmung zur Y-Theorie |
| 5 bis −5 | Teils Zustimmung zur Y-Theorie, teils zur X-Theorie |
| −6 bis −15 | Eher Zustimmung zur X-Theorie |
| −16 bis −20 | Volle Zustimmung zur X-Theorie |

Was es nun mit der in der Tabelle genannten X-Theorie und Y-Theorie auf sich hat, darüber kann jetzt gleich gesprochen werden.
(Auswertungstabelle für den Fragebogen: „So arbeiten Schüler gern")

| Punktzahl | Einstufung |
|---|---|
| 35 bis 44 | Volle Zustimmung zur Y-Theorie |
| 13 bis 34 | Eher Zustimmung zur Y-Theorie |
| 12 bis −12 | Teils Zustimmung zur Y-Theorie, teils zur X-Theorie |
| −13 bis −34 | Eher Zustimmung zur X-Theorie |
| −35 bis −44 | Volle Zustimmung zur X-Theorie |

# Anwendung

## 49 Gesprächsmethoden

### 49.1 Feedback-Kontrakt

Der Feedback-Kontrakt ist genau genommen nicht im engeren Sinne eine Gesprächsmethode, sondern eine Moderationsschrittfolge. Diese führt zu einer Einigung darüber, wie Feedback in der Gruppe gegeben werden soll. Das Feedback (S. 222) ist eine traditionelle Moderationsmethode [77], die den Teilnehmern einer Gruppe hilft, sich aufeinander einzustellen durch Rückmeldungen darüber, wie das Verhalten des anderen erlebt wird.

▦ **Ziele:** Einigung in einer Gruppe herbeiführen über sozialverträgliche, unterstützende Regeln des Feedbacks; dadurch die Unterstützungskultur auch für die alltäglichen Formen der informellen Rückmeldung in der Schulklasse weiterentwickeln

▦ **Durchführung:**

1. Zunächst wird vom Lehrer der Zweck der Übung (s. o.) erläutert.
2. Dann werden einige denkbare Feedbackregeln vorgestellt (Wandzeitung), etwa aus den folgenden:
   - Gib Feedback, wenn der andere es auch hören kann.
   - Beziehe das Feedback auf konkretes Verhalten, nicht auf vermutete Charaktereigenschaften.
   - Nicht analysieren.
   - Unterscheide eigene Wahrnehmungen/Gefühle von Hypothesen über dein Gegenüber.
   - Überhaupt: Sei dir darüber klar, dass es sich um deine Weltsicht handelt und dein Gegenüber ein Recht auf seine eigene Weltsicht hat.
   - Sei wohlwollend beim Feedback.
   - Nicht zu viel Feedback auf einmal.
   - Günstig ist ein enger zeitlicher Zusammenhang mit dem Verhalten.
   - Feedback ist *kein* Veränderungsauftrag an mein Gegenüber.
   - Respektiere „Stopp"-Signale" während des Feedbacks.
   - Als Empfänger: Höre zu, erkläre möglicherweise, aber du brauchst dich nicht zu rechtfertigen, weil es sich um eine Mitteilung handelt, wie dein Verhalten vom Gegenüber erlebt wird.

---

[77] Zum Beispiel Antons, K.: Praxis der Gruppendynamik. Göttingen, Hogrefe, 1973

# Das Menschenbild in der Gesprächsführung 203

3. Jetzt kann die Gruppe diskutieren: Können diese Regeln so akzeptiert werden, sind einige zu modifizieren oder zu streichen? Sind andere hinzuzufügen?
4. Die Regeln werden auf der Wandzeitung umgestaltet, bis alle – natürlich auch der Lehrer – einverstanden sind.
5. Dann gibt es eine Wandzeitung, die deutlich macht, wie diese Klasse oder Gruppe mit Feedback umgehen will.

## 49.2 Aktives Zuhören

Diese Gesprächsmethodik entstammt den humanistischen Beratungsansätzen (z. B. Carl Rogers und Thomas Gordon[78]), die besondere Aufmerksamkeit darauf verwenden, die Situation und das Erleben von Klienten gut zu verstehen.

▪ **Ziele**: dem Gesprächspartner Zeit und Raum zu geben, seine ureigenste Auffassung mitzuteilen und sich vielleicht währenddessen erst noch klarer über diese Auffassung zu werden; Verstehen und Bestandsaufnahme in Beratungssituationen ermöglichen (etwa in Gesprächen mit einzelnen Schülern, in der Schulklasse, bei Elterngesprächen)

▪ **Einsatz**: in Beratungssituationen (Einzelgespräch/Gruppensituation)

▪ **Durchführung**:
1. Beim Zuhören werden Körpersignale gegeben – zugewandte Haltung (Botschaft: „Ich bin interessiert an dem, was du sagst"), Schweigen (Botschaft: „Ich höre zu"), Nicken, „Mhm!" (Botschaft: „Ich verstehe") –, die zum Sprechen ermutigen.
(Beispiel: Der Gesprächspartner hat nun gesagt: „Ich sage immer zu mir selbst: Mein Kind wird doch wohl noch irgendwie in diesem Schuljahr die Klasse schaffen!")
2. Beim eigenen Sprechen werden keine Fragen gestellt, stattdessen folgen Rückmeldungen über das Verstandene, und zwar auf drei Ebenen:
   ▪ Inhalt
   (im Beispiel: „Sie überlegen, dass Ihr Kind die Klasse noch schaffen wird.")
   ▪ Gefühl
   (im Beispiel: „Sie sind sich unsicher, ob Ihr Kind die Klasse noch schafft"

---

[78] Gordon, T.: Lehrer-Schüler-Konferenz. Hamburg, Hoffmann und Campe, 1978

oder: „Sie haben doch noch Hoffnungen, dass Ihr Kind die Klasse schafft.")

■ Wunsch

(Im Beispiel: „Sie wünschen sich, dass Ihr Kind die Klasse noch schafft.")

■ *Hinweise:*

■ Diese Gesprächsform wird am besten so zu dosieren sein, wie es beide Seiten als natürlich empfinden und wie es den Empfindungen für Nähe und Distanz entspricht. Beispielsweise wird nicht in jedem Satz ein Gefühl angesprochen werden.

■ Diese Gesprächform kann bei einer Bestandsaufnahme auch mit dem Fragen stellen verbunden werden: Nach einer Frage wird eine längere Zeit wieder das Aktive Zuhören angewendet, um den Gesprächspartner gut zu verstehen.

■ Die Rückmeldungen des aktiv Zuhörenden sind nicht korrektiv, sondern verstehend und getragen von Akzeptanz der Person gegenüber und von Echtheit.

■ *Variationen:*

■ Ausprobieren und Üben: Einzelreflexion

■ Ausprobieren und Üben: mit kollegialen Gruppen

■ Vermitteln und Übenlassen: Schülergruppen und Schulklassen (etwa begleitend bei bestimmten Gelegenheiten des Klassengesprächs)

■ *Kombination mit anderen Methoden:* Im Verbund mit der Ich-Botschaft kann eine Rhythmik zwischen Verstehen und Mitteilen hergestellt werden (vgl. auch: „Kontrollierter Dialog", S. 206).

## 49.3 Ich-Botschaft

Wie das Aktive Zuhören stammt die Ich-Botschaft aus dem Formenkreis der humanistisch orientierten Beratung[79]. Sie ist ursprünglich gedacht als eine Spezialform von Feedback in Situationen, die ein Partner als störend erlebt, zielt dabei auf eine freundliche, aber klare Mitteilung darüber und drückt einen Änderungswunsch aus.

■ **Ziele**: Eigene Befindlichkeit freundlich ohne Angriff auf die Selbstachtung des Gesprächspartners mitteilen, so dass dies auch aufgenommen werden kann.

---

[79] Vgl. Gordon, T.: Lehrer-Schüler-Konferenz. Hamburg, Hoffmann und Campe, 1978

# Das Menschenbild in der Gesprächsführung 205

- In ursprünglicher Form: Änderungswünsche ausdrücken in unliebsamen Situationen

  In anderer, nämlich lösungsorientierter Form dann auch: Den Gesprächspartner in positiv erlebten Situationen darin bestärken, bestimmte Aspekte des Verhaltens noch zu stabilisieren
- Für bestimmte Situationen eine Alternative verfügbar haben zum einfachen Anweisen, das weniger über die eigene Befindlichkeit sagt
- **Einsatz**: in Beratungssituationen (Einzelgespräch/Gruppensituation)
- **Durchführung**:

| Aufbau | Verhalten des Kommunikationspartners (Beschreibung, keine Bewertung) | Folgen für den Sender (konkrete Beschreibungsebene, auch wenn es sich um „innere" Folgen handelt, keine Gefühlsebene) | Empfindungen des Senders (Erlebnis- und Gefühlsebene) |
|---|---|---|---|
| Beispiel: Erleben beschreiben | „Wenn ihr Schüler alle gleichzeitig redet, ... | ... dann steigt der Geräuschpegel in der Klasse so hoch an, dass ich lauter reden muss ...," | ... und ich habe keine Lust, mich unnötig im Unterricht anzustrengen." |
| Beispiel: Wunsch äußern | „Gestern habt ihr nacheinander geredet ... | ... und dann konnten wir auf unsere Beiträge eingehen und ich konnte in normaler Lautstärke reden ... | ... und dann freue ich mich, eure guten Beiträge zu hören." |

- *Hinweis*: Das Verhalten des Partners sollte genau beschrieben werden, damit dieser weiß, was an seinem Verhalten den Sender stört (oder auch: was ihm gefällt). Dann ist die Beschreibung nicht nur klarer, sondern auch eher vorwurfslos und nicht-wertend. Günstig kann es dann auch sein, anschließend positive Gegenbeispiele zu benennen, die ebenfalls schon verwirklicht wurden.
- *Variationen:*
  - Ausprobieren und Üben: Einzelreflexion
  - Ausprobieren und Üben: mit kollegialen Gruppen

- Vermitteln und Übenlassen: Schülergruppen und Schulklassen (etwa begleitend bei bestimmten Gelegenheiten des Klassengesprächs)
- *Kombination mit anderen Methoden:* Im Verbund mit der Ich-Botschaft kann eine Rhythmik zwischen Verstehen und Mitteilen hergestellt werden.

### 49.4 Kontrollierter Dialog

Der Kontrollierte Dialog ist eine Übungsmethode der Gruppendynamik, bei der jeder Partner zunächst dem anderen aktiv zuhört und dann sich selbst mitteilt.[80]

- **Ziele:**
  - Bei Einhaltung des ursprünglichen formalen Aufbaus (verursacht aber bei längerem Üben Unbehagen, weil der strikte schnelle Wechsel zu ungewohnt ist): Einüben der Rhythmik von Verstehen und Sich-Mitteilen
  - Bei Wechsel nach jeweils etwas längeren Passagen: Rhythmik anwendungsnah gestalten lernen
- **Einsatz:** In Beratungssituationen (Einzelgespräch/Gruppensituation; dann freilich in der anwendungsnahen Rhythmik)
- **Durchführung:**

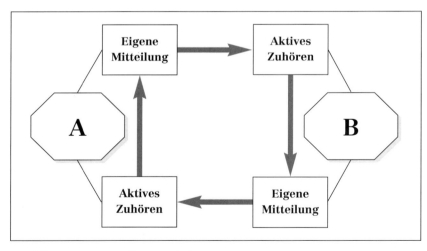

*Abbildung 16: Kontrollierter Dialog*

---

[80] Vgl. Antons, K.: Praxis der Gruppendynamik. Göttingen, Hogrefe, 1973

# Das Menschenbild in der Gesprächsführung 207

1. Das Vorgehen wird durch die Abbildung verdeutlicht:
2. Zunächst teilt sich A mit, was B mit aktivem Zuhören zu verstehen sucht,
3. dann gibt B seine darauf bezogene Stellungnahme, die A zunächst verstehen will,
4. bevor A seine Auffassung dazu mitteilt.
5. Die Rückmeldung kann noch zu einer Schleife führen, wenn nämlich A und B vereinbaren, dass der jeweils Zuhörende seine Rückmeldung so oft wiederholt, bis der Sender sich verstanden fühlt.

**Ausgangssituation zum Üben**

(Einzelreflexion oder paarweise 5 bis 10 Minuten, Auswertung in der Gesamtgruppe)

> Überlegen Sie, was Sie gern am folgenden Wochenende tun wollen, und versuchen Sie, Ihren Gesprächspartner davon zu überzeugen, dass dies eine sinnvolle Art ist, das Wochenende zu verbringen. Hören Sie sich an, wie Ihr Gesprächspartner sein Wochenende verbringen will, und teilen Sie ihm mit, was Sie davon halten.

■ *Variationen:*
■ Ausprobieren und Üben: Einzelreflextion
■ Ausprobieren und Üben: mit kollegialen Gruppen

## 49.5 Reihum-Fragen

Reihum zu fragen ist eine traditionelle systembezogene Gesprächsmethode[81] – oder besser vielleicht: Gesprächsstruktur – mit dem Ziel, die Sichtweisen aller Anwesenden (etwa: eine Familie oder ein Team oder eine Gruppe/Schulklasse) zusammenzutragen.

■ **Ziele:**
■ Beim Ausprobieren: sich Rhythmik zu Eigen machen, *alle* Sichtweisen bei einer Gruppe zu erfragen (und nicht nur beim gewohnheitsmäßigen „Sprecher" der Gruppe)

---

[81] Vgl. z.B. Minuchin, S.: Familie und Familientherapie. Freiburg, Lambertus, 1977

- Beim Anwenden deutlich werden lassen: Die Sichtweisen in einer Gruppierung können und dürfen unterschiedlich sein, und die Kenntnis über solche Unterschiede ist für alle hilfreich, jede Meinung ist wichtig. Überdies wird dies auch als gerecht empfunden und mit alledem ist die Methode gut geeignet, ein geeignetes Klima für Lebendigkeit und Kreativität zu erzeugen.
- Auch noch beim Anwenden: Erfragen von Sichtweisen sowohl für die Bestandsaufnahme (Ist-Zustand) als auch für die Planungsphase (gewünschter Zustand)

**Einsatz:** in Beratungssituationen (Gruppensituation)

**Durchführung:**

1. Zunächst wird eine Frage gestellt, zu der dann nacheinander die Anwesenden Stellung nehmen.
   Beispiel aus der Einzelberatung eines Lehrers für Eltern und Schüler: *Eltern und Schüler werden gefragt, ob sie mit dem Leistungsstand eines Schülers oder einer Schülerin zufrieden sind.*

2. Dies kann dann überleiten zu weiterem Reihum-Fragen, bei dem die einzelnen Teilnehmer jeweils individuelle Fragen gestellt bekommen:
   Im Beispiel: *Die Eltern werden gefragt, ob es für sie schwer zu akzeptieren ist, dass der Schüler zufriedener mit seinen Leistungen ist als sie selbst. Der Schüler wird gefragt, ob er enttäuscht ist über die unzufriedene Bewertung der Eltern.*
   Beispiel aus einer Schulklasse zu Schritt 1: *Lehrer fragt die Schüler/innen, inwieweit sie die Gesprächsregel gut finden, dass jeder sich melden muss, bevor er im Unterricht etwas sagen darf. Dabei wird deutlich, dass einigen Schülern diese Regel wichtig ist, damit jeder drankommen kann. Andere aber sehen eine Einengung darin, weil sie erlebt haben, gar nicht zu Wort zu kommen, als sie gerade etwas ganz Wichtiges sagen wollten.*
   Schritt 2 im Beispiel: *Der Lehrer teilt jetzt die Klasse in Gruppen von Befürwortern und Gegnern einer strengen Sich-melden-Regel auf: Jede Gruppe soll einen Umgang mit der Regel vorschlagen, mit dem die Vorteile des eigenen Vorschlages genutzt werden und zugleich Ideen beigesteuert werden, wie die Nachteile vermieden werden können.*

*Hinweis*: Methodisch bedeutsam beim Reihum-Fragen ist es, alle Anwesenden einzubeziehen.

*Variationen*:
- Ausprobieren und Üben: Einzelreflektion
- Ausprobieren und Üben: mit kollegialen Gruppen

# Das Menschenbild in der Gesprächsführung 209

## 49.6 Zirkuläres Fragen

Das Zirkuläre Fragen entstammt als systemische Gesprächsmethode der so genannten Mailänder Schule [82] und ist eine spezifische Form eines Reihum-Fragens zur Bestandsaufnahme von aufeinander bezogenen Sichtweisen mehrerer Ratsuchender. Die Methode kann in abgewandelter Form – über den ursprünglichen therapeutisch-beraterischen Kontext hinausgehend – auch gut für die Gruppenmoderation, beispielsweise in Schulklassen, verwendet werden. Alle Anwesenden erfahren etwas über die Bilder der anderen, und auch darüber, wie diese bestimmte Interaktionssituationen erleben oder wie sie eine ganz veränderte Situation einschätzen würden.

- **Ziele:**
  - Beim Ausprobieren: sich Rhythmik zu Eigen machen, die Sichtweisen bei einer Gruppe zu erfragen und dabei aufeinander zu beziehen
  - Beim Anwenden: die aufeinander bezogenen Sichtweisen für die Mitglieder der Gruppierung deutlich werden lassen und dabei neben der Bestandsaufnahme auch lösungsorientiert Entwicklungstendenzen aufscheinen lassen. [83]
- **Einsatz**: in Beratungssituationen (Gruppensituation)
- **Durchführung:**

Das grundlegende Muster folgt etwa der Formel: Lehrer fragt A, was A glaubt, wie B reagieren würde, wenn A das Verhalten X ausprobieren würde. Oder auf einer erweiterten Stufe: Lehrer fragt A: was würde B machen, wenn C entsprechend das Verhalten Y an den Tag legt.

Beispiel A:

Bestandsaufnahme eines kritischen Verhaltens in der Einzelberatung einer Familie („kritisch" nach Einschätzung der Ratsuchenden):

*„Wie reagiert Ihre Tochter, wenn Sie Hausarrest androhen, damit sie endlich mit den Hausaufgaben beginnt?" (Antwort etwa: Tochter blockiert, Mutter macht mehr Druck, Tochter blockiert noch mehr; eskalierende Druck-Vermeidungsinteraktion)*
Möglichkeit in diesem Beispiel für eine lösungsorientierte Frage nach Ausnahmen:

---

[82] Selvini-Palazzoli, M.: Der entzauberte Magier. Stuttgart, Klett-Cotta, 1978
[83] Die lösungsorientierte Tendenz war dem ursprünglichen Ansatz dieser Gesprächsmethode nicht zu Eigen, lässt sich aber damit auch verbinden.

**210** Teil III: Gesprächsmethoden

*„Fällt Ihnen eine andere Situation ein, in der es besser zwischen Ihnen geklappt hat?"* *(Antwort etwa: Gut-Zureden, Mutmachen auf Seiten der Mutter und zunehmendes Arbeiten und Hilfeannehmen der Tochter; langsam anspringende und sich steigernde Unterstützungsinteraktion.)*

Möglichkeit in diesem Beispiel für lösungsorientiert hypothetisches Fragen nach Weiterentwicklung der Ausnahme:

*„Wie würde Ihre Tochter reagieren, wenn Sie sich häufiger darauf verlegen würden, es so zu versuchen, wie sie damals erfolgreich getan haben?"* *(Antwort etwa: Oh, dann tut sie vielleicht doch wieder nichts, weil sie ja mit viel Druck immerhin manchmal dazu zu bringen ist; Mutlosigkeit der Mutter, den Unterstützungszyklus einführen zu können).*

In diesem Beispiel könnte man natürlich die Tochter – sofern anwesend – jeweils entsprechend hinsichtlich ihrer Überzeugungen über die Auswirkungen ihres eigenen Verhaltens befragen. Jedoch kann sich die Zirkuläre Befragung auch für die Beratung einzelner Personen eignen, weil darin bereits deren systembezogene Bilder und Zugänge aufscheinen.

Eine mögliche Intervention könnte es dann etwa sein, der Mutter (entsprechend reziprok auch der allein anwesenden Schülerin) Mut zu machen, es mit den gelungenen Verhaltensweisen häufiger zu versuchen und eventuell sogar einmal mit dem Interaktionspartner darüber zu verhandeln, ob dies nicht sein günstiges Verhalten erleichtern würde, was wiederum einem selbst hilft ...

Beispiel B:

Befragung in einer Schulklasse: *„Was glaubt ihr als Schüler der Gruppierung A, wie die Schüler der Gruppierung B reagieren würden, wenn ihr aufhören würdet, sie zu bekämpfen? Würden die sich dann mit euch vertragen oder würden die das als Schwäche auslegen und euch erst recht angreifen?"* *(Befragungsergebnis etwa: Schüler der Gruppierung A gehen davon aus, dass die jeweils andere Gruppierung ein Entgegenkommen als Schwäche ausnutzen würde; Interaktion als symmetrischer Eskalationszyklus)*

Möglichkeit in diesem Beispiel für eine lösungsorientierte Frage nach Ausnahmen:

„Wann habt ihr das zuletzt erlebt, dass ihr euch mit der anderen Gruppierung vertragen habt und die euch dann auch entgegengekommen sind? (Ergebnis etwa: Vor der Eskalation gab es Ansätze zu sozialintegrativer Kommunikation im Sinne eines Integrationszyklus.)

# Das Menschenbild in der Gesprächsführung 211

Möglichkeit in diesem Beispiel für lösungsorientiert hypothetisches Fragen nach Weiterentwicklung der Ausnahme:

„Wie könnten beide Seiten gemeinsam dafür sorgen, dass sie sich wieder vertragen?"

■ *Hinweise:* Obwohl diese Gesprächsform gerade auch in Konfliktsituationen nützlich sein kann, erfordert sie doch dann die Bereitschaft, die Sicht des anderen als dessen Auffassung gelten zu lassen, was aber der erste Schritt zu versöhnlicheren Entwicklungen sein kann.

■ *Kombination mit anderen Methoden*
Das Zirkuläre Fragen ist eine gute Vorbereitung (etwa im letzten Beispiel), in der Beratungsphase zur Gesprächsmethode des Allparteilichen Makelns überzugehen, um die beiden Parteien an gemeinsam getragenen Lösungen arbeiten zu lassen.

## 49.7 Allparteiliches Makeln

Diese Gesprächsform wird wie die beiden vorigen ebenfalls in den systemischen Beratungsformen beschrieben[84] und soll für unsere Zwecke als Allparteiliches Makeln bezeichnet werden: Mehrere Ratsuchende werden durch die Moderatorin oder den Moderator miteinander ins Gespräch gebracht, damit ihnen Gelegenheit gegeben werde, miteinander über künftige Interaktionsformen, Konfliktlösungen und Ähnliches mehr zu verhandeln.

■ **Ziele**:

■ Beim Ausprobieren: sich Rhythmik zu Eigen machen, die Gesprächspartner miteinander ins Verhandeln zu bringen

■ Beim Anwenden: Planungsphase einleiten; dabei sich selbst – jedenfalls zeitweilig – aus der Rolle des „Lösungsagenten" zurückziehen und eben dadurch selbstregulative Lösungstendenzen der Gesprächspartner unterstützen

■ **Einsatz**: in Beratungssituationen (Gruppensituation); vielleicht auch für Schüler brauchbar, wenn sie als Streitschlichter tätig sind
Günstig ist eine Gesprächssituation, in der zumindest Lösungsansätze in Form früherer Erfahrungen (Ausnahmen zum „kritischen" Verhalten) oder hypothetisch angedachter Tendenzen aufgeschienen sind. Die Ratsuchenden sind dann möglicherweise nicht so auf enttäuschende Konflikterfahrun-

---

[84] Vgl. etwa Minuchin, S.: Familie und Familientherapie. Freiburg, Lambertus, 1977

gen fixiert, dass sie diese in ihrer aktuellen Verhandlung reproduzieren, sondern eher geneigt, nachdenklich und vorsichtig-optimistisch sich aufeinander zu zu bewegen. Die Art des Verhandelns wird dann potenziell ein Spiegel der verhandelten positiver orientierten inhaltlichen Perspektiven.

**Durchführung:**

*Vorbereitung*: Günstig ist es, wenn bereits zuvor beim Reihum-Fragen Lösungstendenzen aufgeschienen sind.

1. Formulierung des Auftrags (an alle Adressaten und mit positivem Fokus):
   Beispiel A (Lehrer berät angesichts einer kritischen Hausaufgabensituation zwischen Mutter und Kind): *„Bitte sprechen Sie doch jetzt einmal miteinander darüber, wie sie sich am besten unterstützen können, damit du mit den Hausaufgaben zurechtkommen kannst und Sie dabei hilfreich sein können. Ich werde zuhören und wir können später wieder gemeinsam darüber sprechen. "*
   Beispiel B (Beratung anlässlich eines Konfliktes zwischen zwei Schülern, die sich durch abwertende Hänseleien über die angebliche Unsportlichkeit des einen und die angeblich schlechte Kleidung des anderen gegenseitig beleidigt haben): *„Nachdem ihr meint, dass ihr euch jetzt das Vergangene verzeihen könnt, sprecht bitte jetzt einmal darüber, wie ihr künftig miteinander umgehen wollt, damit ihr euch vertragen könnt und es nicht zu neuen Beleidigungen kommt! "*

2. Zuhören, Beobachten:
   (Inhalts- und Beziehungsaspekt; eventuell unaufdringlich mimisch und körpersprachlich unterstützen)

3. Rückmeldung (Inhalts- und Beziehungsaspekt):
   Beispiel A: *„Ich habe mitbekommen, dass Sie Ermutigung und Hilfe wollen, damit du mit den Hausaufgaben beginnen kannst. Du willst dann allein arbeiten, aber dich melden, wenn du Hilfen brauchen kannst. Auch die Art, wie Sie miteinander gesprochen haben, freundlich und ermunternd und einander anschauend, hat gezeigt, dass Sie sich gegenseitig helfen wollen. "*
   Beispiel B: *„Ich habe verstanden, dass ihr euch unterschiedliche Geschmäcker zubilligen wollt. Außerdem wollt ihr euch künftig in Ruhe lassen und nicht mehr beschimpfen. Und falls dann doch einmal einer von euch sauer ist, weil er über etwas gekränkt ist, wollt ihr miteinander sprechen und euch gegenseitig darauf aufmerksam machen. Ich kann mir recht gut vorstellen, dass es so klappen kann, weil ihr jetzt hier auch respektvoll miteinander gesprochen habt".*

# Die Y-Theorie und die X-Theorie 213

4. Deklaratorische Intervention (Perspektive, die der Berater sieht und mitteilt):

Beide Beispiele (je nach Personen wäre dies in der Du- oder Sie-Anrede zu formulieren):

*„Ich kann mir gut vorstellen, dass Sie dies miteinander weiter so versuchen können. Es wird Sie auch ermutigen, wenn dies dann immer besser gelingt. Falls es aber ungünstiger wird, werden Sie das sicher beide merken und Sie können dann leichter wieder umschalten. Und dann klappt es wieder besser."*

▧ *Variationen:*
- Ausprobieren und Üben: Einzelreflexion
- Ausprobieren und Üben: mit kollegialen Gruppen

# 50 Ausgangssituationen und Anwendungsmöglichkeiten

## 50.1 Übungsmaterial

Jede der hier angebotenen Ausgangssituationen kann verwendet werden, um sich die Anwendung von Gesprächsmethoden zu verdeutlichen und sie einzuüben. Zu jeder Ausgangssituation werden bestimmte Fragestellungen genannt, für die bestimmte Methoden geeignet sind.

> 1. *Sie haben eine Schülerin, die in letzter Zeit selten die Hausaufgaben angefertigt hat, nach der Stunde zu einem kurzen Gespräch gebeten.*

- Fragestellung für Aktives Zuhören:
Sie wollen gern herausfinden, was aus der Sicht und im Erleben der Schülerin die Gründe sind, dass sie die Hausaufgaben nicht anfertigt. Sie formulieren dazu eine Frage, die es der Schülerin leicht macht, offen zu antworten, und begleiten ihre Antwort mit Aktivem Zuhören.
- Fragestellung für das Üben von Rat-Geben (ohne besondere Gesprächsmethodik): Sie versuchen, der Schülerin Perspektiven zu zeigen, die ihre Motivation unterstützen und Ansatzpunkte für die Hausaufgabengestaltung ermöglichen.

> 2. *Ein Schüler der 7. Klasse kam in letzter Zeit mit den Klassenarbeiten und mit den Hausaufgaben nicht so gut zurecht. Die Eltern meinen beim Elternsprechtag, dass er sich kaum noch zutraut, das Schuljahr zu schaffen. Es fällt ihm zunehmend schwerer, sich zu konzentrieren. Wenn die Eltern ihn in ihrer verständlichen Sorge dazu auffordern – mit zunehmender Dringlichkeit –, wird die Verweigerungshaltung zu Hause immer größer.*

- Fragestellung für Aktives Zuhören:
  Sie wollen gern herausfinden, inwieweit und wie aktuell die Hausaufgaben (oder die Klassenarbeiten-Vorbereitung) gemacht werden und ob es dabei Ausnahmen gibt, früher oder heute, bei denen es besser klappt.
- Fragestellung für Reihum-Fragen oder zirkuläres Fragen:
  Wie wirken die Eltern zusammen, um den Sohn bei der Hausaufgabengestaltung zu motivieren und zu unterstützen?
- Fragestellung für Allparteiliches Makeln:
  Den Eltern die Fragestellung vorlegen: Welche Erwartungen haben sie aneinander, um ihren Sohn künftig für das Lernen zu motivieren, welche Beiträge will jeder selbst leisten? Danach erfolgt Feedback durch den Lehrer und die Formulierung einer lösungsorientierten Perspektive (siehe auch: Methodenblatt zum „Allparteilichen Makeln", S. 211).

> 3. *Ihre Schulklasse ist heute recht temperamentvoll und hält sich nicht in dem Maße an die Gesprächregeln, in dem Sie dies für wichtig halten.*

- Fragestellung für Aktives Zuhören:
  Bevor Sie Stellung nehmen gegenüber der Klasse, wollen Sie erst einmal herausfinden, wie die Schüler/innen bei diesem Lernstoff motiviert sind, oder auch, ob es irgendwelche anderen Ursachen für den Überschwang gibt. Sie versuchen also durch eine motivierend formulierte Frage herauszufinden, warum die Schüler sich heute so wenig an die Regeln halten, und begleiten die Antworten der Schüler/innen durch Aktives Zuhören.
- Fragestellung für Ich-Botschaften:
  Nachdem Sie jetzt mehr Klarheit haben, wollen Sie Ihre eigene Situation und Befindlichkeit den Schülern darlegen. Sie äußern also ein angemessenes Verständnis für die Motivationslage der Schüler/innen, weisen aber andererseits in Form einer Ich-Botschaft darauf hin, was das Verhalten der Schüler für Sie bedeutet und welche Folgen es hat.

# Teil IV

# Moderation und Visualisierung

# Übersicht

Moderation heißt, eine Gruppe dabei zu unterstützen, ihre eigenen Lösungsansätze zu finden. Lehrerinnen und Lehrer sind für dieses Vorgehen durch ihre Fachlichkeit und ihre Unterrichtspraxis expertisiert. Die vorhergehenden Teile des Handbuchs enthalten eine Fülle von Methoden, die jeweils auf bestimmte Themenbereiche der Kommunikationsfertigkeit und der Lernmotivation bezogen sind. In diesem Bereich nun werden noch einige Methoden beschrieben, die ergänzend als themenübergreifende Standardmethoden genutzt werden können, also für jedes selbst gewählte Thema.

Hilfreich ist an diesen Methoden auch, dass sie die Gesprächsbeiträge der Gruppe oder Klasse durch Visualisierung anschaulich strukturieren und dokumentieren. Um diesen Nutzeffekt der Moderationsmethoden entfalten zu helfen, wird diesen ein Abschnitt über Visualisierungstechniken vorangestellt.

# 51   Visualisierende Moderation

Visualisierungen sind eine Begleittechnik zu den in diesem Buch vorgestellten Methoden. Sie gehören sicherlich zu den ältesten Methoden der Instruktion, seit es überhaupt Menschen gibt. Sie sind beständige Bestandteile von Unterricht. Entwürfe für das technische und moderative Vorgehen bei der Visualisierung stammen aus der Metaplantechnik[85].

## 51.1  Handblatt zum technischen Vorgehen

▨ **Ziele:** Inhalte, die eine Gruppe erarbeitet, für alle sichtbar protokollieren und damit für weitere aktuelle oder spätere Arbeitsprozesse verfügbar halten und so die Beiträge aller Teilnehmer in ihrer ganzen Meinungsvielfalt und ihrem Ideenreichtum zugänglich machen

▨ **Anwendung:** Schulklasse, Elternabend

▨ Für die Bestandsaufnahme von Stellungnahmen: Punktabfrage/Zurufabfrage/Kartenabfrage, Punktbewertung, Stimmungsbarometer, Feedback, Blitzlicht (diese Methoden werden auf den Folgeseiten vorgestellt)

---

[85] Vgl. z. B. Schnelle-Cölln: Visualisierung – die optische Sprache in der Moderation. Quickborn, Metaplan, 1983.

## Teil IV: Moderation und Visualisierung

- Für die Sammlung von Planungsideen zu bestimmten Zielorientierungen: Brainstorming mit Zurufabfrage und Lösungsverhandlung, Punktbewertung, Fantasiephase der Zukunftswerkstatt (S. 82)
- Für die Ergebnisrückmeldung (Wandzeitungen oder Overheadfolien) bei den Fragebögen
- Für Vorträge etwa aus dem „Hintergrundwissen" in diesem Handbuch zu verschiedenen Themen

**■ Material:**
*Hinweis:* Da die Karten und die anderen Medienelemente auch einzeln im Fachhandel für Bürobedarf oder in Kaufhäusern erworben werden können, kommt es gegenüber dem Kauf eines teuren Moderatoren-Koffers sehr viel preiswerter, stattdessen im Baumarkt einen Transport- oder Foto-Koffer zu besorgen und mit den folgenden Materialien auszustatten:

- Rechteckige, ovale und runde Karten
- Stecknadeln zum Anheften von Bögen und Karten
- Selbstklebepunkte
- Filzstifte in verschiedenen Breiten
- Große Packpapierbögen und/oder Flipchart-Papiere
- Stecktafeln, an die sich dann diese Papiere nebst Karten heften lassen

**■ Technische Durchführung:**

- Protokollieren Sie nicht alle Gesprächsbeiträge, sondern die zentralen Punkte in Stichworten.
- Schriftgröße: 20 bis 30 Millimeter (30 Millimeter sind in zehn Meter Entfernung noch lesbar; auf eine 10 mal 20 Zentimeter große Karte passen dann zwei bis drei Zeilen)
- Breitseite des Filzstifts benutzen, sonst ist die Schrift zu schmal und nicht gut lesbar
- Schreibschrift ist meist lesbarer als Druckschrift.
- Überschriften passen auf größere DIN-A4- oder A5- oder längere Karten (10 mal 50 Zentimeter).
- Bei Kartenabfragen können die Karten zunächst schneller mit Nadeln (auf entsprechenden Tafeln) angeheftet und später zu Konservierungszwecken mit Klebeband befestigt werden.
- Farben verwenden! Bei Stiften und Karten; ermöglichen bessere Gliederung

# Grundlagen: Moderations- und Visualisierungstechniken 219

*Hinweise zu einzelnen Medien:*

- Wandzeitungen bleiben während des gesamten Arbeitsprozesses sichtbar.
- Overheadfolien können mehr Informationen fassen und schneller gewechselt werden.
- Wandtafeln haben den Vorteil des „Mehrweg-Mediums".

## 51.2 Punktabfrage, Zurufabfrage, Kartenabfrage

**Ziele**: Bestandsaufnahme der Sichtweisen aller Teilnehmer in der Klasse; beim Elternabend zu einer bestimmten Fragestellung oder Aussage

**Durchführung Punktabfrage:**

Zu einer Aussage oder Frage können die Teilnehmer auf einer Wandzeitung, auf der bestimmte Positionen/Statements zu finden sind, Klebepunkte anbringen (ersatzweise: Striche mit dem Filzstift), um anzuzeigen, inwieweit dies für sie zutrifft. Die Skala kann beispielsweise fünf Kästen umfassen, angefangen mit den Symbolen ++ für Zustimmung bis hin zu – – für Ablehnung der Feststellung.

Beispiel:

| „Ich fühle mich in der Klasse gut aufgehoben" | | | | |
|:---:|:---:|:---:|:---:|:---:|
| ++ | + | 0 | – | – – |

*Vorteile*: geringer Zeitbedarf und schnelle Interpretierbarkeit durch die Skalierung; gut geeignet als Einstieg in einen bestimmten Themenabschnitt oder in eine Gruppenarbeit.

**Durchführung Zurufabfrage:**

1. Den Teilnehmern wird eine Frage vorgelegt, also etwa auf eine Wandzeitung geschrieben. Beispiel in der Schulklasse: „Welche Anzeichen sprechen bei uns bereits für eine gute Klassengemeinschaft?"
2. Dann werden die Schüler/innen gebeten, zu dieser Fragestellung eigene Formulierungen dem Lehrer zuzurufen. Der Lehrer/die Lehrerin schreibt diese Formulierungen auf die Wandzeitung oder die Tafel.

3. Wird eine bestimmte Feststellung mehrfach zugerufen, wird sie von dem Lehrer/der Lehrerin jedes Mal noch einmal unterstrichen, sodass auch die Häufigkeit bestimmter Feststellungen deutlich werden kann.

*Vorteile*: schnell zu erheben; differenzierte Aussagen durch eigene Formulierungen; thematische Gruppierung, weil sich die Teilnehmer gegenseitig beeinflussen

■ **Durchführung Kartenabfrage:**
1. Die Frageformulierung auf der Wandzeitung wird vorgestellt.
2. Die Teilnehmenden schreiben in Einzelarbeit ihre Ideen auf DIN-A5-Karten (bei vielen Teilnehmern eventuell Begrenzung der Karten pro Teilnehmer).
3. Der Lehrer/die Lehrerin heftet die Karten an die Tafel, sortiert sie dabei nach Themenbereichen und versieht sie mit Überschriften.

*Vorteil*: Die Methode kann die größte Vielfalt von Antworten erbringen, die zudem ohne gegenseitige Beeinflussung entstehen.

*Nachteil*: aufwändiger Sortierungsprozess (eventuell in die Pause verlegen und anschließend die Ergebnisse in einem Kurzreferat präsentieren)

■ *Hinweis:* Die Methoden können auch jeweils im Sinne einer Doppel-Frage formuliert werden. *Beispiel:* „Welche Vorbereitungsschritte für die Englischarbeit fallen mir leicht und welche fallen mir eher schwer?" Dann können die Antworten auf zwei verschiedene Wandzeitungen geschrieben oder geheftet werden.

### 51.3 Punktbewertung

■ **Ziele:** Überleitung von einer Bestandsaufnahme (beispielsweise mit einer Zurufabfrage oder einem Fragebogen), aus der nun die wichtigsten Bereiche ausgewählt werden, zu einer Planungsphase (z. B. mit einem Brainstorming)

■ **Durchführung:**
In der Klasse wurden zuvor einige Bereiche auf einer Wandzeitung gesammelt, für die Entwicklungen geplant werden sollen. Die Schüler/innen bringen jetzt Klebepunkte (ersatzweise: Striche mit einem Filzstift) bei den Bereichen an, die sie als die wichtigsten einschätzen.

Die Anzahl der Punkte, die jeder Schüler vergeben kann, sollte in einem Verhältnis zur Gesamtzahl der Bereiche stehen, das die Lehrerin für sinnvoll hält. *Beispiel:* Aus zehn Bereichen kann jede/r Schüler/in bis zu drei als besonders wichtig markieren.

# Grundlagen: Moderations- und Visualisierungstechniken

## 51.4 Stimmungsbarometer

- **Ziele:** Mit dieser visualisierenden Rückmeldungs-Methode [86] wird die momentane Stimmungslage der Gruppe, in Form einer Häufigkeitsverteilung sichtbar gemacht, und dies hilft der Gruppe, sich emotional gut aufeinander einzustimmen und sich gemeinsam der kommenden Aufgabe zuzuwenden.
- **Dauer:** wenige Minuten
- **Durchführung:**

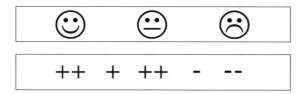

*Abbildung 17: Stimmungsbarometer*

1. Der Lehrer bereitet eine Wandzeitung mit geeigneten Symbolen vor (etwa: „Smileys" oder Plus- und Minuszeichen).
2. Er fordert die Schüler nun auf, durch Klebepunkte (oder Striche mit dem Filzstift) ihre aktuelle Stimmung zu verdeutlichen.
3. Dies soll – soweit möglich – ganz ohne Kommentierung erfolgen (beispielsweise nach gelungenen Gruppenprozessen, die eine gute Stimmung ausgelöst haben).

Bisweilen aber will der Lehrer/die Lehrerin eine Fragestellung damit verbinden, etwa: „Welche Stimmung löst dieses Unterrichtsthema in euch aus?" oder: „Wie ist eure Stimmung, wenn ihr an den Stand eurer Vorbereitungen für die Klassenarbeit nächste Woche denkt?". Dieser soll dann im Klassengespräch noch etwas nachgegangen werden: „Welche Seiten des Themas können wir berücksichtigen, um eine günstigere Stimmung dafür zu haben?" oder „Welche Vorbereitungsschritte für die Klassenarbeit könnten euch optimistischer stimmen?".

4. Es kann die Zielsetzungen dieser Methode auch unterstützen, wenn der Lehrer/die Lehrerin seine/ihre eigene Stimmung mitteilt.

---

[86] Z.B. Schnelle-Cölln: Visualisierung – die optische Sprache in der Moderation. Quickborn, Metaplan, 1983

## 51.5 Feedback

■ **Ziele:** Das Feedback gehört wie das Blitzlicht und das Stimmungsbarometer zu den traditionellen *Rückmeldungsmethoden* [87] und soll den Mitgliedern einer Gruppe, also hier: der Schulklasse, Gelegenheit geben, einander respektvoll mitzuteilen, wie sie Verhalten des anderen erleben, getragen von einer grundsätzlich wohlwollenden Einstellung in fairer Weise deutlich zu machen, was als schwierig erlebt wird, aber auch Anerkennung zu gewähren für hilfreiche Verhaltensweisen und für Stärken des anderen, und sich mit alledem besser aufeinander einzustimmen, die Gruppenentwicklung und den gemeinsamen Arbeitsprozess zu unterstützen und die Feedback-Kultur in der Klasse weiterzuentwickeln.

■ **Dauer:** unterrichtsbegleitend oder als ein Moderationsschritt

■ **Anwendung:** Feedback in der Schulklasse hat andere Funktionen als etwa in einer Selbsterfahrungsgruppe. Es soll sich deshalb auf das Verhalten beziehen und nur bei passenden Themen und Gelegenheiten erfolgen, so wie der Umgang mit Feedback auch den Lehrern aus ihrer Unterrichtspraxis vertraut ist.

■ Etwa für einen Austausch: Welche Verhaltensweisen meiner Mitschüler sind im Unterricht hilfreich für mich?

■ Oder nach einer Kleingruppenarbeit an einer Aufgabe (Lernstoffaufgabe oder etwa auch bei: Die Fahrt nach Pongu): Was habe ich in unserer Gruppenarbeit als weniger und was als eher hilfreich erlebt?

■ Oder auch bei spontan auftretendem nonverbalem oder verbalem Feedback, das vielleicht weniger günstig gestaltet wurde und Anlass zur Pflege der Feedback-Kultur gibt (Beispiel: Schüler A gibt im Unterricht eine falsche Antwort, einige Mitschüler lachen: „Der A wieder mal ...!"; darauf A: „Ihr spinnt doch sowieso!").

■ **Durchführung:**

1. Der Lehrer/die Lehrerin kündigt bei einem geplanten Unterrichts- oder Moderationsablauf oder auch bei einer spontan entstandenen Gelegenheit eine Feedback-Runde an.

2. Er/sie erklärt die Regeln (Auswahl weiter unten) oder erinnert an diese, falls schon einmal ein „Feedback-Kontrakt" durchgeführt wurde.

3. Er/sie formuliert eine Fragestellung und lädt zum Feedback-Geben ein (möglichst an alle Beteiligten gerichtet, kein „heißer Stuhl" für Einzelne).

---

[87] Zum Beispiel Antons, K.: Praxis der Gruppendynamik. Göttingen, Hogrefe, 1973

# Grundlagen: Moderations- und Visualisierungstechniken          223

4. Danach – wie überhaupt gelegentlich – kann der Lehrer/die Lehrerin auch eigene konstruktive Feedbacks beisteuern (etwa: „Dieses Verhalten habe ich jetzt in dieser und jener Hinsicht ... nicht positiv gefunden. Das könnt ihr besser. Bei anderen Gelegenheiten habe ich nämlich erlebt, dass ihr ...“)

▥ **Regeln für das Feedback:**

Feedback sollte möglichst ...

- ▪ kontraktverträglich sein: die Beteiligten sollten dazu bereit sein;
- ▪ eher beschreiben als bewerten (oder gar abwerten);
- ▪ sich konkret auf das Verhalten beziehen und nicht Eigenschaften zuschreiben;
- ▪ klar sein, damit es verständlich ist und nicht wilde Fantasien weckt, was damit alles gemeint sein kann;
- ▪ respektvoll sein: Beide Partner sollten sich darüber klar sein, dass sie sich über ihr eigenes Erleben etwas mitteilen. Es geht nicht um Recht-Haben, sondern um Verstehen des Erlebens;
- ▪ in irgendeiner Form anwendbar sein: also entweder etwas, das jemand weiterentwickeln kann, oder etwas, das ihn in seinem Verhalten bestärkt.

Für Feedback-Geber: Gib keinen Veränderungsauftrag im Feedback, aber verdeutliche, was für dich hilfreich ist. Sei offen dafür, selbst Feedback-Empfänger für den anderen zu werden.

Für Feedback-Empfänger: Sei neugierig, aufmerksam, versuche das Erleben und die Sicht des Gegenübers zu verstehen, frage eventuell nach.

▥ *Verwandtschaft mit anderen Methoden:*

- ▪ Eventuell vorher: Feedback-Kontrakt (S. 202)
- ▪ Für Rückmeldungen, die auf Veränderungen zielen, eignet sich auch: Ich-Botschaft (S. 204).


## 51.6  Blitzlicht

▥ **Ziele:** Auch das Blitzlicht gehört wie das Feedback und das Stimmungsbarometer zu den traditionellen *Rückmeldungsmethoden* und soll die momentane Stimmungslage der Gruppe oder Klasse in Form einer kurzen selbst formulierten Stellungnahme über die aktuelle Befindlichkeit deutlich machen und so hilfreich sein, sich gut aufeinander einzustimmen und sich gemeinsam der kommenden Aufgabe zuzuwenden.

- **Dauer:** wenige Minuten
- **Anwendung:** Das Blitzlicht kann gut am Anfang einer Stunde eingesetzt werden, um etwa das Interesse für ein Thema zu klären (und nötigenfalls noch zu unterstützen), oder auch am Ende, um sich das Erleben (gerade auch bei guter Stimmung) in der Klasse mitzuteilen.
- **Durchführung:**

1. Der Lehrer/die Lehrerin informiert die Schüler/innen über die Methode (falls nicht schon bekannt): Wer will, kann gleich einen kurzen Kommentar zur gestellten Frage abgeben. Dabei gilt: Es geht reihum; wer nichts sagen will, „gibt weiter"; während des Blitzlichts erfolgt keine Diskussion.
2. Der Lehrer/die Lehrerin formuliert eine Frage, beispielsweise: „Wie ist meine Stimmung für das heutige Thema?" oder „Was hat mir in dieser Stunde geholfen, das heutige Thema interessant zu finden?".
3. Die Schülerinnen und Schüler sagen reihum einen bis höchstens zwei Sätze zu dem Thema.
4. Am Ende des Blitzlichts kann die Lehrerin oder der Lehrer auch selbst teilnehmen Beispielsweise: „Ich freue mich auf das heutige Thema, weil ich das persönlich sehr spannend finde" oder „eure Fragen und eure Diskussionsbeiträge fand ich sehr hilfreich für unsere Stunde, weil ihr dadurch noch zusätzliche Gesichtspunkte eingebracht habt".

*Hinweis:* Ein Blitzlicht braucht von seiner Perspektive her keine Weiterbearbeitung. Freilich kann damit – etwa nach einer Pause oder in der nächsten Stunde – der Übergang zu einer anderen Arbeitsphase (und auch deren Planung) vorbereitet werden.